HERBERT PIETSCHMANN

Die Wahrheit liegt nicht in der Mitte

Von der Öffnung
des natur-
wissenschaftlichen
Denkens

CIP-Kurztitelaufnahme der Deutschen Bibliothek:

Pietschmann, Herbert:
Die Wahrheit liegt nicht in der Mitte / Herbert Pietschmann. –
Stuttgart ; Wien : Ed. Weitbrecht, 1990
ISBN 3 522 70570 X

© 1990 Edition Weitbrecht in K. Thienemanns Verlag,
Stuttgart und Wien.

Die Umschlaggestaltung besorgte
Reichert Buchgestaltung in Stuttgart.
Gesetzt von der Utesch Satztechnik GmbH in Hamburg.
Reproduktionen von Die Repro in Tamm.
Gedruckt und gebunden von Clausen & Bosse GmbH in Leck.
Alle Rechte vorbehalten. Printed in Germany.
5 4 3 2 1

Inhalt

1. **Realität oder Wirklichkeit** 7
   Geronimo und Winnetou/7 Die *Challenger*-Katastrophe/9 Die Experimente des Solomon Asch/13 Die N-Strahlen des Prof. Blondlot/18 Zweifel als Methode/24 Materie/27 Stoffwechsel/40 Der Standard/44

2. **Achsenzeit** 49
   Die Menschheit erwacht/49 Widerspruch und Sündenfall/52 Diesseits oder Jenseits: Die Frage nach dem Sinn/55 Moral und Selbstbestimmung/61 Zeit und Ewigkeit/68 Das Nichts und die Logik/74 Jesus von Nazareth/83

3. **Naturwissenschaft** 89
   Vom Altern eines Widerspruches/89 Die Philippus-Frage/94 Giordano Bruno und Johannes Kepler/98 Galileo Galilei/104 Das Experiment/112 Der Satz vom zureichenden Grunde/119 Mathematik/125 Die gemeinsame Wirklichkeit/131

4. **Naturgesetze** 135
   Formal richtig/135 Wahrheit und Zweifel/144 Technisches und menschliches Versagen/149 Paradigmenwechsel/154 Wissenschaft und Mythos/158 Das schöpferische Element/165 Verstand und Gefühl: Der Erlkönig/173

5. **Naturnotwendigkeit, Ordnung und Freiheit** 178
Die zwei Wurzeln der Naturwissenschaft/178 Segen und Nutzen/183 Einsicht der Notwendigkeit/188 Materie und Freiheit/193 Vom Sinn des Widerspruches/200 Ein Spannungs-Dreifeld/207 Zeit und Sinn/211

6. **Logik, Polarität, Dialektik** 216
Ganzheitliches Denken/216 Wer ist krank?/222 Ordnung mit Widerspruch/227 Der aufgehobene Widerspruch/233 Das ausgewogene Dreifeld/238 Das Subjekt und sein Objekt/243 Interkulturelle Verständigung/248

7. **Glaube, Hoffnung, Liebe** 256
Der Aufzug/256 Friede den Menschen auf Erden/259 Niemals bloß als Mittel/265 Athen und Jerusalem/271 Und sah, daß es gut war/276

Quellen 282

Register 289

1. Realität oder Wirklichkeit

Geronimo und Winnetou

»Winnetou wird den Kampf nicht überleben. Laß uns Abschied nehmen, mein lieber, lieber Scharlih! Der gute Manitou mag dir vergelten, daß du deinem Bruder so viel gewesen bist! Winnetous Herz fühlt mehr, als er mit Worten sagen kann (...). Und wenn du dann zu den Menschen zurückgekehrt bist, von denen keiner dich so lieben wird, wie ich dich liebe, so denke zuweilen an deinen Freund und Bruder Winnetou, der dich jetzt segnet, weil du ihm ein Segen warst!«

An dieser Stelle in Karl Mays dreibändiger Winnetou-Erzählung und der folgenden Schilderung von Winnetous Tod haben wohl unzählige Leserinnen und Leser aller Altersklassen Tränen vergossen oder zumindest unterdrückt. Zu sehr war ihnen der sympathische Häuptling der Apachen ans Herz gewachsen, zu sehr haben sie sich vielleicht sogar mit ihm oder seinem Freund Old Shatterhand identifiziert.

In einem Nachwort zu einer der vielen Wiederauflagen schreibt Karl May: »»Winnetou« hat eine wahre Flut von Karten und Briefen an mich hervorgerufen. Sie fließt noch immerfort und scheint kein Ende nehmen zu wollen. Welch eine Menge von Vermutungen und Fragen! Wer soll sie alle beantworten? Ich bitte um Geduld. Ja, um Geduld, denn ich kann dem Leser, dessen Teilnahme, ja Liebe, mein Winnetou gewonnen hat, verraten, daß ich noch oft und viel vom besten meiner Freunde erzählen werde.«

Die Lebensgeschichte Winnetous ist verfilmt worden. Seine Silberbüchse wird im Karl-May-Museum aufbewahrt. Viele Generationen Jugendlicher haben zumindest ihre Freizeit der Nachahmung dieses Mannes gewidmet. Aber Winnetou hat niemals gelebt, er war niemals Mensch aus Fleisch und Blut in unserer realen Welt. Und als sich diese Einsicht unter den Lesern Karl Mays verbreitete, waren viele enttäuscht, ja zornig, oder fühlten sich gar hintergangen. Trotzdem erreichte die Gesamtauflage der Werke Karl Mays Mitte der siebziger Jahre unseres Jahrhunderts die Fünfzig-Millionen-Grenze. Übersetzungen in 25 Sprachen (und Blindenschrift) sind erschienen, und immer noch gewinnt der Apachen-Häuptling neue Freunde.

Warum stört es uns eigentlich, wenn wir erfahren, daß derjenige, dessen Bild zu einem Teil unserer Gedankenwelt geworden ist, selbst niemals gelebt hat? Wohl kaum hätte einer seiner Anhänger tatsächlich die Möglichkeit gehabt, ihn selbst aufzusuchen, ihm zu begegnen, ihn gar anzufassen. Er wäre also auch als historisch lebender Mensch immer nur Teil unserer Gedankenwelt geblieben. Und doch, irgend etwas fehlt uns, irritiert uns an einem »bloß erfundenen« Wesen.

Aber wir könnten unsere Phantasie ja ohne weiteres an die Lebensgeschichte eines anderen – ganz realen – Apachen-Häuptlings binden: an Geronimo, der im Februar 1909 in hohem Alter im Militärspital von Fort Sill verstarb. Geronimo hat seine Lebensgeschichte selbst erzählt und Präsident Theodore Roosevelt gewidmet, »weil er mir die Erlaubnis gab, meine Geschichte zu erzählen; weil er diese Geschichte gelesen hat und weiß, daß ich die Wahrheit zu sagen versuche; weil ich glaube, daß er sanften Mutes ist und meinem Volk in Zukunft Gerechtigkeit erteilen wird; und weil er der Häuptling eines großen Volkes ist«.

Die Lebensgeschichte Geronimos reicht an gefährlichen Abenteuern und spannenden Erlebnissen sicherlich an die

Winnetous heran. Im Sommer 1858, während einer friedlichen Tauschhandelsreise des ganzen Stammes nach Mexiko, verlor er bei einem heimtückischen Überfall mexikanischer Soldaten alle seine Verwandten; tief getroffen und mehrere Tage des Sprechens unfähig, schwor er bei sich, seine Lieben zu rächen. Er warb Krieger verbündeter Apachenstämme und wurde zum Anführer eines großen Rachekriegspfades im folgenden Jahr. Unberitten, mit Messern, Speeren, Pfeil und Bogen bewaffnet, besiegten sie dennoch eine große Übermacht mexikanischer Truppen, und Geronimo wurde zum Kriegshäuptling sämtlicher Apachen bestimmt.

Aber nur wenige kennen Geronimo, und wohl kaum einer versuchte ihn nachzuahmen wie Winnetou.

Obwohl Winnetou niemals gelebt hat, *wirkt* seine Persönlichkeit noch heute auf viele weiter, einige Handlungen heute lebender Menschen werden dadurch beeinflußt. Obwohl wahrscheinlich manche Interesse an Geronimos *realen* Erlebnissen zeigen, ändern sich dadurch ihre Handlungen kaum oder nur in seltenen Fällen.

Geronimo war Realität.
Winnetou ist Wirklichkeit.

Die Challenger-Katastrophe

Hoch wie der Turm eines gotischen Domes ragte die Rakete in den Himmel Floridas. An ihrer Spitze – gleichsam wie der Ball auf der Schnauze eines dressierten Seehundes – ruhte die Raumfähre *Challenger*. Abertausende waren gekommen, um diesen Start in Cape Canaveral mitzuerleben, sollte doch erstmalig außer den Berufsastronauten eine wohlvorbereitete und trainierte Lehrerin als Passagier am Raumflug teilnehmen, um der ganzen Nation von den erhabenen Erlebnissen berichten zu können.

Die letzten Sekunden vor dem Start verliefen wie erwartet. 4 – 3 – 2 – 1 »ignition« *(Zündung)* und – nach wenigen Sekunden atemloser Spannung – »lift-off« *(Abheben)*, begleitet von den Begeisterungsstürmen der Beobachter. Aber nach wenigen Atemzügen verwandelte sich die helle Freude jäh in blankes Entsetzen. Einem gewaltigen Feuerwerkskörper nicht unähnlich, zerbarst die Rakete in Tausende von Teilen, deren Spur durch Rauchstreifen einige Zeit am Himmel eingezeichnet blieb.

Wie schon am 6. Mai 1937 durch die Explosion des Luftschiffes LZ 129 *Hindenburg* während des Landemanövers in Lakehurst an der amerikanischen Ostküste, wurde am 28. Januar 1986 in Cape Canaveral ein Traum der Menschheit begraben. Damals waren es die Tränen und das Schluchzen des Radioreporters, die die ganze Tragik für alle unmittelbar deutlich machten; nunmehr wurden die tödlichen Sekunden immer wieder auf Millionen Fernsehschirme in aller Welt projiziert, um das bedeutsame Ereignis zum eigenen Miterleben aller werden zu lassen.

Eine Untersuchungskommission wurde beauftragt, die Ursachen der Katastrophe herauszufinden. Ihr gehörte auch der theoretische Physiker Richard P. Feynman an, einer der bedeutendsten exakten Denker unseres Jahrhunderts – ein Mensch, der sich niemals auf Vorgedachtes anderer verließ, der immer alles selbst überprüfte und dabei eigene Wege fand. Feynman hatte im Jahre 1965 (gemeinsam mit Sinitiro Tomonaga und Julian Schwinger) den Nobelpreis für Physik »für ihre grundlegenden Arbeiten auf dem Gebiet der Quanten-Elektrodynamik, mit tiefgreifenden Konsequenzen für die Physik der Elementarteilchen« erhalten.

Auch in dieser Untersuchungskommission blieb sich Feynman treu und folgte seinen eigenen Überlegungen und Schlüssen. Zwar unterzeichnete er das Schlußdokument, aber er verfaßte daneben seine *Persönlichen Beobachtungen über die Zuverlässigkeit der Fähre von R. P. Feynman.*

Gleich in der Einleitung beginnt er mit den Worten:
»Es scheint eine enorme Meinungsdifferenz zu geben über die Wahrscheinlichkeit eines Versagens mit Verlust von Fahrzeug und menschlichem Leben. Die Schätzungen bewegen sich zwischen eins zu hundert und eins zu hunderttausend. Die höheren Zahlen stammen von tätigen Ingenieuren, die ganz niedrigen vom Management.«
Und Feynman wirft dann dem NASA-Management vor, die Zuverlässigkeit ihres Produktes bis zur Phantasie übertrieben zu haben. Er meint, die offiziellen Vertreter hätten sich einfach so verhalten, als ob sie alles verstünden, und dies mit scheinbar logischen Argumenten begründet, die oft nur auf dem augenscheinlichen Erfolg früherer Raumflüge beruhten. »Aber«, mahnt Feynman sarkastisch, » wie beim Russischen Roulette sollte die Tatsache, daß der erste Schuß glimpflich verlaufen war, noch keine Beruhigung für den nächsten sein!«

In seinen Schlußbemerkungen schreibt Feynman:
»Laßt uns Empfehlungen geben, die sicherstellen, daß NASA-Offizielle in einer Welt der Realität handeln, daß sie technische Schwächen und Unvollkommenheiten gut genug verstehen, um aktiv zu versuchen, sie zu eliminieren. Sie müssen in der Realität leben, wenn sie Kosten und Nutzen der Fähre mit anderen Methoden des Raumtransportes vergleichen. Und sie müssen realistisch sein, wenn sie Verträge abschließen und Kosten und Schwierigkeiten des Projektes abschätzen. Nur realistische Flugpläne sollten vorgeschlagen werden.«

Und Feynman schließt dann mit dem eindrucksvollen Satz:
»Um einer erfolgreichen Technologie willen muß die Realität Vorrang vor der Werbung gewinnen, denn die Natur kann nicht getäuscht werden.«

Offenbar hatten sich die NASA-Offiziellen eine Wirklichkeit geschaffen, die mit der Realität in Widerspruch geraten war. Und Feynman weist darauf hin, daß dies früher oder später mit Sicherheit zu einer Katastrophe führen muß, »denn die Natur läßt sich nicht täuschen«.

Wenn aber Realität und Wirklichkeit nicht vollkommen übereinstimmen, wenn sie auseinanderzufallen beginnen, können wir dann überhaupt noch vermeiden, daß sie auch in Widerspruch geraten? Und wenn Wirklichkeit – das, was wirkt – das ist, was unser Handeln bestimmt, wie können wir dann überhaupt das Auseinanderfallen bemerken? Für die NASA-Offiziellen fiel ja subjektiv ihre Wirklichkeit sicher nicht mit der Realität auseinander, sie hielten sie einfach dafür, und sie vermuteten wohl hinter den Warnungen ihrer Ingenieure eine Wirklichkeit, die von allzu großer Vorsicht geprägt und daher nicht realistisch war. Erst die Katastrophe selbst entschied den Streit und enthüllte die Realität in einer nüchternen, schrecklichen Weise.

Aber hat nicht Feynman zu Recht darauf hingewiesen, daß es ja anerkannte Methoden gibt, zwischen Phantasie und Tatsachen (daher auch zwischen Wirklichkeit und Realität) zu unterscheiden, zumindest wenn es um technische Fragen geht? Ist nicht die moderne Technik als Tochter der neuzeitlichen Naturwissenschaft imstande, eine eigene, neue Realität zu schaffen, indem sie die Welt umgestalten hilft? Und ist sie nicht zusammen mit der Naturwissenschaft demnach auch unbestechlicher Schiedsrichter, wenn es gilt, Realität und Wirklichkeit zu unterscheiden und zu erkennen?

Wenn dem so wäre, dann müßten wir ganz einfach in all unserem Tun darauf achten, die Gesetze der Natur zu befragen, uns an Tatsachen orientieren, Materielles wichtiger nehmen als Meinungen und Ansichten. Dann könnten wir auch den Ärger und die Enttäuschung der Leser von Karl Mays Winnetou verstehen, als ihnen bekannt wurde, daß sie einer bloß erfundenen Gestalt anhingen, der niemals materielle Existenz zukam.

Die Experimente des Solomon Asch

Am Ende des 19. Jahrhunderts lenkte der französische Arzt Jean Martin Charcot (einer der Lehrer Sigmund Freuds) die Aufmerksamkeit der wissenschaftlichen Welt auf das Phänomen der Hypnose. Er selbst meinte noch, daß nur hysterische Patienten hypnotisiert werden könnten, sehr bald erkannte man jedoch, daß viele, ja fast alle Menschen hypnotisierbar sind.

Konnte es sich dabei um die extreme Ausprägung eines viel allgemeineren sozialen Phänomens handeln, um die oft erstaunliche Neigung, sich Mehrheitsmeinungen anzuschließen oder gar sich Autoritäten unterzuordnen? Die am Beginn unseres Jahrhunderts entstandene Disziplin der Sozialpsychologie nahm sich dieser Frage an und entwarf einen einfachen Experimentierplan: Einige Versuchspersonen wurden nach ihrer Meinung bezüglich irgendeines Problems oder nach einer Einschätzung gefragt. Einige Zeit später – nachdem man ihnen die Meinung oder Einschätzung von bekannten Autoritäten oder Majoritäten mitgeteilt hatte – wurden sie wieder gefragt. Ein Trend zugunsten der Majoritäts- oder Autoritätsmeinung konnte dabei fast immer festgestellt werden.

Aber solche Experimente gaben doch nur qualitative Hinweise auf Effekte, die meistens ohnehin erwartet worden waren. Wir alle sind doch in unseren Meinungen oft unsicher und froh, wenn wir Hilfe von anderen erfahren.

Was aber, wenn es nicht nur gilt, verschiedene Meinungen anzugleichen? Wenn es sich um reale Tatsachen handelt, die wir gegen die Meinung anderer verteidigen sollen? Wenn also ganz offensichtlich eine erkennbare Realität mit der Wirklichkeit einer Gruppe von Menschen in Widerspruch gerät? Müßten wir nicht erwarten, daß dann jeder gewillt ist, zu protestieren, um den Tatsachen zum Durchbruch zu verhelfen?

Solomon Asch, Professor der Psychologie in den Vereinigten Staaten von Amerika, wollte ganz sicher sein. Um die Mitte unseres Jahrhunderts ersann er seine – mittlerweile berühmt gewordenen – Experimente. Er zeichnete auf eine Karte drei gerade vertikale Linien verschiedener Länge und auf eine zweite Karte eine ebensolche Linie, die in der Länge mit einer der drei anderen (sagen wir, der mittleren) übereinstimmte. Die Gleichheit mit der mittleren Linie und die Ungleichheit mit den beiden anderen war unschwer zu erkennen, die Längenunterschiede lagen zwischen zwei und viereinhalb Zentimetern. Nun zeigte er beide Karten einer Runde von sieben bis neun Studenten, die der Reihe nach ihre Beobachtung bekanntzugeben hatten. Dies wiederholte er einige Male mit kleinen Variationen in der Länge der Linien; es schien ein ziemlich langweiliges Experiment zu werden. Aber bei der dritten Runde wurde es spannend. Solomon Asch hatte nämlich vorher alle Teilnehmer bis auf eine Versuchsperson instruiert, ab dem dritten Mal übereinstimmend eine falsche Antwort zu geben. Dies setzte nun die Versuchsperson, die gegen Ende der Reihenfolge auszusagen hatte, unter einen starken Druck, den »Gruppendruck« oder »sozialen Druck«, sich der Mehrheit anzuschließen. Sie hatte zu entscheiden, ob sie sich für die Realität (um den Preis des Außenseitertums) oder für die gemeinsame, künstlich geschaffene, Wirklichkeit (unter Aufgabe der offensichtlichen Tatsachen) entschließen sollte.
Solomon Asch sagt über eine Versuchsperson, die sich für die Realität entschieden hatte:
»Sie erscheint überrascht, ja ungläubig über die Meinungsverschiedenheit. Beim folgenden Versuch stimmt sie wieder nicht überein, obwohl die anderen in ihrer Wahl einstimmig sind. Der Abweichler wird immer verstörter und zögernder während der folgenden Unstimmigkeiten; er mag warten, ehe er seine Antwort leise bekanntgibt, oder er mag verlegen lächeln.«

Das unerwartete, erstaunliche Ergebnis dieser Experimente aber war, daß im Durchschnitt nur jede vierte Versuchsperson in der Lage war, dem sozialen Druck in allen Fällen standzuhalten. Drei aus vier schlossen sich wenigstens einmal der Mehrheit entgegen den eigenen Beobachtungen an.

Solomon Asch wollte nun feststellen, wie groß eine Gruppe sein muß, um einen derartigen Druck ausüben zu können, und er variierte die Zahl der eingeweihten Teilnehmer am Test. Wieder war das Ergebnis überraschend: Schon drei einstimmige Aussagen genügen, um eine Wirklichkeit zu schaffen, der sich nur mehr wenige vollständig widersetzen können. Wenn nur einer falsche Angaben macht, zeigt dies keine, bei zwei geringere Wirkung, aber bei drei ist die volle Stärke erreicht, die dann durch mehr »Majoritätsmitglieder« nicht mehr gesteigert wird.

Man könnte nun vermuten, daß sich die Ergebnisse ändern, wenn der Widerspruch zwischen Realität und sozialer Wirklichkeit quantitativ vergrößert wird. Solomon Asch sagt daher:

»Wir variierten die Differenz zwischen den drei Linien systematisch, in der Hoffnung, einen Punkt zu erreichen, bei dem der Fehler der Majorität so offensichtlich wurde, daß jede Versuchsperson ihn verwerfen und unabhängig wählen würde. Leider hatten wir keinen Erfolg. Selbst wenn die Differenz zwischen den Linien fast 18 Zentimeter betrug, gab es einige, die sich der fehlerhaften Meinung der Majorität anschlossen.«

Nach Beendigung der Experimente diskutierte Solomon Asch mit den Versuchspersonen. Dabei stellte sich heraus, daß alle, die dem Gruppendruck nachgegeben hatten, die Häufigkeit ihrer falschen Urteile unterschätzten. Die hervorstechendste Eigenschaft derer, die standgehalten hatten, war nicht etwa »fehlende Empfänglichkeit für den Druck der Majorität, vielmehr die Fähigkeit, nach einer Phase des

Zweifels das Gleichgewicht wiederzufinden«. Es gab aber auch einige, die die Aussagen der Majorität zwar für richtig hielten, dennoch aber ihre eigenen Beobachtungen möglichst getreu wiederzugeben trachteten.

Man kann die klassischen Experimente des Solomon Asch in vielfältiger Form variieren, das Ergebnis ist im Durchschnitt immer gleich. Statt dreier verschieden langer Linien können etwa Kreis, Dreieck und Viereck zum Vergleich angeboten werden. Ich kenne einen Lehrer, der an einer höheren Schule Psychologie unterrichtet und diese Variante regelmäßig verwendet. Nachdem er über die Experimente des Solomon Asch seinen 17- bis 18-jährigen Schülerinnen und Schülern theoretisch berichtet hat, sind sie meist voll des Unglaubens. Er führt die Experimente dann in der Klasse durch, wobei als Versuchspersonen jüngere Schüler der Unterstufen mitmachen. Nach seinen Berichten ist das eigene Erleben dieser Situation emotional so tiefgreifend, daß sich danach das oft spannungsgeladene Lehrer-Schüler-Verhältnis zumindest für einige Zeit in eine freundschaftliche Beziehung verwandelt.

Offenbar werden die Versuchspersonen durch den Gruppendruck in einen starken inneren Spannungszustand versetzt. Dieselbe Spannung besteht auch zwischen Realität und Wirklichkeit, die nicht in ein einfaches Entweder-Oder-Verhältnis zu bringen sind. Zwar ist etwa jede vierte Versuchsperson stark genug, dem Druck der sozialen Wirklichkeit ganz standzuhalten, aber die Mehrheit schwankt doch hin und her, entscheidet sich einmal für die selbst beobachtete Realität, dann wieder für die von der Gruppe erzeugte Wirklichkeit.

Wenn wir die Ergebnisse, die Solomon Asch in der vereinfachten, experimentellen Situation gewonnen hat, auf die viel komplexere Welt des täglichen Lebens anwenden dürfen, dann erhebt sich die Frage, ob es so etwas wie Realität überhaupt geben kann. Denn selbst in einer vollständig isolierten Lage, ohne Beeinflussung durch andere, übt doch unsere eigene Vergangenheit durch die Entscheidungen, die wir schon gefällt haben, einen Druck auf uns aus: Wir leben immer in unserer eigenen, selbstgeschaffenen Wirklichkeit. Das Problem könnte also vielmehr der Widerspruch unserer eigenen Wirklichkeit zu den Wirklichkeiten der anderen sein. So könnten wir auch den sozialen Druck verstehen, denn dieser Widerspruch führt zu Konflikten, zum Ausschluß aus der Gruppe und damit zum Verlust der Sicherheit, die sie uns gewährt.

Damit wäre verständlich, daß wir alle gerne eine gemeinsame Wirklichkeit herzustellen trachten, die uns Geborgenheit, Sicherheit, ja Wärme gewährt. Je mehr Menschen sich ihr anschließen, um so sicherer können wir uns fühlen. Ist das nicht auch Ursprung der verzweifelten Suche vieler Menschen nach einer absoluten Wahrheit? Und Grund dafür, diejenigen, die sich ihr nicht anschließen wollen, zunächst als Außenseiter, dann als Bösewichte und schließlich als Feinde zu behandeln?

Warum aber muß diese Suche verzweifelt sein? Weil wir offenbar dem Spiel der Spannung zwischen Realität und Wirklichkeit doch nicht entkommen können. Denn wenn es bloßer Anspruch der gemeinsamen Wirklichkeit bleiben soll, möglichst viele Anhänger zu gewinnen, dann rächt sich die Realität von selbst, wie Feynman am Beispiel der *Challenger*-Katastrophe eindrucksvoll aufgezeigt hat. Die Wirklichkeit muß sich wohl an den Tatsachen orientieren, denn die Natur kann nicht getäuscht werden.

Damit wird aber die Ambivalenz offengelegt, in der wir alle stehen: Wir sehnen uns nach einer gemeinsamen Wirklichkeit, weil nur sie uns soziale Sicherheit, menschliche Wärme gewährt. Und wir verlangen zugleich nach Realität aus Angst, die getäuschte Natur könnte sich an uns rächen. Wir können aber auch nicht einfach die Realität zur gemeinsamen Wirklichkeit erklären, weil jeder einzelne von uns selbst schon in seiner persönlichen Wirklichkeit mit Wünschen, Träumen und Hoffnungen von einer anderen, besseren Welt lebt, die ihn hindert, der Realität nahe zu kommen, geschweige denn, sie zu erreichen. Aber haben wir denn nicht mit der neuzeitlichen Naturwissenschaft gerade eine Methode gewonnen, uns der Realität zu versichern? Hat Feynman in seinem *Challenger*-Bericht nicht zu Recht gefordert, daß zumindest im technischen Bereich die Realität Vorrang haben muß? Und sind nicht gerade deshalb die Naturgesetze wirklich allgemeinverbindlich, für jeden Menschen dieser Welt gleich gültig? Und bei genauer Betrachtung werden wir auch sofort erkennen, daß nur derjenige gültige Naturgesetze findet, der sich von seinen persönlichen Wünschen, Träumen und Hoffnungen frei halten kann, der sich also aus seiner individuellen Wirklichkeit zumindest vorübergehend zurückziehen kann in die objektive Welt der Tatsachen. Und wenn auf solche Weise Erkenntnisse zustande kommen, die von mehreren Menschen unabhängig voneinander bestätigt werden, können wir dann nicht mit Recht vom Erkennen der Realität sprechen?

Die N-Strahlen des Professor Blondlot

Nach dem Testament des schwedischen Industriellen Alfred Nobel werden seit dem Beginn unseres Jahrhunderts jährlich »Preise an diejenigen verteilt, die im vergangenen Jahr der Menschheit den größten Nutzen erwiesen haben«. Dabei werden die Zinsen des Nobel-Fonds in fünf gleichen Teilen vergeben: »Ein Teil an denjenigen, der auf dem Gebiet der Physik die wichtigste Entdeckung oder Erfindung gemacht hat, ein Teil an denjenigen, der die wichtigste chemische Entdeckung oder Verbesserung gemacht hat, ein

Teil an denjenigen, der die wichtigste Entdeckung im Bereich der Physiologie oder Medizin gemacht hat, ein Teil an denjenigen, der in der Literatur das vorzüglichste Werk in idealistischer Richtung geschaffen hat, ein Teil an denjenigen, der am meisten oder am besten für die Verbrüderung der Völker und die Abschaffung oder Verminderung der stehenden Heere sowie für die Veranstaltung und Ausbreitung von Friedenskongressen eingetreten ist.«

Der allererste Nobelpreisträger der Physik war Wilhelm Conrad Röntgen. Er erhielt den Preis im Jahre 1901 »für die Entdeckung der Strahlen, die später nach ihm benannt wurden«. Sechs Jahre zuvor hatte er – in einer für die Physik aufregend turbulenten Zeit – jene Erscheinung beobachtet, die er selbst zunächst X-Strahlung nannte. Im Jahr darauf entdeckte Becquerel die Radioaktivität schwerer Atome, eine für damalige Vorstellungen geheimnisvolle Strahlung. Es dauerte einige Jahre, bis Rutherford zwei Formen der Radioaktivität unterscheiden konnte, Alpha-Strahlen und Beta-Strahlen.

Die letzten Jahre des ausklingenden 19. Jahrhunderts waren in der Physik geprägt durch diese neuen Erscheinungen, Strahlen der unterschiedlichsten Herkunft und Eigenschaften. Man mußte damals wohl als Fachmann wie auch als interessierter Laie etwas spüren von den beginnenden Rissen im festgefügten Weltbild der klassischen Physik, von einer Aufbruchstimmung, die Neues erwarten ließ und die ja schließlich zum Umsturz dieses Weltbildes im 20. Jahrhundert führen sollte.

Es ist daher nur zu verständlich, daß im Gefolge dieser überraschenden Entdeckungen an vielen Orten eifrig nach weiteren Formen unbekannter Strahlungen gesucht wurde. Wenigen war Erfolg beschieden, aber Professor Blondlot aus Nancy hatte Glück. Ihm gelang die Entdeckung einer weiteren neuen Strahlenart, die er nach seiner Universitätsstadt N-Strahlen nannte. Zunächst hatte sich René Blondlot für die X-Strahlen des Kollegen Röntgen interessiert. In der wissenschaftlichen Welt hatte er sich bereits durch mehrere ausgezeichnete Experimente mit elektromagnetischer Strahlung hervorgetan und war Mitglied der französischen Akademie der Wissenschaften. Er war daher prädestiniert, die Natur der X-Strahlen zu untersuchen. Und bei diesen Experimenten entdeckte er durch Zufall die N-Strahlen. Im Jahre 1903 veröffentlichte er seine Ergebnisse in der Zeitschrift der französischen Akademie der Wissenschaften, in den *Comptes Rendus*.

Man muß sich noch einmal die Stimmung dieser Jahre der Neuentdeckungen in Erinnerung rufen, um zu verstehen, daß sich die Fachwelt geradezu auf diese Ergebnisse stürzte und eine Flut von Folgebeobachtungen hervorbrachte. Noch im gleichen Jahr berichtete der Professor für medizinische Physik an der Universität Nancy, Augustin Charpentier, über die N-Strahlen-Emission des menschlichen Körpers. Dadurch wurden die N-Strahlen für die Medizin ebenso bedeutend wie die Strahlen des Kollegen Röntgen. Wahrscheinlich war diese Aussicht nicht unbedeutend dafür, daß sich bald ein Prioritätsstreit entspann und einige Wissenschaftler für sich beanspruchten, die N-Strahlen schon vor Blondlot beobachtet zu haben.

In der ersten Hälfte des Jahres 1904 wurden in der Zeitschrift *Comptes Rendus* 54 Arbeiten über N-Strahlen (und nur 3 über X-Strahlen) veröffentlicht. Man hatte festgestellt, daß es die verschiedensten Quellen für N-Strahlen gab, welche Materialien durchlässig, welche absorbierend für N-Strahlen waren und schließlich, daß N-Strahlen von Aluminiumlinsen konzentriert und von Aluminiumprismen gebeugt werden konnten (ähnlich wie Licht durch Glas). Unter den Autoren dieser experimentellen Arbeiten fanden sich bekannte Namen, darunter Jean Becquerel von der Universität Paris (der Sohn des Entdeckers der radioaktiven Strahlen). Blondlot erhielt im selben Jahr den begehrten

Leconte-Preis der Akademie der Wissenschaften, der auch mit einer Förderung weiterer Arbeiten verbunden war.

Verständlicherweise erregten diese Beobachtungen weltweites Aufsehen. Wie sich dies bei physikalischen Entdeckungen gehört, versuchten viele Kollegen zunächst, die Experimente zu reproduzieren. Aber nicht allen wollte es gelingen. Unter ihnen war eine besonders schillernde Forscherpersönlichkeit, Professor R. W. Wood von der Johns-Hopkins-Universität in Maryland, USA, ein Experte für Optik und Spektroskopie. Sein beständiger Mißerfolg, N-Strahlen nachzuweisen, und das Drängen mancher Kollegen veranlaßten ihn schließlich, nach Europa zu reisen und Blondlot aufzusuchen. An Ort und Stelle wollte er die Ursachen für das Mißlingen seiner Versuche finden. Blondlot nahm ihn freundlich auf und zeigte ihm sofort seine Apparate. Der einfachste Nachweis der N-Strahlen geschah durch Helligkeitsveränderung elektrischer Funkenentladungen, die von N-Strahlen getroffen wurden. Aber Wood konnte solche Veränderungen auch dann nicht beobachten, wenn Blondlot sie ganz deutlich bemerkte. Er wurde daher mißtrauisch. Und als ihm Blondlot ein Experiment vorführte, bei dem im verdunkelten Raum N-Strahlen durch ein Aluminiumprisma gebeugt wurden, da kam Wood eine brisante Idee: Er entfernte heimlich das Prisma aus der Apparatur, die dadurch funktionslos wurde. Blondlot aber beobachtete weiter die Effekte der N-Strahlen.

Durch den Streich von Wood war plötzlich deutlich geworden, daß den N-Strahlen keine Realität zukam. Wohl waren sie wirklich für die vielen Experimentatoren, die sogar ihre Eigenschaften klassifiziert hatten. Irving Klotz, der die Geschichte der N-Strahlen untersucht hat, bemerkt dazu: »Die Strahlen stellten sich als total imaginär heraus, womit bewiesen ist, daß Glauben auch zum Sehen werden kann.«

Aber Blondlot hatte nicht nur visuell beobachtet, er hatte

die Helligkeitsunterschiede der Funkenstrecken auch photographisch festgehalten, und diese Unterschiede konnte auch Wood erkennen. Wie ist so etwas möglich? Wood führte es darauf zurück, daß Blondlot unbewußt immer dann, wenn er größere Helligkeit erwartete (und daher auch sah), die Photoplatte um ganz wenig länger belichtet hatte. Denn daß Blondlot kein Betrüger, sondern Opfer seiner selbst gezeugten Wirklichkeit war, stellt auch Irving Klotz mit aller Deutlichkeit fest. Offenbar ist unser Unbewußtes manchmal williges Werkzeug, wenn es gilt, die Wirklichkeit durch reale Fakten zu erhärten.

J. Langmuir, der 1932 den Nobelpreis »für seine Entdeckungen und Untersuchungen auf dem Gebiet der Oberflächenchemie« erhalten hatte, hat sich in seinen späteren Jahren für dieses Phänomen interessiert. Auch er bestätigt Blondlot, Opfer seiner Wirklichkeit und nicht etwa Betrüger oder Stümper gewesen zu sein. Aber Langmuir hat auch andere Beispiele aus seiner eigenen Erfahrung beschrieben.

Es war in einer weiteren aufregenden Epoche der Physik, als die Geheimnisse des Atoms entschlüsselt werden konnten. Im Jahre 1930 veröffentlichten Davis und Barnes in der angesehenen Fachzeitschrift *Physical Review* die Ergebnisse eines Experimentes, mit dem sie die Bohrsche Theorie des Atoms bestätigt hatten. Allerdings mittels eines völlig unerwarteten und auch unerklärlichen Effektes. Eine Zeitschrift vom Range des *Physical Review* druckt eingesandte Manuskripte erst dann, wenn sie von Fachleuten unabhängig überprüft und zumindest frei von offensichtlichen Fehlern befunden worden sind. Trotzdem konnte Langmuir nachweisen, daß auch Davis und Barnes von ihrem Unbewußten, von der Wirklichkeit ihrer Wünsche und Vorstellungen getäuscht worden waren. Dazu wendete auch Langmuir – wie er selbst es beschreibt – einen »faulen Trick« an, wie seinerzeit Wood. Wir müssen uns immer wieder vor Augen halten, daß es sich nicht um Scharlatane oder gar Schwindler handelt, sondern um durchaus seriöse Forscher und Wissenschaftler. Nur wer wagt, kann gewinnen – das gilt für alles Neuzuschaffende und daher auch für die Physik. Fehler wie die beschriebenen können daher niemals vollständig vermieden werden, denn das würde zugleich auch den Fortschritt der Wissenschaft ausschließen.

Realität und Wirklichkeit.
Geronimo und Winnetou.
X-Strahlen und N-Strahlen.

Auf den ersten Blick scheinen vielleicht die Gemeinsamkeiten zu überwiegen. Doch gibt es wesentliche Unterschiede. Als die Anhänger Winnetous erfuhren, daß er niemals als reale Person gelebt hat, waren sie zwar enttäuscht, ja vielleicht gar zornig, aber an seiner unmittelbaren Wirkung auf die Leser änderte sich wenig. Als die wissenschaftliche Welt erfuhr, daß den N-Strahlen keine Realität zukam, da wendete sie sich ab und versuchte, die Episode so schnell wie möglich zu verdrängen. Seit 1905 erschien in den *Comptes Rendus* keine Arbeit mehr über N-Strahlen.

Zwar versuchten einige Außenseiter, die N-Strahlen dennoch zu bewahren, indem sie ihre Wirkung einfach behaupteten. Noch im Jahre 1912 erschien ein Buch mit dem Titel *N-Strahlen und Od*. Aber die Versuche mußten vorübergehende Hoffnungen bleiben, »denn die Natur kann nicht getäuscht werden«, wie Feynman so schön sagte.

»Die Natur kann nicht getäuscht werden.«

Können wir daraus den Umkehrschluß ziehen, daß es der menschliche Geist ist, der sich täuschen läßt? So einfach dürfen wir es uns nicht machen! Denn das setzte doch voraus, daß es eine erkennbare Realität gibt, von der sich die Täuschung unterscheidet, und daß es gewissermaßen einen Schiedsrichter gibt, der zwischen beiden unterscheiden kann. Was für einen Sinn sollte es doch haben, von Täuschung zu sprechen, so lange sie alle einhellig für die Wahrheit halten?

Vielleicht sollten wir sagen, der menschliche Geist schafft sich *immer* seine eigene Wirklichkeit, und nur dort, wo die Natur ihr Recht beansprucht, kann sie in Widerspruch mit der Realität kommen. Wie aber sollten wir solche Widersprüche erkennen? Im Falle der N-Strahlen waren es aufkommendes Mißtrauen und erste Zweifel, die überhaupt auf die Möglichkeit eines solchen Widerspruches aufmerksam machten.

Zweifel als Methode

Wenn es stimmt, daß sich der menschliche Geist *immer* seine eigene Wirklichkeit schafft, dann können wir die Realität nie erreichen. Wir dürfen sie aber auch nicht einfach verleugnen, denn sonst werden wir durch Katastrophen ähnlich der Raumfähre *Challenger* jäh aus unseren Träumen gerissen. Was uns bleibt, ist das beständige Mißtrauen gegen unsere eigene Wirklichkeit und die Wirklichkeiten, die uns andere als gültig anbieten. Hat nicht auch Solomon Asch diejenigen Versuchspersonen, die dem Gruppendruck am besten standzuhalten vermochten, dadurch charakterisiert, daß »sie die Fähigkeit hatten, nach einer Phase des Zweifels das Gleichgewicht wiederzufinden«?

Ganz wesentlich scheint dabei die Fähigkeit, das Gleichgewicht wiederzufinden, denn es gibt sehr verschiedene Arten des Zweifels. Es gibt den alles zersetzenden Zweifel, der jede sich anbietende Wirklichkeit nur zerstören will und der schließlich in die Ver-Zweiflung führt, weil sich nirgends mehr fester Halt findet. Und es gibt den Zweifel, der der Einsicht in die wundersame Struktur der Wirklichkeit entspringt, der danach trachtet, bloße Wunschvorstellungen und Hoffnungen als solche zu erkennen und gerade dadurch festen Boden zu gewinnen. Es ist diese Art des Zweifels, die uns die einzige Möglichkeit bietet, unsere eigene Wirklichkeit von der Realität nicht ganz zu entfernen.

Aber es gibt auch jene Spielart des Zweifels, die grundsätzlich an allen Wirklichkeiten – außer der eigenen – nagt. Da niemand sicher sein kann, daß seine Wirklichkeit wenigstens in wesentlichen Punkten der Realität nahe ist, muß sich auch jeder der Kritik aussetzen, und daraus kann allzuleicht statt eines gemeinsamen Ringens um Wahrheit ein Machtkampf um das Durchsetzen der eigenen Wirklichkeit werden. Wer wollte hier Schiedsrichter spielen und die Grenzen setzen, ohne selbst gerade dadurch auf besonders subtile Weise seine eigene Wirklichkeit vor die der anderen zu setzen?

So verschiebt sich das Ringen um die Realität zunächst auf die Frage nach der richtigen Art des Zweifels, die weder alles zersetzend nihilistisch noch selbstüberheblich machthungrig sein soll.

Wir werden uns mit den verschiedenen Formen des Zweifels noch genauer beschäftigen. Zunächst wollen wir uns nur daran erinnern, daß im 17. Jahrhundert, in der Zeit der Inquisition, die glaubte, ihre Wirklichkeit durch Drohung und Gewalt zur Realität machen zu können, René Descartes seinen Zweifel zur Methode werden ließ. »Selbst bei radikalstem Zweifel an allem«, so meinte Descartes, »kann ich an einem nicht zweifeln: daß ich zweifle!«

Ich zweifle, daher bin ich.

Ich denke, daher bin ich – *cogito, ergo sum*.

Gerade die radikalste Form des Zweifels führt also zu einer unumstößlichen Sicherheit, der Gewißheit des »ich bin«. Wir werden noch sehen, wie die Philosophie des methodischen Zweifels von Galilei zur »Neuen Wissenschaft«, seiner *nuova scienza*, umgeformt wurde. Wesentlich trug dazu auch Descartes Spaltung der Welt in »ausgedehntes Sein« *(res extensa)* und »denkendes Sein« *(res cogitans)* bei. Aus der Unterscheidung wurde bald eine Trennung: Die

Naturwissenschaft beschäftigte sich nur mit dem ausgedehnten Sein, mit der Materie. Obwohl sie im 20. Jahrhundert selbst einsehen lernte, daß eine strenge Trennung nicht aufrechterhalten werden kann, ist die Entgegensetzung von Geist und Materie bis heute nicht aus unserem Denken verschwunden.

In einer für die Entwicklung der ganzen Menschheit so entscheidenden Zeit wurden diese Fragen im Abendland zwar nicht beantwortet, wohl aber einer Lösung zugeführt, die eine tätige Entwicklung erlaubte und auch erzeugte.

Wir konnten diese Entwicklung hier nur streifen. Um einen ersten, vorläufigen Überblick zu erhalten, wollen wir sie jetzt nicht näher analysieren, sondern sie lieber gewissermaßen von außen betrachten, aus der Sicht einer anderen Kultur, die zwar heute an den Folgen und Früchten der damals begonnenen Entwicklung teil hat, selbst aber nicht bei der Geburtsstunde dabei war.

Der japanische Philosoph aus der Kyoto-Schule, Keiji Nishitani, sagt dazu: »Descartes setzte Ausdehnung mit Materie gleich; und die Tatsache, daß er sie für das Wesen der Dinge hielt, hieß, daß die natürliche Welt eine tote Welt wurde, daß eine mechanistische Weltbetrachtung zum Zuge kam. Es ist wahr, daß dadurch das Weltbild der modernen Naturwissenschaft entstand und der Weg zur Beherrschung der Natur durch wissenschaftliche Techniken frei wurde. Wahr ist jedoch auch, daß für den Menschen, als egozentrisches Ich, die Welt einfach zu bloßem Stoff wurde: und jenes Ich, ausgestattet mit der großen Macht der Naturbeherrschung, war von einer kalten, toten Welt umgeben. Jedes Ich wurde wie eine einsame Insel, die auf einem Meer toter Materie trieb und gezwungen war, in der Abgeschlossenheit ihrer selbst zu verharren. Das Leben verschwand aus der Natur und den natürlichen Dingen und hörte auf, das lebendige Band zu sein, das den Menschen und die Weltdinge im Grund zusammengehalten hatte.«

Und Nishitani weist auch auf das Problem der Spannung zwischen Wirklichkeit und Realität hin, wie es sich seither stellt: »Was ein Wissenschaftler zum Beispiel vom Standpunkt der Wissenschaft aus für real hält und was derselbe Wissenschaftler aus seiner Alltagserfahrung heraus für wirklich hält, stimmt überhaupt nicht überein, dennoch kann er keines von beiden leugnen. Es läßt sich nicht einfach sagen, was eigentlich wirklich bzw. real ist.«

Materie

Obwohl Descartes durch seinen methodischen Zweifel eigentlich das Ich als denkendes Sein zur einzigen Gewißheit werden ließ, nahm die darauf folgende Entwicklung der Naturwissenschaft bald eine andere Richtung. Weil jedes der unzähligen »Ichs« nur sich selbst gewiß sein konnte, war darauf eine allgemein verbindliche Wirklichkeit nicht zu gründen. In fast paradoxer Weise erklärte daher die Naturwissenschaft nicht das denkende, wohl aber das ausgedehnte Sein, die Materie zur eigentlichen Realität.

Aber ist nicht wirklich die Materie das allgemein verbindliche Sein? Muß nicht jeder, der seinen Kopf an einen Stein oder ein anderes Stück harte Materie stößt, unter denselben Folgen leiden? Ist es darum nicht naheliegend, den Hausverstand vor philosophische Spitzfindigkeiten zu stellen und das Greifbare, die Materie, als Realität anzunehmen?

Fast zwei Jahrhunderte lang hat die Naturwissenschaft mehr oder weniger deutlich diesen Versuch gewagt. Gewagt, weil eigentlich schon zwei Jahrtausende vorher die Alten Griechen, allen voran Demokrit von Abdera, auf mögliche Probleme dieser Anschauung hingewiesen haben. Die Materie tritt uns nämlich mit zwei verschiedenen Eigenschaften entgegen, die in einen unlösbaren Widerspruch führen: Sie erscheint kontinuierlich und sie ist teilbar. Ein Glas Wasser steht vor uns. Das Wasser füllt einen Teil des Glases vollständig ohne Zwischenräume aus, es ist kontinuierlich. Ähnliches können wir bei einem Stück Metall, ja selbst bei porösen Materialien feststellen. Dort finden wir zwar viele Löcher und freie Räume, aber dazwischen füllt die Materie den Raum kontinuierlich aus.

Wir können aber aus dem Glas Wasser jederzeit einen Teil ausgießen, vom Metallstück etwas abschneiden, das poröse Material zerbrechen. Obwohl also die Materie kontinuierlich erscheint, ist sie offenbar aus gleichen Teilen zusammengesetzt. Und dies ist der Widerspruch: Entweder diese Teile sind selbst noch ausgedehnt, dann sind sie weiter teilbar, denn das ist ja die charakteristische Eigenschaft der Ausdehnung. Oder aber die Teile sind nicht mehr weiter teilbar, also punktförmig (diskret), dann kann daraus aber niemals kontinuierliche Materie zusammengesetzt sein. Wir können noch so viele »Punkte« in ein Gefäß werfen, es wird sich niemals füllen, denn die »Punkte« haben immer alle noch am Boden Platz, sie haben ja keine Ausdehnung.

Zenon von Elea hat mit seinen berühmten Aporien dasselbe Denkproblem beschrieben. Der fliegende Pfeil, so meint er, kann sein Ziel nie erreichen, denn zuerst muß er die halbe Strecke durcheilen, dann liegt aber vor ihm noch immer eine ausgedehnte Strecke, deren Hälfte er durchlaufen muß und so fort. (Eine andere Spielart dieser Aporie ist die vielleicht bekanntere Geschichte vom Achilleus, der die Schildkröte nicht einholen kann.)

Daß es sich dabei tatsächlich um ein nicht auflösbares Paradoxon – eben eine Aporie – handelt, sehen wir daran, daß derselbe Sachverhalt auch in der modernen Mathematik – freilich in nüchterner, nicht bildhafter Sprache – dargestellt wird. (Eine unendliche, konvergente Zahlenfolge kann sich ihrem Grenzwert beliebig nähern, ohne ihn je zu erreichen.) Die moderne Mathematik hat freilich Methoden entwickelt, diese Probleme handhabbar zu machen, ohne sie auflösen zu müssen. (Leider wird das machmal selbst von Mathematikern nicht deutlich genug unterschieden.)

Um diesem Widerspruch zu entgehen, postulierte Demokrit das Atom, das Unteilbare. Alle Materie sei aus Atomen aufgebaut, die selbst nicht mehr weiter teilbar und trotzdem nicht ohne Ausdehnung seien. Damit verlegte er den besprochenen Widerspruch in die Bausteine der Materie, in die Atome selbst; durch sein Postulat von unteilbar-ausgedehnten Teilchen verbot er gewissermaßen die Frage, wie denn so etwas möglich sei und ersparte sich und allen, die ihm folgten, nach einer Antwort suchen zu müssen.

»Die einzigen existierenden Dinge sind die Atome und der leere Raum«, so postulierte Demokrit. Er legte damit den Grundstein zu einer Entwicklung, die erst zwei Jahrtausende später Früchte treiben sollte. Zunächst waren es die Chemiker – allen voran John Dalton – die diese Idee aufgriffen. In der Physik gab es gegen Ende des 19. Jahrhunderts verschiedene Disziplinen, die jeweils entweder mit mathematischen Methoden des Kontinuums oder mit denen des Diskreten behandelt wurden. Mit der Entdeckung des ersten Elementarteilchens, des Elektrons, durch J. J. Thomson im Jahre 1897 wurde diese säuberliche Trennung erstmals in Frage gestellt. Die Elektrizitätslehre gehörte bis dahin eindeutig in den Bereich der Kontinuumsphysik, und nun war eine »Elementarladung«, die nicht mehr weiter geteilt werden konnte, empirisch sichergestellt worden. Gewissermaßen das Atom der elektrischen Ladung!

Damit begann eine Reihe von Entdeckungen und neuen Vorstellungen, die schließlich dazu führte, daß die Gegenüberstellung von diskreten und kontinuierlichen Phänomenen aufgegeben werden mußte. (Diskrete) Teilchen und (kontinuierliche) Wellen konnten nicht mehr eindeutig als Grundlage der verschiedenen Naturerscheinungen identifiziert werden.

Es geht uns hier nicht darum, diese faszinierenden Entwicklungen im einzelnen zu verstehen, wir wollen nur die großen Stationen aufzeigen, um den Weg als Ganzes überblicken zu können. Um die Jahrhundertwende fand Max Planck eine diskrete Struktur in der bis dahin kontinuierlich gedachten Strahlung: das nach ihm benannte »Wirkungsquantum«. Materie gab Strahlung nicht kontinuierlich ab (und nahm sie nicht kontinuierlich auf), sondern immer nur in (diskreten) Vielfachen des elementaren Quants.

Weitere fünf Jahre danach postulierte Albert Einstein die Lichtquanten zumindest in »heuristischer« Hinsicht als selbständige »Teilchen« der Strahlung und in einer aufregenden Epoche der Physik, die wir heute die »heroische« nennen, wurde mit der Quantenmechanik die grundlegende Beschreibung der Atome geschaffen.

Ich habe diese Entwicklung in einem anderen Buch ausführlich geschildert – hier kommt es mir nur darauf an, daß damit die Materie als gesicherte Realität in Frage gestellt wurde. Denn nach den Aussagen der Quantenmechanik, wie sie alle tätigen Physiker (und heute schon viele Ingenieure) täglich benützen, ist die Frage nach diskret oder kontinuierlich bei den Elementarteilchen nicht beantwortbar. Die Bausteine der Materie zeigen sowohl diskrete als auch kontinuierliche Eigenschaften, *obwohl* diese einander ausschließen. Je nach der Fragestellung des Experimentes treten einmal die einen, dann die anderen Eigenschaften hervor; wir können weder auf die einen noch auf die anderen verzichten, wollen wir die Phänomene vollständig beschreiben.

Das Großartige an der Quantenmechanik ist die Tatsache, daß es sich dabei um eine mathematisch formulierte Theorie handelt. Das garantiert uns die Widerspruchsfreiheit der zugrundeliegenden Berechnungen und als Folge die Unzweideutigkeit von Voraussagen für experimentelle Ergebnisse. Aber der mathematische Apparat bedarf ja der Interpretation, und diese kann entweder den diskreten oder den kontinuierlichen Charakter hervorheben, ohne daß auf einen der beiden verzichtet werden kann. Der Physiker spricht von Komplementarität oder von Dualismus, um das emotional belastete Wort Widerspruch zu vermeiden.

Aber diese Entwicklung selbst wurde nicht widerspruchslos hingenommen. Was uns hier besonders interessiert, ist gerade die Auseinandersetzung zwischen den Physikern, die selbst an dieser Entwicklung mitgearbeitet hatten und von denen einige das Entschwinden der Realität nicht ertragen konnten.

Max Planck (der im Jahre 1919 mit dem Nobelpreis »für das Verdienst, das er sich durch die Entdeckung der Elementarquanten um die Entwicklung der Physik erworben hat«, ausgezeichnet worden war) fand schon Einsteins Vorschlag, wenigstens als »heuristischen Gesichtspunkt« dem Licht (und damit auch allen anderen elektromagnetischen Strahlen) auch Teilcheneigenschaften zuzuschreiben, als weit über das Ziel hinausgeschossen. Wie sollte es denkbar sein, daß in der Realität dem Lichte, dessen Wellennatur unzweifelhaft belegt war, auch Eigenschaften zukamen, die mit eben dieser Wellennatur in Widerspruch standen?

Beugungsphänomene und Interferenz, die geradezu alltägliche Erscheinungen darstellten, belegten die Wellennatur und damit die kontinuierlichen Eigenschaften.

Stoßphänomene, bei denen Energie und Impuls an einem lokalisierten Ort von Licht auf Elektronen übertragen wurden (der sogenannte photo-elektrische Effekt) belegten die diskrete Natur elektromagnetischer Strahlung.

Max Planck wollte das nicht akzeptieren. Trotzdem erhielt Einstein dafür (und nicht etwa für seine auch von Planck so hoch geschätzte Relativitätstheorie) im Jahre 1922 den Nobelpreis »für seine Verdienste um die theoretische Physik, besonders für die Entdeckung des für den photoelektrischen Effekt geltenden Gesetzes«.

Aber als sich bald herausstellte, daß diese widersprüchliche (oder »dualistische«) Doppelnatur nicht nur der elektromagnetischen Strahlung zukam, sondern ein ganz grundlegendes Phänomen der Mikrowelt war, daß sie also auch die Materieteilchen (wie zum Beispiel Elektronen) betraf, da wurde auch Einstein skeptisch. Und der darauf folgenden, großartigen Entwicklung, die zur Auflösung des alten Materiebegriffes führte, wollte er nicht mehr folgen.

Max Born und der Kopenhagener Kreis um Niels Bohr begannen, eine vollständig neue Betrachtungsweise der Materie zu entwickeln. Nicht mehr wie kleine Kügelchen, deren Bahnen vorausberechenbar waren, sollten die kleinsten Bausteine betrachtet werden; aber auch nicht so wie Wellenbewegungen, ähnlich dem Schall oder den alten Vorstellungen vom Licht. Bei den Bausteinen der Materie konnte überhaupt kein vorstellbares Modell mehr zur Beschreibung dienen, sie entzogen sich der Vorstellung (ähnlich wie die Realität dem direkten Zugang). Beide Bilder – Teilchen und Wellen oder diskret und kontinuierlich – waren unerläßlich zu einer vollständigen Beschreibung, obwohl sie niemals in einem vorstellbaren Modell vereinigt werden können.

Damit entschwand das alte Bild der Materie als feststehende Realität endgültig aus der Wirklichkeit der Physik. Physikalische Prozesse im Mikrokosmos konnten nicht mehr eindeutig vorhergesagt werden, denn es gab ja keine Teilchen, deren Bahnen berechenbar wären. Es gab aber auch keine reinen Interferenzmuster, die ebenfalls mathematisch vorhergesagt werden könnten. Was blieb, war eine Beschreibung durch Wahrscheinlichkeiten, die allerdings mit beliebiger Genauigkeit überprüft werden konnten und sich damit als großartiges, neues Werkzeug erwiesen. Nur was im einzelnen geschah war nicht mehr gesichert.

Für die Materie als Realität galt aber gerade dies als wesentliche Annahme: Daß sich das Geschehen im großen aus einzelnen Prozessen im kleinen zusammensetzte und daß mit diesen Elementarprozessen auch das Großgeschehen genau vorhersagbar war. So hatte doch Laplace am Ende des 18. Jahrhunderts den Triumph des Materialismus verkündet: Wenn es einen Geist gäbe, der Orte und Geschwindigkeiten aller Einzelteilchen des Universums in einem einzigen Augenblick kennte, so könnte er das Gesamtgeschehen dieses Universums daraus für alle Zukunft und alle Vergangenheit berechnen. Und auf die Frage Napoleons, wo denn in dieser Theorie Gott seinen Platz fände, antwortete Laplace hochmütig, aber konsequent: »Sire, diese Hypothese benötige ich nicht mehr.«

Und nun sollte sich dies alles als Wunschdenken herausstellen! Die Realität der Materie, die zur Hoffnung eines Zeitalters geworden war, entpuppte sich als bloß erträumte Wirklichkeit, die mit der wahren, aber eben nicht erreichbaren Realität in Widerspruch geraten war.

Die Reaktion vieler Physiker darauf war zunächst einfach Angst. Angst, die schon gewonnen geglaubte Sicherheit endgültig zu verlieren, im Strudel der Meinungsvielfalt unterzugehen, ohne sich an der gemeinsam zu erkennenden Materie festhalten zu können.

Albert Einstein, der selbst nach Max Planck den zweiten bedeutenden Schritt auf dem Wege dieser Entwicklung gewagt hatte, wollte nicht weiter mitgehen. Er formulierte seine Bedenken ebenso scharfsinnig wie seine Theorien: ein »Abweichen von der engeren Wirklichkeitsidee der Physik vor der Quantenmechanik« erschien ihm als eine »bedenkliche Annäherung an einen Standpunkt, bei dem man Traum oder Halluzination nicht deutlich genug vom ›Wirklichen‹ unterscheiden könne«.

Einer der schärfsten und kritischsten Denker des Kreises um Niels Bohr war Wolfgang Pauli. (Seine Kollegen bezeichneten ihn oft als das »Gewissen der Physik«.) Er hatte 1945 den Nobelpreis »für die Entdeckung des Pauliprinzips« (zur Erklärung des Aufbaus der Atomhülle) erhalten. Pauli zählte sich selbst zu jener »Kategorie von Physikern«, die geneigt war, auch den Anwendungsbereich der Quantenmechanik noch für begrenzt zu halten. Er erwartete eine Entwicklung, die vom alten »klassischen« Ideal der Naturerklärung noch weiter wegführen sollte. Vor allem hielt er die Quantenmechanik für noch nicht geeignet, Vorgänge zu beschreiben, die mit dem Lebendigen verbunden waren.

Pauli erinnert sich an ein Gespräch mit Albert Einstein, in dem ihm dieser einen sarkastischen Blick zuwarf und sagte: »Physik ist doch die Beschreibung des Wirklichen, oder soll ich vielleicht sagen, Physik ist die Beschreibung dessen, was man sich bloß einbildet?«

Nun, Pauli selbst hatte einen subtileren Standpunkt. In der Einleitung zu einem Symposium anläßlich des internationalen Philosophenkongresses in Zürich im Jahre 1954 sagte er:

»Unsere Vorstellungen verlaufen nicht willkürlich, sondern erscheinen in einer gewissen Ordnung. Es ist der Zusammenhang der Bewußtseinsinhalte, der uns erlaubt, Träumen von Wachen zu unterscheiden, und unwillkürlich äußere Objekte sowie auch das Bewußtsein der Mitmenschen als existierend zu erleben. Das, was wir antreffen, was sich unserer Willkür entzieht, womit wir rechnen müssen, ist das, was man als wirklich bezeichnet. Die europäischen Sprachen haben zwei verschieden abgeleitete Worte hierfür, das eine, lateinische: Realität von *res* = Sache, das andere, deutsche: *Wirklichkeit*, von Wirken (...). Der abstraktere, von Wirken abgeleitete Begriff ist derjenige, der dem in der Wissenschaft gebrauchten nähersteht. Wenn wir nun zu formulieren versuchen, was das physikalische Phänomen und was die physikalische Wirklichkeit ist, so gehen die Meinungen bereits auseinander.«

Die Meinungen gingen tatsächlich auseinander, denn Max Planck und Albert Einstein waren nicht allein geblieben.

Jedes Gebiet der Physik bedarf der grundlegenden Gleichungen, die die Vorgänge und Phänomene dieses Gebietes beschreiben (der Physiker spricht von den »Bewegungsgleichungen«). Obwohl Werner Heisenberg auch solche Gleichungen für die Beschreibung atomarer Vorgänge gefunden hatte, war es doch erst Erwin Schrödinger, der sie in jener Form darstellte, die einfach genug war, um auch komplexere Phänomene zu erfassen. Die sogenannte *Schrödinger Gleichung* gilt heute allgemein als die fundamentale Bewegungsgleichung der Quantenmechanik. Schrödinger hatte 1933 (gemeinsam mit Paul Adrien Maurice Dirac) den Nobelpreis »für die Entdeckung neuer fruchtbarer Formen der Atomtheorie« erhalten (Werner Heisenberg war im Jahr zuvor »für die Aufstellung der Quantenmechanik, deren Anwendung unter anderem zur Entdeckung der allotropen Formen des Wasserstoffs geführt hat«, mit diesem Preis ausgezeichnet worden). Obwohl also Schrödinger 1926 gewissermaßen den Schlußstein ins Gebäude der Quantenmechanik gelegt hatte, wollte auch er die Interpretation seiner eigenen Gleichung durch Max Born und den Kopenhagener Kreis um Niels Bohr nicht akzeptieren.

Albert Einstein schrieb in einem Brief an seinen Mitstreiter Erwin Schrödinger noch im Jahre 1950:

»Du bist (neben Laue) unter den zeitgenössischen Physikern der einzige, der sieht, daß man um die Setzung der Wirklichkeit nicht herumkommen kann – wenn man nur ehrlich ist. Die meisten sehen gar nicht, was sie für ein gewagtes Spiel mit der Wirklichkeit treiben.«

Welch gewagtes Spiel mit der Wirklichkeit!

Aber ist nicht unser Leben immer schon ein gewagtes Spiel mit eben dieser Wirklichkeit? Die sich einmal mehr, einmal weniger von der Realität entfernt, ohne daß uns das bewußt wird oder auch nur werden könnte? Denn wir können weder unsere Wirklichkeit oder einen Teil – und sei es nur der physikalisch erfaßbare – zur Realität erklären, noch die Realität einfach verleugnen. Die Antwort des sogenannten »Hausverstandes« auf ein solches Dilemma beschreibt der Psychologe Paul Watzlawick in seinem Buch *Wie wirklich ist die Wirklichkeit:*

»Was wir vielmehr immer schon tun und auch weiterhin jeden Tag und jede Minute tun werden, beide Seiten des Dilemmas zu ignorieren, indem wir uns dem ewigen Widerspruch gegenüber verschließen und leben, als bestünde er nicht. *Das Ergebnis ist jener sonderbare Zustand, der ›geistige Gesundheit‹ oder – mit noch unfreiwilligerem Humor – ›Wirklichkeitsanpassung‹ genannt wird.*«

Seine Antrittsvorlesung als Ordinarius an der Universität Graz im Jahre 1936 widmete Schrödinger seinem Vorgänger Michael Radakovic, wegen dessen »unerbittlicher Klarheit, Wohlgeordnetheit des Geistes, Absage an jedes unbestimmte Herumgerede, unbedingte innere Ehrlichkeit«. Schrödinger identifizierte sich wohl selbst mit diesen Ansprüchen und verabscheute daher jene Unbestimmtheit, die durch das Auflösen der Materie als »harte Realität« in die Physik getragen worden war. Er konnte daher nicht akzeptieren, daß seine eigene Gleichung zwei einander ausschließende Interpretationen zulassen sollte. Er schloß daher seine Antrittsvorlesung, in der er seine Arbeiten allgemein verständlich dargestellt hatte, mit den Worten:

»Das reine Wellenbild wird der Sache auch nicht gerecht, ebensowenig wie das reine Korpuskelbild. Die Wahrheit liegt – in der Mitte? Nein. Wir wissen es nicht. Hier genüßlich herumreden ist leicht. Aber das will ich mit Rücksicht auf unsere Vorbilder (Radakovic und Boltzmann) unterlassen.«

Aber Schrödinger war ein viel zu tief denkender Mensch, um es bei dieser Feststellung einfach bewenden zu lassen. Er wollte nicht zurück zu einer materiellen Realität, sondern er besann sich auf die ursprüngliche Feststellung des Descartes, daß der Geist, das Ich, die eigentlich gesicherte Existenz beanspruchen durfte. In seinem Büchlein *Geist und Materie* unternimmt er den Versuch, das Bewußtsein als grundlegende Realität anzusetzen. Damit ist zwar das Problem des Widerspruches zwischen Realität und Wirklichkeit umgangen, der Widerspruch tritt aber jetzt zwischen den verschiedenen Wirklichkeiten auf, denn jedes Ich, jedes Bewußtsein lebt in seiner eigenen Welt. Schrödinger erklärte dies zu einem Scheinproblem, indem er die Einheit des Bewußtseins postulierte. Wohl war er sich bewußt, daß sein Denken tastend, vorläufig bleiben mußte und daß von anderen »solche Mystik als unwissenschaftlich abgelehnt wird«. Doch Schrödinger meinte:

»Das beruht darauf, daß unsere – die griechische – Wissenschaft sich auf Objektivierung gründet und sich damit den Weg zu einem angemessenen Verständnis für das erkennende Subjekt, den Geist, versperrt hat. Ich glaube aber, daß hier genau der Punkt ist, in dem unsere gegenwärtige Art zu denken verbessert werden muß, vielleicht durch eine kleine Bluttransfusion von seiten östlichen Denkens.«

Wir müssen heute – rückblickend – feststellen, daß dieser Weg nicht beschritten worden ist. Zwar haben auch andere Physiker versucht, Geist vor Materie als Realität zu setzen, aber allgemeine Beachtung konnten diese Ansätze nicht gewinnen. So meinte etwa Sir Arthur Eddington:

»Ebenso behaupte ich, daß das Wesen der Wirklichkeit geistig ist, weder materiell noch eine Zweiheit aus Materie und Geist. Die Hypothese, daß ihr Wesen irgend etwas Materielles an sich haben könne, geht in meine Berechnung überhaupt nicht ein.«

Und Sir James Jeans schrieb:

»Wenn das Weltall ein Gedankenweltall ist, dann muß seine Schöpfung ein Denkakt gewesen sein.«

Durch die praktischen Erfolge der Quantenmechanik beim Beantworten offener physikalischer Fragen und bei der Vorhersage neuer Phänomene trat die grundsätzliche, philosophische Diskussion immer mehr in den Hintergrund. Zwar ersannen sowohl Albert Einstein als auch Erwin Schrödinger immer geistreichere Einwände gegen die gängige Interpretation, aber Niels Bohr und seine Mannschaft konnten sie alle entkräften. Bis heute sind allerdings Theoretiker und Experimentatoren darum bemüht, diese Einwände zu schärfen und tatsächlichen Tests im Labor zu unterziehen. Je genauer die Experimente werden, um so deutlicher bestätigen sich die Aussagen der Quantenmechanik. Was dabei am meisten irritiert, ist die Aussage, daß erst die Wahl der Experimentieranordnung durch den Physiker bestimmt, in welcher Form die Realität zu beschreiben ist – daß also von einer Realität unabhängig vom Beobachter nicht sinnvoll gesprochen werden kann.

Aber gerade das haben wir doch schon kennengelernt: daß sich die Realität nur durch Widersprüche zu unserer Wirklichkeit bemerkbar macht, daß sie aber nicht direkt zugänglich ist. Der Angst, damit so etwas wie objektive Beschreibungen der Wirklichkeit überhaupt zu verlieren, begegnete Wolfgang Pauli mit den Worten:

»Hat der physikalische Beobachter einmal seine Versuchsanordnungen gewählt, so hat er keinen Einfluß mehr auf das Resultat der Messung, das objektiv registriert allgemein zugänglich vorliegt. Subjektive Eigenschaften des Beobachters oder sein psychischer Zustand gehen in die Naturgesetze der Quantenmechanik ebensowenig ein wie in die der klassischen Physik.«

Und Pauli sprach davon, daß die Phänomene in der Atomphysik eben eine neue Eigenschaft der Ganzheit zeigten, indem sie sich nicht in Teilphänomene zerlegen ließen, ohne das ganze Phänomen dabei wesentlich zu ändern.

Die Quantenmechanik ist heute – mehr als sechs Jahrzehnte nach ihrer Erschaffung – zu einem festen Bestandteil physikalischer Überlegungen und Entwicklungen geworden. Viele technische Errungenschaften (wie etwa die gesamte Mikroelektronik) wären ohne sie nicht denkbar. Andererseits gibt es noch immer Physiker, die verzweifelt versuchen, sie zu ergänzen oder gar durch andere Gedankengänge zu ersetzen – und dies nicht etwa wegen zugegebener Schwächen, sondern ausschließlich wegen der gefürchteten Konsequenz des Auflösens der Materie als Realität. Auch in unseren Schulen wird kaum jemals wirklich Quantenmechanik erwähnt, wohl weil sie nichts Festes, Sicherheitspendendes bietet und womöglich zur Verwirrung beiträgt. Denn alles Konkrete, Modellhafte, was über Atome gesagt wird, muß ja sofort wieder relativiert oder gar zurückgenommen werden, soll es nicht falsche Vorstellungen erwecken. Man erzählt lieber von Atomen, die wie kleine Planetensysteme aussehen, in denen Elektronen auf geordneten Bahnen um den Kern kreisen. Paradoxerweise wird damit eine konstruierte Wirklichkeit, die sicher nichts mit der Realität gemein hat (ja sogar in direktem Widerspruch mit ihr steht!) gerade deshalb zur Realität erklärt, weil ein ernsthafteres Bemühen eben auf Bilder, Modelle und letzte Sicherheit verzichten muß.

Fassen wir zusammen: Die Materie konnte als vorgegebene Realität, unabhängig von der Existenz beobachtender Subjekte, betrachtet werden, so lange die Frage nach dem Wesen ihrer Urbausteine nicht gestellt worden war. Mit dem Versuch, die Atome (und später die Elementarteilchen) mathematisch zu beschreiben, konnte der Gegensatz zwischen diskreten Teilchen und kontinuierlichen Wellen nicht länger aufrechterhalten werden. Die Materie schien sich dem Zugriff der physikalischen Methode zu entziehen, bis mit der Quantenmechanik eine Theorie gefunden war, die komplementäre Gegensätze in einer einheitlichen Beschreibung erfaßte. Nun konnten zwar die physikalischen Phänomene in großartiger Genauigkeit beschrieben werden, eine mechanistische Vorstellung war aber endgültig unmöglich geworden. Einander widersprechende Eigenschaften, die nicht in einem vorstellbaren Bild vereint werden konnten, waren zur Beschreibung der Materie notwendig.

Stoffwechsel

Manchmal geschieht es mir, daß ich einem Menschen wiederbegegne, den ich ein Jahrzehnt (oder länger) nicht mehr gesehen habe, wobei eine lange unterbrochene, emotionale Beziehung spontan wiederentsteht. Es ist, als wären wir erst gestern auseinandergegangen. Zwar stelle ich einige äußerliche Veränderungen fest: Die Haare mögen sich verfärbt haben, die Form etwas beleibter oder auch hagerer sein, aber das Wesen ist mir genau so vertraut wie einst.

Was ist es eigentlich, das die alte Vertrautheit wiederkehren läßt? Die äußere Erscheinung hat sich gewandelt, aber auch der innere Mensch ist anders, reifer oder erstarrter geworden. Der erste Gedanke ist wohl: »Es ist halt doch derselbe Mensch!«, und das kann auch niemand bestreiten. Aber es bedarf etwas tieferen Grübelns, um sich zu vergewissern, daß sich dieses »derselbe Mensch« nur auf das Ich, nicht aber auf den Körper, auf die Materie beziehen kann. Nur die schwer zu fassende Tatsache, daß dieses Ich immer zu sich selbst (in seinem eigenen Leib) »ich« sagen durfte, gewährt die Identität »desselben Menschen«; denn die Materie, die den Körper bildet, ist längst eine andere geworden.

Durch Nahrungsaufnahme und Wieder-Ausscheiden wird nach und nach die Materie des Körpers ersetzt. Stoffwechsel nennen wir das und halten es für eine charakteristische Eigenschaft von Individuen. Und ist es nicht wirklich fast unglaublich, daß das, was sich selbst weitgehend ähnlich bleibt, sich stets aus neuer Materie zusammensetzt?

In seiner Erzählung *Siddhartha* nimmt Hermann Hesse den Fluß als Bild für dieses Geschehen:

»Wer dies Wasser und seine Geheimnisse verstünde, (...) der würde auch viel anderes verstehen, viele Geheimnisse, alle Geheimnisse. Von den Geheimnissen des Flusses aber sah er (Siddhartha) heute nur eines, das ergriff seine Seele. Er sah: dies Wasser lief und lief, immerzu lief es, und war doch immer da, war immer und allezeit dasselbe und doch jeden Augenblick neu! Oh, wer dies faßte, dies verstünde!«

Wer in einem Lexikon das Stichwort *Stoffwechsel* aufschlägt, findet dort neben einer Definition die Unterscheidung zwischen tierischem und pflanzlichem Stoffwechsel (und – je nach Ausführlichkeit des Lexikons – auch noch feinere Unterscheidungen). Immer aber bezieht sich das Wort auf lebende Organismen. Was wechselt, ist die Materie, was dabei erhalten bleibt, ist ihre Anordnung.

Ist dabei nicht stillschweigend vorausgesetzt, daß Materie stofflich, real, sozusagen hart und anfaßbar ist? Daß sie das Bleibende, Unverwandelbare darstellt, das ausgewechselt werden kann, selbst aber in irgendeiner Weise überdauert? Denn auch bei chemischen Umwandlungen, bei denen sich für unsere Anschauung Stoffe verändern, ändert sich doch nur die Zusammensetzung der Atome; diese selbst überdauern auch chemische Prozesse.

Wie aber, wenn die Atome selbst keine vorstellbaren kleinsten Bausteine sind, die, wie Mosaiksteinchen zusammengefügt, das Bild im Großen ergeben? Wenn sie sich (außer einer mathematischen Beschreibung) jeder Anschaulichkeit prinzipiell entziehen? Sollte es dann nicht möglich sein, daß es auch in einem Stein, einem Kristall, ja in jeder Art von Materie so etwas wie Stoffwechsel gibt?

Die Antwort der modernen Physik seit der Quantenmechanik ist so großartig, daß sie gerade von Spezialisten meist nicht in diesem Zusammenhang gesehen wird. Während Organismen nur dann überleben, wenn ihnen genügend neue Substanzen als Nahrung zugeführt werden und wenn sie Verbrauchtes wieder ausscheiden können, ist doch etwa ein schöner Bergkristall geradezu ein Symbol des Dauerhaften, Beständigen. Und doch spielt sich in seinem Inneren unaufhörlich ein Prozeß ab, der dem Stoffwechsel der Organismen gar nicht so unähnlich ist. Denn die letzten Bausteine der Materie sind eben nicht so wie kleine Kügelchen vorstellbar, sie sind ebensogut wie flüchtige Erscheinungen, ja, Gedanken zu beschreiben. Und selbst das Vakuum, der sogenannte leere Raum ist nicht einfach durch Abwesenheit von Materie zu charakterisieren. Das einfache Entweder-Oder: entweder Materie oder Vakuum (also Abwesenheit von Materie) ist eben zu simpel, um so Großartiges wie die Schöpfung beschreiben zu können.

Schon im Vakuum ist jede Art von Materie (durch ihre Urbausteine) prinzipiell angelegt. Der Physiker spricht von »virtuellen Zuständen« im Gegensatz zu den »reellen Zuständen« der tatsächlich anzutreffenden Materie. Solche virtuellen Zustände sind Gedanken oder Ideen vielleicht viel ähnlicher als der reellen Materie. Sie tauchen überall auf, man kann aber nicht sagen wo. Und sie entschwinden sofort wieder, ehe sie überhaupt direkt nachweisbar sind. Nur indirekt kann ihre Wirkung auf die reelle Materie gemessen werden, und nur deshalb haben sie einen Platz in der Wirklichkeit der Physik. Die so gemessenen Effekte stimmen nämlich mit den aus der Theorie vorausberechneten exakt überein.

Der Physiker spricht von Fluktuationen des Vakuums, und damit ist eine recht anschauliche Beschreibung gegeben. Nun werden durch solche Fluktuationen überall auch Paare von Teilchen und Anti-Teilchen (etwa ein Elektron und ein Positron) virtuell entstehen, müssen aber sofort wieder entschwinden, ehe sie beobachtbar sind, weil eben im Vakuum alle »Teilchen« nur virtuell, nie aber meßbar reell anwesend sind. Unser Bergkristall findet sich aber auch sozusagen eingebettet im Vakuum. Wenn nun dort, wo sich die Teilchen des Bergkristalls befinden, aus einer Fluktuation des Vakuums etwa ein Elektron-Positron Paar entsteht, dann kann das Positron zur Abwechslung ein Elektron des Bergkristalles »herausfischen« und sich mit ihm vernichten, wobei das ursprünglich virtuelle Elektron aus der Fluktuation nun den Platz dieses vernichteten Bruders einnimmt.

Wir können somit die Fluktuationen mit der Nahrung eines Organismus vergleichen: Ständig stellt sie das Vakuum zur Verfügung, und ständig werden Bausteine auch der dauerhaftesten Materie »ausgewechselt«. Der wesentliche Unterschied zum Stoffwechsel der lebenden Organismen besteht aber darin, daß mit diesem »Stoffwechsel« kein Energiefluß einhergeht. Darum bleibt auch äußerlich alles gleich, Veränderungen sind nicht beobachtbar, aber »Wechsel« findet trotzdem statt.

Wie schon im letzten Abschnitt angedeutet, muß ich von diesem schönen Bild gleich wieder ein wenig abrücken. Denn ich habe nur die eine Seite dargestellt: den Standpunkt der Teilchen, des Diskreten. Das Bild wird erst dann vollständig, wenn ich auch die andere Seite, den Standpunkt des Kontinuums (oder der Wellen) hinzufüge. Danach hat es gar keinen Sinn, etwa von einem bestimmten Elektron eines Kristalles zu sprechen, weil alle Elektronen eine Gesamtheit bilden, in der individuelle Teilchen gar nicht ausgezeichnet werden können. Das Phänomen des »Stoffwechsels der Materie« stellt sich nun so dar, daß sich diese grundsätzliche Ununterscheidbarkeit aller Teilchen auch auf die gar nicht reell vorhandenen Teilchen des Vakuums erstreckt, daß also eine echte Trennung von Materie und Vakuum immer nur eine Näherung an die Realität darstellt.

Ich bin mir schmerzlich bewußt, daß ich meine Leserinnen und Leser nun überfordert habe, denn so komplizierte Phänomene lassen sich eben nicht einfach darstellen. Aber diese Überforderung hat eine praktische und eine prinzipielle Seite: Für die praktische muß ich mich entschuldigen, denn eigentlich sollte man darüber nur reden, wenn man gleichzeitig den mathematischen Apparat erläutert. Aber um der prinzipiellen Seite willen habe ich mir die Vereinfachung abgerungen: Denn diese Überforderung wird auch vom Experten nur allzu leicht als scheinbar quantitativ verschleiert. Mit noch mehr Mathematik, noch besseren Definitionen und Theoremen glaubt man dann, die Realität doch noch erfassen zu können. Dabei geht es ja gerade darum, daß auch unsere noch so fein gesponnene Wirklichkeit niemals die Realität beschreiben wird. Wir können – und ich muß es immer wieder sagen – nur immer mehr auftauchende Widersprüche vermeiden lernen und dadurch unser Bild »verbessern«. So kompliziert es aber auch werden mag, so sehr es schon Fachleute (und Laien) überfordern mag, es wird immer ein Teil der von uns selbst geschaffenen (physikalischen) Wirklichkeit bleiben, ohne die Realität anders als durch Vermeidung von Widersprüchen jemals erreichen zu können.

Der Standard

Es waren einmal zwei durchaus vergleichbare Familien: Beide hatten zwei Kinder zwischen zehn und zwölf Jahren, beide Väter arbeiteten, und die Mütter versorgten die Familie. Bei beiden geschah eines abends Ähnliches: Der Vater kam von der Arbeit nach Hause, läutete an der Wohnungstür, und als ihm die Kinder öffneten, kam er wortlos herein, zog sich Mantel und Schuhe aus und warf sie durchs Vorzimmer.

Die Kinder liefen in beiden Fällen zur Mutter in die Küche; aber die einen riefen erfreut: »Mutti, der Vati ist heute besonders gut aufgelegt, er wirft Mantel und Schuhe durchs Vorzimmer!«; während die anderen erschreckt und verängstigt sagten: »Mutti, der Vati muß heute Ärger gehabt haben, er ist ganz wütend, er wirft Mantel und Schuhe durchs Vorzimmer!«

Nun könnte man beim Lesen dieser Geschichte versucht sein, eine kausale Erklärung zu erfinden: Die Kinder werden eben am Gesichtsausdruck des Vaters seine Stimmung erkannt haben. Viel einfacher ist es wohl festzustellen, daß dieselbe Handlung in verschiedenen Familien unterschiedliche Bedeutung hat. Die Kinder haben offenbar keine Schwierigkeit, die jeweils richtige Interpretation zu finden. Durch das Zusammenleben, das gegenseitige Beobachten und Eingehen aufeinander, bildet sich in jeder Gruppe ein Verständnis, das nur in ihr gültig bleibt. Jede Gruppe lebt in ihrer ganz eigenen Wirklichkeit; die Wirklichkeiten verschiedener Gruppen können dabei durchaus unterschiedlich, ja widersprüchlich sein und doch die jeweiligen Handlungen mühelos bestimmen. Wer aber von seiner Bezugsgruppe in eine andere wechselt, wird einige Zeit benötigen, um sich in der neuen Wirklichkeit zurechtzufinden.

Die Beschreibung einer solchen Gruppen-Wirklichkeit wollen wir »Standard der Gruppe« nennen. Der Philosoph und Gruppendynamiker Gerhard Schwarz nennt ihn die »zweite Stufe der Kommunikation« nach der rein emotionalen Gemeinsamkeit. Danach beinhaltet der Standard »die Normen und Regeln einer Gruppe, mit deren Hilfe über sprachliche Kommunikation das Verhalten der einzelnen Menschen gesteuert werden kann«.

Zum Standard einer Gruppe gehört aber nicht nur das Deuten von Gesten, Mimik und Handlungen, die sogenannte »nonverbale Kommunikation«. Auch der Sinn von Aussagen, Bemerkungen, Aufforderungen und dergleichen wird erst im Rahmen des gegebenen Standards verständlich (ver-*ständ*-lich). Meist lassen sich die beiden Teile gar nicht trennen: Inhaltliche Aussagen werden durch Nonverbales unterstützt und Gesten durch Füllwörter wie »geh'«, »nicht wahr«, »mhm« oder ähnliches unterstrichen.

Was wir am Beispiel von kleinen Gruppen beschrieben haben, gilt auch für größere Gemeinschaften bis hin zu ganzen Kulturen. Wer ohne viel Vorbereitung fremde Länder bereist, wird oft mit Bestürzung feststellen, daß nicht nur seine Sprache, sondern auch seine Gesten unverstanden bleiben. Das lähmende Gefühl der Hilflosigkeit angesichts der Unfähigkeit, sich mitzuteilen, wird oft als »Kultur-Schock« bezeichnet.

Alvin Toffler beschreibt das Phänomen als jenen Schock, den der Reisende verspürt, wenn er sich plötzlich in einer Umgebung findet, in der »Ja manchmal Nein bedeutet, in der ein fixer Preis heruntergehandelt werden kann, in der Lachen oft Ärger ausdrückt«. Wir fühlen in solchen Situationen, daß es nicht genügt, Gesten und Mimik übersetzen zu lernen, denn wir kennen den fremden Standard nicht. Ja *muß* nicht Nein bedeuten, es kann auch Ja bleiben. Lachen *muß* nicht Ärger ausdrücken, es kann auch Fröhlichkeit sein. Und »feste Preise« können auch dort so fest sein, daß schon der Versuch, sie herunterzuhandeln, als tödliche Beleidigung aufgefaßt wird.

Ohne Kenntnis des fremden Standards sind die Äußerungen nicht zu verstehen, und ohne Verständnis der Äußerungen können wir den fremden Standard nicht kennenlernen. Das stets tastende Bemühen und Einfühlen in die andere Wirklichkeit ist alles, was uns bleibt.

»Andere Völker denken eben anders«, hören wir uns dann vielleicht selbst sagen. Aber sind wir nicht alle Menschen, fähig einander zu lieben oder zumindest in Not hilfreich beizustehen? Offenbar gibt es auch zwischen den verschiedensten Wirklichkeiten noch etwas Gemeinsames, das uns alle verbindet. Kann das die Realität sein? Aber die können wir doch nicht erreichen!

Doch – Hand aufs Herz! – sind wir nicht alle geneigt, nach der Rückkehr von einer Reise in ferne Länder unseren Daheimgebliebenen zu berichten, *wie es dort ist?* Und nicht, was wir dort beobachtet haben? Den feinen Unterschied wollen wir meist gar nicht wahrhaben, ist es doch ohnehin selbstverständlich, daß alles, was wir erzählen, unsere Eindrücke und Erlebnisse beschreibt. Wenn aber zufällig jemand anderer aus demselben fernen Land berichtet und seine Erzählungen den unseren da und dort widersprechen, dann ärgert uns das doch. Wir wollen dann entweder die fremde Meinung als ungenau betrachten oder gar darüber streiten, wer von beiden nun recht hat. Denn – nochmals Hand aufs Herz! – wir streben doch immer nach einer Beschreibung der Realität und nicht bloß unserer eigenen, ganz persönlichen Wirklichkeit.

Das Wörtchen »bloß« im letzten Satz ist verräterisch. Es entspringt dem Standard unserer eigenen Kultur, wonach »bloß« persönliche, subjektive Eindrücke, die einmalig und unwiederbringlich bleiben müssen, weniger »wert« sind als die «objektive« Berichterstattung. Nur gibt es leider keine objektiven Erlebnisse oder Erfahrungen, wir sind und bleiben gefangen in unserer eigenen, ganz persönlichen Wirklichkeit. Wir können Objektivität im allgemeinen nur vortäuschen. Erst durch auftretende Widersprüche werden wir auf die immerwährende Kluft zwischen Realität und Wirklichkeit aufmerksam.

Wie sind wir eigentlich zu unserem Standard gekommen, der unser Denken und Handeln so unbewußt prägt, daß wir andere Formen nicht mehr vollkommen verstehen können? Und wieso sind andere Völker zu anderen Standards gekommen? Ist vielleicht die abendländische Form des Denkens Grund dafür, daß nur hier so etwas wie Naturwissenschaft entstehen konnte?

Fragen über Fagen – und keine wird leicht zu beantworten sein. Vielleicht sollten wir eine endgültige Antwort gar nicht erwarten, sondern uns mit einem tiefgründigeren Verständnis der Fragen begnügen? Oder *mögliche* Antworten betrachten, ohne uns auf eine bestimmte festzulegen?

Auf keinen Fall werden wir umhin können, tief in die Vergangenheit zu blicken, ist doch der Standard und die Wirklichkeit, in der wir heute leben, seit Generationen gefestigt und überliefert. Ehe wir damit beginnen, wollen wir dieses Kapitel mit einem Dichterwort beschließen; sagt doch Rainer Maria Rilke so treffend zu unseren Rätseln:

«Das, was geschieht, hat einen solchen Vorsprung vor unserem Meinen, daß wir es niemals einholen und nie erfahren, wie es wirklich aussieht.»

2. Achsenzeit

Die Menschheit erwacht

Wenn ein neuer Erdenbürger das Licht der Welt erblickt, dann liegt von seinem ersten Schrei bis zur Selbständigkeit als Individium ein gewaltiger Weg vor ihm. Vom ersten Öffnen der Augen über das erste Lachen bis zum ersten, bewußt ausgesprochenen »Ich« verläuft die Entwicklung nicht gleichförmig, sondern eher stufenartig, mit plötzlichen Schüben und ruhigeren Phasen dazwischen.

Auch die Menschheit als Ganzes hat sich nicht stetig, gleichförmig entwickelt. Je weiter wir in die Vergangenheit zurückblicken, um so ungenauer wird das Bild, um so mehr sind wir auf Vermutungen angewiesen. Aber vor etwa zweieinhalb Jahrtausenden hat sich ein Entwicklungssprung von so gewaltigem Ausmaß ereignet, daß wir keinen vergleichbaren vorher oder nachher feststellen können. Wir können ohne Übertreibung sagen, daß damals die Denkrahmen aller Hochkulturen innerhalb weniger Generationen geschaffen wurden. Das, was wir unsere Logik (oder die Logik anderer Kulturen) nennen, wurde in dieser Zeit endgültig festgelegt. Die Weisen aller Völker und Kulturen berufen sich bis auf den heutigen Tag auf diese Zeit und die damals geschaffenen Werke. Es ist vielleicht nicht übertrieben zu behaupten, daß nahezu alle wesentlichen Rätsel, denen sich Menschen in ihrer Welt zu stellen haben, damals gefunden und diskutiert worden sind.

Der Philosoph Karl Jaspers hat darum für diese Epoche den Begriff »Achsenzeit der Menschheit« geprägt:

»Um 500 vor Christus – in der Zeit von 800 bis 200 – erfolgte die geistige Grundlegung der Menschheit, von der sie bis heute zehrt, und zwar gleichzeitig und unabhängig in China, Indien, Persien, Palästina, Griechenland (...). In dieser Zeit drängt sich Außerordentliches zusammen. In China lebten Konfuzius und Lao-tse, entstanden alle Richtungen der chinesischen Philosophie, dachten Mo-ti, Dschuang-dsi, Liä-dsi und ungezählte andere; in Indien entstanden die Upanischaden, lebte Buddha, wurden alle philosophischen Möglichkeiten bis zur Skepsis und bis zum Materialismus, bis zur Sophistik und zum Nihilismus, wie in China, entwickelt; im Iran lehrte Zarathustra das fordernde Weltbild des Kampfes zwischen Gut und Böse; in Palästina traten die Propheten auf, von Elias über Jesaja und Jeremias bis zu Deuterojesaias; Griechenland sah Homer, die Philosophen Parmenides, Heraklit, Plato, die Tragiker, Thukydides und Archimedes. Alles, was durch solche Namen nur angedeutet ist, erwuchs in diesen wenigen Jahrhunderten annähernd gleichzeitig in China, Indien und dem Abendland, ohne daß sie gegenseitig voneinander wußten.«

Karl Jaspers spricht für diese Zeit vom »Erwachen des eigentlich menschlichen Geistes« und dem Ende des mythischen Zeitalters, das durch Ruhe und Selbstverständlichkeit geprägt war. Und er meint, daß es seither nur ein einziges Ereignis von gleicher weltgeschichtlicher Wirkung gab: das wissenschaftlich-technische Zeitalter in Europa seit dem 17. Jahrhundert. Während die Achsenzeit einen Großteil der Völker unserer Welt zugleich erfaßte, blieb dieses zweite Ereignis zunächst auf das Abendland beschränkt.

Aber hat es nicht schon vor dieser Achsenzeit der Menschheit Hochkulturen gegeben? Wenn wir nur an Babylonien und Ägypten denken, müssen wir uns fragen, welche Neuerung die Achsenzeit auszeichnet, um sie zu einem Wendepunkt in der Menschheitsgeschichte werden zu lassen. Ehe wir uns aber in diese Frage vertiefen, sollten wir uns an das im ersten Kapitel Erarbeitete erinnern und festhalten, daß wir auch in bezug auf die Vergangenheit der Menschheit keine Realitäten beschreiben, sondern immer in unserer eigenen Wirklichkeit befangen bleiben. (Wenn uns dies aber bewußt bleibt, dürfen wir ohne Scheu auch tiefste Vergangenheit beschreibend in unsere Gegenwart holen.)

Der Ägyptologe Erik Hornung ist sich dieses Problems bewußt, wenn er von einem alt-ägyptischen Ordnungsprinzip sagt: »Mit einem Schuß Bosheit, die man nicht zu ernst nehmen darf, ließe sich sagen: konsequent und umfassend ist dieses Prinzip niemals von Ägyptern, sondern erst von einer bestimmten Richtung der modernen Ägyptologie angewandt worden.«

Wenn es stimmt, daß mit dem »Erwachen des eigentlich menschlichen Geistes« die Ruhe und Selbstverständlichkeit des mythischen Zeitalters zugrundegegangen ist, dann können wir alte Anschauungen nur mehr beschreiben, nicht aber erfassen oder gar verstehen. Mythische Betrachtung bleibt dann für uns höchstens Ziel der Sehnsucht, ohne je erreichbar zu sein, weil unsere Formen des Denkens und unser Standard sich wie ein Schleier verhüllend davorstellen.

Trotz der verwirrenden Vielzahl seiner Götter begegnet der Ägypter im Akt des Glaubens nur *einem* Gott. Für unser Denken ist dies nur so möglich, daß jeweils einer aus der Vielzahl heraustritt oder daß alle zusammen Teile eines größeren Ganzen sind. Dies entspricht aber offenbar nicht dem realen Geschehen ägyptischen Glaubens, denn die Regeln *unseres* Denkens waren ja noch nicht geprägt. So sagt der englische Ägyptologe und Religionshistoriker Peter Le Page Renouf:

»In der gesamten ägyptischen Literatur findet sich keine Tatsache, welche fester stünde, als die, daß dieselben Menschen an der Lehre von einem Gott und von einer Mehrzahl von Göttern hingen, und die andere, daß es niemand einfiel, einen Widerspruch in diesen Lehren zu finden.«

Schelling hat für dieses religiöse Phänomen den Begriff »Henotheismus« geprägt, und Erik Hornung beschreibt die Ruhe und Selbstverständlichkeit des mythischen Zeitalters, wenn er sagt: »Der Ägypter stellt die Spannungen und Widersprüche der Welt nebeneinander und steht sie durch.«

Er warnt aber gleichzeitig vor einem vorschnellen Scheinverständnis, wenn er betont, daß es nach den Prinzipien abendländischer Logik ein undenkbarer Widerspruch wäre, daß Göttliches als *eines*, nahezu Absolutes und dann wieder als verwirrende Vielfalt erscheint. Und Hornung stellt überrascht fest, daß sich diese beiden so grundlegend verschiedenen Formen im Denken des Ägypters offenbar nicht ausgeschlossen haben. Das, was für uns als Widerspruch erscheint und folglich auf irgendeine Weise bearbeitet werden muß, war dem Zeitalter des Mythos offenbar noch kein Anlaß zur Unruhe.

Widerspruch und Sündenfall

Das Unvermögen, religiöse Anschauungen aus dem Zeitalter des Mythos zu verstehen, können wir noch deutlicher machen, wenn wir uns erinnern, daß ja nicht alle Kulturen den Weg des Erwachens gegangen sind. Auch heute gibt es noch Völker, die ihren Mythos ganz selbstverständlich leben.

Der Physiker Gerhard Kunze verbrachte längere Zeit als Entwicklungshelfer bei den Huicholes-Indianern in Mexiko. Er begegnete dort dem Schamanen Don Pedro de Haro und erfuhr die Unvereinbarkeit unterschiedlicher Standards an sich selbst. Für Don Pedro ist die Welt einsichtig (ein-

sichtig), Sinn und Geist sind für ihn eins. Gerhard Kunze berichtet von seinen Erzählungen:

»Ich glaube nur an die Dinge, die ich sehen kann. An die Erde, an die Sonne, an den Himmel, an das Feuer. Das sind Dinge, die kann man sehen, die sind wirklich. Und wenn du dich lange mit den Dingen, die du siehst, auseinandersetzt, wenn du jahrelang darüber nachdenkst, dann bemerkst du, daß hinter allen Dingen Personen stehen. Hinter der Erde steht eine Frau, hinter der Sonne ein Mann und das Feuer ist ein ganz uralter Mann.«

Der Physiker Kunze muß diese Erzählung durch den Schleier seines abendländischen Denkrahmens betrachten. Er kann begreifen, daß die Erde eine Frau und die Sonne ein Mann sein soll. Ähnliche Symbolik findet sich ja auch in unseren Standards, und Symbolik muß es ja wohl sein! Aber warum wird dann das Feuer durch einen alten Mann symbolisiert?

Auf diese Frage zögert Don Pedro etwas, offenbar sind solche Fragen wiederum in seiner Welt ungewöhnlich. Aber dann sagt er mit Nachdruck:

»Weil ich ihn sehen kann! Er kommt oft zu mir, und ich sehe ihn so klar und deutlich, wie dich jetzt. Jawohl, er erscheint mir oft! Du kannst ihn bloß nicht sehen, weil du dich noch nicht lange genug mit dem Feuer beschäftigt hast.«

Dies wiederum läßt den Abendländer Kunze zweifeln, ob es Don Pedro überhaupt ernst meinen kann. Er gibt zu:

»Ein Schauer geht mir über den Rücken. Wo ist die Realität geblieben? Ist dieser dicke, alte Mann, der da vor mir beim Feuer sitzt ›wirklich‹? Ist es möglich, daß mir dieser alte Haudegen von religiösen Phantasien erzählt? Könnte es wirklich überall Geister in den Dingen geben?«

Wenn eine Einheit einmal zerfallen ist, ist damit auch die Einsicht verloren. Widersprüche tun sich auf, die es vorher nicht gab, die Wirklichkeit ist eine andere geworden.

Und das scheint mir der wesentliche Angelpunkt der Achsenzeit zu sein: Die Menschen sind sich der Widersprüche, in die sie eingebunden sind, bewußt geworden und haben sich mit ihnen im Denken und durch ihr Leben auseinandergesetzt. Dort, wo dies geschah, war die Ruhe und Selbstverständlichkeit des mythischen Zeitalters unwiederbringlich verloren. Harmonie, Einheit mit der Schöpfung war nunmehr unmöglich, die Widersprüche verhinderten sie.

Dieser Verlust der Einheit wird in unserer Kultur durch das Bild vom Sündenfall großartig dargestellt. Wie sehr die Sehnsucht nach dem verlorenen Paradies auch heute noch wirkt, zeigt sich auch daran, daß von diesem Bild oft nur die eine Seite in der Erinnerung haftet: der Verlust der Einheit durch das Auftreten des Widerspruches, in unserem Bild die Vertreibung aus dem Paradies als Folge der Übertretung des Gebotes.

Die zweite Seite scheint mir aber mindestens ebenso bedeutsam, und nur zusammen ergeben sie den Sinn, der auch im Wendepunkt der Achsenzeit liegt: Die Menschen sind durch den Widerspruch zu Gottes Gebot selbst gottähnlich geworden. (»Und Gott der Herr sprach: Siehe, Adam ist geworden wie unsereiner und weiß, was gut und böse ist.« *1. Mose 3. 22*)

Zwar ist die Ruhe und Selbstverständlichkeit des Paradieses verloren, aber gerade dadurch sind die Menschen auf einen Weg gewiesen, dessen Unrast ihnen erlaubt, stets suchend das, was in ihnen schon angelegt ist, wirklich werden zu lassen. So meint auch Erich Fromm, daß angesichts dieses Ereignisses zwei grundlegend verschiedene Antworten möglich sind:

»Die eine Antwort besagt, man sollte zur vormenschlichen, vorbewußten Existenz zurückkehren, die Vernunft abschaffen, zu einem Tier werden und so wieder mit der Natur eins werden(. . .). Den anderen Pol repräsentieren all jene Religionen, die die Antwort auf die Frage des menschlichen Sinns darin suchen, die vormenschliche Existenz vollkommen hinter sich zu lassen, die spezifisch menschlichen Fähigkeiten der Vernunft und der Liebe zu entwickeln und so eine neue Harmonie zwischen Mensch und Natur – und zwischen Mensch und Mensch – zu finden.«

Das Aufsuchen und Anstreben einer neuen Harmonie setzt aber den Verlust der alten voraus, so wie nur der heimkehren kann, der vorher aufgebrochen ist. Und so wie der Heimkehrer, durch seine Erlebnisse und Erfahrungen reicher, nicht mehr dem alten Menschen vor dem Aufbruch vergleichbar ist, so ist auch die neue Harmonie, die ja *trotz* der mittlerweile bewußt gewordenen Widersprüche angestrebt wird, nicht mit der alten, paradiesischen zu vergleichen. Im Sündenfall liegt also zugleich der Schrecken des Harmonieverlustes *und* die Verheißung, ja erst durch ihn wird Liebe möglich, kann doch nur das zusammengeführt werden, was zuerst auseinandergefallen ist.

Diesseits oder Jenseits: Die Frage nach dem Sinn

In der Ruhe und Selbstverständlichkeit des mythischen Zeitalters wird Sinn gelebt, er wird nicht zur quälenden Frage. Erst der Verlust des Paradieses, das Bewußtwerden der Endlichkeit jedes menschlichen Daseins, verlangt die Suche nach dem Sinn und wird zur lähmenden Angst zu sterben, ehe er Wirklichkeit werden konnte.

In der Achsenzeit der Menschheit wird die Frage nach dem Sinn zu einem zentralen Anliegen; die etwa gleichzeitig entstandenen Hochreligionen stellen diese Frage in den Mittelpunkt ihrer Lehren. Denn durch den Verlust der Einheit fallen auch Diesseits und Jenseits auseinander. Wenn der Sinn des Lebens im Leben selbst (also im Diesseits) liegen soll, dann wird das Leben durch den Tod sinnlos, weil mit dem Leben auch der Sinn verschwindet. Ist aber der Sinn des Lebens erst im Jenseits, also nach dem Leben zu finden, dann ist das Leben nicht nur sinnlos, sondern geradezu sinn-gefährdend, weil der Lebende selbst nicht darüber verfügen kann, welcher Sinn seinen Handlungen später im Jenseits zukommen wird.

Ich habe mit Absicht so traditionsbeladene Begriffe wie Diesseits und Jenseits hier ohne weitere Erklärungen eingeführt, denn wir wollen ja der Gedankenwelt der Achsenzeit nachspüren, die logische Spitzfindigkeiten unserer Tradition noch nicht ausgefeilt hatte. Erst die Geschichte hat entschieden, daß Sprache und Schrift zur Formung der Wirklichkeit nützen können. In der Achsenzeit war noch unklar, ob ihre Schädlichkeit nicht überwiegen würde, denn alles Festgelegte ist tot, und wie soll man mit Totem die Probleme des Lebens bewältigen? So warnt Plato in seinem zweiten Brief vor dem Niederschreiben gewonnener Erkenntnis. Denn, so sagt Plato, nach dreißig Jahren kann, »was damals höchst unglaubwürdig erschien, als höchst glaubwürdig und überzeugend sich darstellen; das damals höchst Glaubwürdige dagegen als von der entgegengesetzten Beschaffenheit«.

Und er erklärt: »Darum habe ich nie etwas darüber geschrieben, noch gibt es eine Schrift Platons oder wird es eine geben; das jetzt Ausgesprochene sind Gedanken des schöner dargestellten und verjüngten Sokrates«.

Lao-tse sagt lakonisch:

»Wer redet, weiß nicht; wer weiß, redet nicht«.

Der Dichter Po Chu-i fügte hinzu:

»Aber wenn wir glauben, daß Lao-tse selbst einer war, der wußte, wie kommt es dann, daß er ein Buch mit fünftausend Worten geschrieben hat?«

Der große Dschuang-dsi formuliert dasselbe Problem blumenreicher: »Worte sind da um der Gedanken willen; hat man den Gedanken, so vergißt man die Worte. Wo finde ich einen Menschen, der die Worte vergißt, auf daß ich mit ihm reden kann?«

Und Siddhartha Gotama (der historische Buddha) hat kein schriftliches Wort hinterlassen (so wie später Jesus von Nazareth). Seine Jünger berichten jedoch, daß ihn nach dem Erlangen der vollständigen Erleuchtung folgende Gedanken bewegten:

»Wenn ich nun diese Lehren verkündigen würde und die anderen würden mich nicht verstehen, so würde mich dies ermüden und mir zum Anstoß werden. Und die nicht weiter verwunderlichen Worte erfüllten meinen Sinn, die ich zuvor noch nie gehört hatte: Was mit Mühe ich erlangt, warum sollte ich es hier verkünden? Für die von Gier und Haß Überwältigten ist diese Lehre nicht leicht zu verstehen. So neigte sich mir, während ich sann, der Sinn zum Nichthandeln hin und nicht zum Verkünden der Lehre.«

So wie später Jesus von Nazareth hat Siddhartha Gotama seine Lehre nicht in Worte gefaßt, sondern durch sein Leben dargestellt. Was wir von ihm wissen, sind Berichte seiner Jünger. Aus dem unübersehbaren Reichtum dieses Materials wurden wesentliche Teile in einem Büchlein *Die Lehre Buddhas* zusammengestellt, das jeder Japan-Reisende in seinem Hotelzimmer dort findet, wo bei uns das Neue Testament liegt. Darin heißt es zur Frage nach dem Sinn des Lebens, daß für jene, die den Edlen Pfad der Mitte wählen, der zur Erleuchtung führt, zwei Extreme vermieden werden sollten. Es sind jene oben beschriebene Extreme, die den Sinn entweder ganz im Diesseits oder ganz im Jenseits ansiedeln wollen.

Das Diesseits-Extrem wird dabei beschrieben als »Extrem der Nachsicht mit den Wünschen des Körpers, den Launen des Geistes und dem Stolz des Lebens, das auf ganz natürliche Weise denjenigen befällt, der der Bemerkung anhängt, daß diese Welt eine wirkliche Welt sei und dieses Leben ein Ende in sich selbst habe«.

Das Jenseits-Extrem wird als »entgegengesetztes Extrem« beschrieben, »das ganz natürlich denjenigen erreicht, der an der Bemerkung festhält, daß eine Welt der Wahrheit die einzige Wahrheit sei«.

Der Weg dieses Extrems ist die Askese, der entgegengesetzte der des Lustprinzips. Denn wenn der Sinn meiner Handlungen sich erst nach dem Tode offenbart, ist es am besten, gar nichts zu tun, sonst könnte womöglich irgend etwas falsch sein. Und wenn mit dem Tode alles zu Ende geht, dann muß ich noch vorher möglichst viel Lustvolles erleben, denn nachher ist es zu spät.

In der Achsenzeit wurde dieser extreme Weg von Epikur zu einer Lehre entwickelt. Aber wie jedes Extrem trägt auch das Lustprinzip den Keim seines Gegenteils schon in sich und läuft Gefahr, ins andere Extrem umzuschlagen. Aus Lust wird Schmerz, wenn sie nur um ihrer selbst willen ausgekostet werden soll. »Katzenjammer« nennen wir diesen Umschlag, und wir können ihn geradezu dadurch definieren, daß er aus jenem Genuß entsteht, der keinen Sinn außer sich selbst anerkennt.

Wundert es uns noch, daß Epikur sich auf die Lehren des Demokrit beruft, den wir im ersten Kapitel mit seinem Postulat: »Die einzigen existierenden Dinge sind die Atome und der leere Raum« kennenlernten? Zwar ging Epikur nicht so weit, das Dasein von Göttern ganz zu leugnen, aber er verlegte sie in die leeren Zwischenräume der Weltkörper, von den Menschen entfernt und ihren Bitten unzugänglich.

Materie als einzige Realität, der Sinn des Lebens nur im Diesseits, Lustgewinn als Ziel des Lebens – sie stimmen offenbar zusammen.

Siddhartha Gotama konnte den Edlen Pfad der Mitte erst erahnen, nachdem er beide Extreme selbst beschritten hatte. Als Königssohn aus dem Geschlechte der Sakyas im Vorgebirge des Himalaya lebte er zunächst im Überfluß in jeder Beziehung. Fast dreißigjährig verließ er all seine Lieben und seinen Besitz und begab sich für mehrere Jahre auf den Weg der Askese. Erst nachdem er beide Extreme selbst erlebt und als sinnleer erfahren hatten, konnte er zu seiner Erleuchtung gelangen. Erst nachdem er die schon beschriebene Versuchung abgewiesen hatte, wurde seine Lehre auch anderen zuteil.

Weil es sich dabei aber um die Forderung handelt, eine Einheit trotz des Widerspruchs herzustellen, einen mittleren Pfad zu wählen zwischen zwei einander sich vollständig ausschließenden Extremen, kann auch die Erleuchtung weder erlernt, noch dauerhaft erreicht werden. Sie kann nur stets angestrebt werden – der Weg ist schon das Ziel.

In der *Lehre des Buddha* heißt es darum deutlich:

»Wenn Menschen, die Erleuchtung erlangen, aber dennoch fortfahren, sich an dem Begriff der Erleuchtung festzuhalten, bedeutet dies, daß die Erleuchtung selbst eine hindernde Verblendung geworden ist. Deshalb sollten die Menschen dem Pfad der Erleuchtung folgen, bis in ihren Gedanken irdische Leidenschaft und Erleuchtung eins geworden sind.«

Die Einheit von irdischen Leidenschaften und Erleuchtung ist nur als Synthese eines Widerspruches, nicht als spannungsfreie Harmonie zu verstehen. Im China der Achsenzeit wurde dafür der Begriff *Tao* geprägt und untersucht. Wie schwer es ist, hinter dem Schleier unseres Standards, ja unserer Sprache, zu sehen, was damit gemeint ist, geht schon daraus hervor, daß das Wort *Tao* keine einheitliche Übersetzung findet. Manchmal wird es mit Sinn, manchmal mit Weg übersetzt. Ich werde es unübersetzt verwenden, denn gerade die Einheit von Weg und Sinn soll doch nicht zerrissen werden.

Die Übersetzungsprobleme sind besser zu verstehen, wenn man weiß, daß chinesische Schriftzeichen vereinfachte Abbildungen von Gegenständen, indirekte Symbole oder phonetische Bestimmungen sein können. Aus diesen einfachen Schriftzeichen können durch Zusammenfügen ganz verschiedener Zeichen neue (sogenannte Ideogramme) entstehen. Dies ist besonders bei abstrakten Begriffen notwendig, die ja nicht durch Abbildung dargestellt werden können. So entsteht etwa durch Zusammenfügen der Zeichen für »Mensch« und »Baum« das Zeichen für »Ruhe« oder »Rast«. Das Zeichen für »Frau« unter dem »Dach« bedeutet »Friede«.

Das Zeichen für *Tao* ist zusammengefügt aus den Zeichen für »gehen« und »Haupt«. (»Mit dem Haupt gehen« könnte man scherzhaft sagen.) Je nach der Schwerpunktsetzung wird daraus dann »Weg« oder »Sinn« im Denken unseres Standards, der einander widersprechende Symbole nicht zusammengefügt lassen kann.

Wer sich für Taoismus interessiert, ist gut beraten, zunächst die Schriften des Dschuang-dsi oder Liä-dsi zu studieren. Denn das viel bekanntere Werk des Lao-tse, das *Tao-Te-King*, ist (wohl auch aus den erläuterten Gründen) so knapp gefaßt, daß aus den Übersetzungen der ursprüngliche Sinn nur mehr schwer zu entnehmen ist. So wird etwa der letzte Satz von Kapitel 25 dieses Werkes von verschiedenen Autoren folgendermaßen übersetzt:

Der *Sinn* richtet sich nach sich selber. *(Richard Wilhelm)*

Der *Weg* nimmt zum Gesetz das eigene Weben. *(Günther Debon)*

Taos Richtmaß ist sein Selbst. *(Bèky)*

Das Tao ist von sich selbst so, *wie es* ist. *(Hara – Bèky)*

Weg alles seit Anbeginn – Riesig sein Sinn. *(Goldschmidt)*

Am besten ist es, sich nicht auf eine bestimmte Übersetzung zu verlassen, sondern wenigstens zwei verschiedene miteinander zu vergleichen, um so dem Gemeinten nachzuspüren. So heißt etwa der erste Satz bei Richard Wilhelm:

»Der *Sinn*, der sich aussprechen läßt, ist nicht der ewige *Sinn*.«

Und bei Günther Debon liest man folgendes:
»Könnten wir weisen den *Weg*, es wäre kein ewiger Weg.«
Während Hermann Levin Goldschmidt sagt:
»Der Weg, ins Wort gefaßt, den Weg verpaßt.«
Am knappsten sind die fünf Schriftzeichen vielleicht zu übersetzen mit: »Das ausgesprochene Tao ist nicht das Tao«, womit auch gemeint wäre, daß sich die Synthese eines Widerspruchs höchstens anstreben, bestenfalls leben, nicht aber mit Worten darstellen, lehren oder gar festhalten läßt.

Moral und Selbstbestimmung

Wenn der Tod ein bloß diesseitiges Leben sinnlos macht, jenseitige Sinnbestimmung aber im Leben (noch) nicht erreichbar ist, dann entsteht ganz natürlich die Sehnsucht, aus irgendeiner allmächtigen Quelle sozusagen ein »jenseitiges Richtmaß« schon im Diesseits zu erfahren: Gewissermaßen eine allerhöchste Zusicherung, daß die Askese nicht über ein bestimmtes Maß getrieben werden muß oder welche Intensität der Lust gerade noch erlaubt werden kann.

Daß diese Form der scheinbaren Vereinigung der Gegensätze Diesseits und Jenseits aber nicht zu einem sinnvollen Lebenswandel führt, wurde der Menschheit in der Achsenzeit bewußt.

Besonders blumenreich und wortgewaltig erklärte es wieder Meister Dschuang-dsi:

»Schwimmhäute zwischen den Zehen und ein sechster Finger an der Hand sind Bildungen, die über die Natur hinausgehen und für das eigentliche Leben überflüssig sind. Fettgeschwülste und Kröpfe sind Bildungen, die dem Körper äußerlich angewachsen und für die eigentliche Natur überflüssig sind. In allerhand Moralvorschriften Bescheid wissen und sie anweden, ist ebenfalls etwas, das von außen her dem menschlichen Gefühlsleben hinzugefügt wird und nicht den Kern von Tao und Te (wahres Leben) trifft.« (Nur nebenbei sei erwähnt, daß sich Dschuang-dsi damit auch gegen Konfuzius stellte, der die Tugenden des Humanismus lehrte.)

Wer das *Tao* verliert, wer also die aufkommenden Widersprüche nicht mehr zusammenhalten kann, der wird sich nach Dschuang-dsi entweder zu einem »zügellosen Moralbetrieb hinreißen lassen«, oder zu einer Sinnlichkeit, die »das rechte Maß übersteigt«. Und die zweieinhalb Jahrtausende alten Worte klingen heute noch ebenso gültig:

»Die moralischen Menschen von heutzutage jammern blinzelnden Auges über die Leiden der Welt. Die unmoralischen Menschen verkümmern den tatsächlichen Zustand ihrer Natur und gieren nach Ehre und Reichtum.«

Denn, so sagt Dschuang-dsi, was von Natur aus kurz ist (die Beine einer Ente) kann man nicht ohne Schmerzen strecken; was von Natur aus lang ist (die Beine eines Kranichs) nicht ohne Schmerzen kürzen. Und er ruft aus: »Ach, wie widerspricht doch die Moral der menschlichen Natur! Was macht diese Moral doch für viele Schmerzen!«

Aber Dschuang-dsi wäre nicht der große Lehrer der Achsenzeit, wollte er es bei diesem einfachen Einwand gegen die Moral belassen. (Das *Tao* ist nicht aussprechbar, nicht lehrbar, nicht festzuhalten.) Darum beeilt er sich zu betonen, daß auch derjenige Schmerz empfindet und weint oder schreit, der Schwimmhäute zwischen den Zehen hat und man will sie ihm durchschneiden; oder der einen sechsten Finger an der Hand hat und man will ihn abbeißen. Zügelloser Moralbetrieb ist doch ebenso nutzlos wie übermäßige Sinnlichkeit.

Gibt es aber dazwischen einen dritten Weg?

Dschuang-dsi vergleicht die Moral mit Leim und Kleister, der die beiden Seiten des Widerspruchs (diesseitige oder jenseitige Ausrichtung des Lebens) zusammenfügen soll. Aber »die Vereinigung des Getrennten bedarf nicht des Leims und des Kleisters, und die Verbindung bedarf nicht Strick noch Schlinge;(...) die Einheit wird erreicht, ohne zu wissen, wodurch sie erreicht wird«.

Die Moral aber bringt die Welt in Zweifel, und es entsteht Unsicherheit. Wiederum wäre Dschuang-dsi nicht der Große Meister, beließe er es bei dieser konkreten Aussage. »Ich werde versuchen, das genauer auszuführen«, sagt er vorsichtig angesichts des gewaltigen Problems der Menschen. Und dann folgt die zentrale Aussage ganz klar:

»Daß nun einer seine Natur der Moral unterordnet, und ob er es noch so weit darin brächte, ist nicht das, was ich gut nenne... Was ich gut nenne, hat mit der Moral nichts zu tun, sondern ist einfach Güte des eigenen Geistes(...). Wer nicht sich selber sieht, sondern nur die Außenwelt; wer nicht sich selbst besitzt, sondern nur die Außenwelt: der besitzt nur fremden Besitz und nicht seinen eigenen Besitz, der erreicht nur fremden Erfolg und nicht seinen eigenen Erfolg.« Solcher Erfolg aber »ist unwahr und falsch, und ich würde mich seiner schämen angesichts der urewigen Naturordnungen. Darum halte ich mich auf der einen Seite zurück von allem Moralbetrieb und auf der anderen Seite von allem zügellosen und unwahren Wandel«.

Weder sich Moralgesetzen unterordnen noch sich über sie hinwegsetzen kann der rechte Weg sein, sondern das Horchen auf sich selbst, das Einswerden mit sich selbst, die Selbstbestimmung. Vielleicht ist dies eine der wesentlichen Einsichten, die wir der Achsenzeit verdanken. Obwohl sie eine der zentralen Aussagen aller Weisheitslehren (und Hochreligionen) dieser Epoche ist, wird sie immer wieder mißverstanden, abgeschwächt oder gar umgedeutet.

Selbstbestimmung wird oft mit Egoismus verwechselt. Wer aber sein wahres Selbst aufspürt, spürt darin auch das Du, denn die Menschen sind nicht so verschieden und getrennt wie Sandkörner. Darum kann statt Selbstbestimmung auch Liebe gesagt werden, denn nur wer die Verwandtschaft erkennt, hat beide wirklich verstanden. Wahre Selbstbestimmung wandelt sich in Liebe, und Liebe ist ohne Selbstbestimmung keine Liebe. Darum weisen auch die Großen Meister der Achsenzeit darauf hin, daß Liebe nur zwischen unabhängigen, freien Menschen möglich ist. Abhängigkeit, wie zum Beispiel die des Kindes von der Mutter, kann wunderschön sein, Geborgenheit und Wärme zu spenden ist ebenso schön wie sie zu empfangen; aber Liebe in des Begriffes eigentlicher Bedeutung ist es nicht.

Als Dschuang-dsi von einem Staatskanzler nach dem Wesen der Liebe gefragt wurde, antwortete er zunächst paradox, Tiger und Wölfe hätten Liebe, denn die Alten und Jungen seien anhänglich aneinander, und das müsse man doch als Liebe bezeichnen. Erst auf das drängende Fragen nach der höchsten Liebe sagt er:

»Höchste Liebe ist etwas überaus Hohes. Der Begriff der kindlichen Ehrfurcht ist ungenügend, um sie zu bezeichnen. Was ich meine, ist nicht, daß kindliche Ehrfurcht zu weit gehe, sondern daß sie nicht daran heranreiche.«

Ganz Ähnliches lesen wir in *Die Lehre des Buddha:*

»Um der Erleuchtung willen werde ich versuchen, das Unmögliche zu vollbringen und das Unerträgliche zu ertragen. Ich werde bis zum letzten Stück von dem geben, was ich habe. (...) Aber man darf diese Dinge nicht tun, um irgendein Ziel im Jenseits erreichen zu wollen. Man sollte sie tun, weil sie weise und richtig sind. Man sollte sie aus einem Geist der Nächstenliebe heraus tun.«

Und auf die Frage, wer wohl den Weg der Erleuchtung am besten gehe, antwortete Siddharta Gotama:

»Welche auch immer, jetzt oder nach meinem Hinscheiden, als solche verweilen, die sich selbst zur Leuchte, sich selbst zur Zuflucht dienen und keine andere Zuflucht besitzen, diese werden an der Spitze stehen.«

Aber weicht nicht gerade in diesem Punkt unsere eigene Tradition von der allgemeinen Einsicht der Achsenzeit ab? Haben wir nicht die Zehn Gebote Gottes als Anweisung aus dem Jenseits erhalten? Hört man doch auch heute immer wieder, alle Übel der Welt rührten daher, daß die Menschen sich nicht an die Zehn Gebote halten.

Wie jeder Versuch, die Synthese eines Widerspruches (das *Tao*) in Worte zu fassen, läuft auch unsere Tradition Gefahr, historisch umgedeutet und mißverstanden zu werden. Nur das eigene Erleben solcher Fehler hat selbst die Großen Meister erst dazu geführt, die Vereinigung der Gegensätze zunächst zu erahnen und dann zu leben.

Friedrich Weinreb, von Beruf Professor für mathematische Statistik, war einer der tiefsten Kenner der jüdischen Tradition. Aus chassidischen Kreisen stammend, widmete er sein Leben dem Studium und der Darstellung biblischer Weisheit. Er schreibt:

»Der Platz des Menschen in der Welt ist in der Offenbarung ausgedrückt in den sogenannten ›Zehn Worten‹, die von Gott auf die steinernen Tafeln geschrieben wurden. Man spricht von den ›Zehn Geboten‹ oder vom ›Gesetz‹, aber diese Bezeichnungen sind irreführend. Die Überlieferung spricht auch nie von den Zehn Geboten, sondern immer nur von den ›Zehn Worten‹! Gebote haben in der Überlieferung nicht so sehr den Charakter des Tun-*müssens*. Sie sind vielmehr Anweisungen für den rechten Weg, welchen man in der Überzeugung, daß es gut sei, gerne gehen will.«

Auch Weinreb weist darauf hin, daß geschriebene Weisheit zwangsläufig verblaßt und zu Fehlmeinungen führt. Daher gibt es neben der geschriebenen Tora die mündliche Tora, die »direkter mit dieser Welt in Verbindung steht als die geschriebene Tora«. Geschriebene und mündliche Tora sind gewissermaßen die beiden gegensätzlichen Seiten einer Einheit, die allerdings auch immer neu erstrebt werden muß. Denn das geschriebene Wort ist tot, und das bloß Erzählte droht verloren zu gehen. »Darum wurde damals mit der schriftlichen Festlegung dieses Komplexes begonnen (...). Trotzdem wird man diesen Komplex mit Recht die ›mündliche Tora‹ nennen. Denn noch immer kann er nur vom Lehrer auf den Schüler übertragen werden, wird er nur begriffen, wenn er fortdauernd zum Leben gebracht wird, wenn er fortdauernd neu gelebt wird, in jeder Zeit in ihrer Form und nach ihren Bedürfnissen.«

Wenn der Sinn des Lebens sich im Anstreben einer nie erreichbaren, widersprüchlichen Einheit erfüllt, dann ist es nicht verwunderlich, daß viele Menschen vor diesem Anspruch verzagen und der Versuchung erliegen, sich die Sache zu vereinfachen. Wie groß diese Versuchung ist, können wir auch daran ermessen, daß keine Einigkeit über den Inhalt der Zehn Gebote herrscht! Das zweite Wort heißt in *2. Mose 20: Du sollst Dir keine Bildnisse machen.* Bei *Deuteronomium 5* ist es mit dem ersten Wort zusammengefügt, dafür wird das zehnte Wort geteilt in das Verbot des Begehrens der Frau und der Güter des Nächsten. In einigen Kirchen wurde das zweite Wort ganz fallengelassen (durch die Spaltung des letzten ist die Zahl zehn wieder hergestellt).

Zeigt uns das nicht ganz deutlich, daß Mißverständnisse historische Wirklichkeit geworden sind? Denn das Verbot, Bilder zu machen, ist doch die Aufforderung, die Einheit von Diesseits und Jenseits durch Selbstbestimmung und Liebe anzustreben, und nicht etwa die Verdammung künstlerischer Tätigkeit. Jedes »Bild« ist wie das »ausgesprochene *Tao*« – es behindert, wenn wir zu besitzen glauben, was nicht festgehalten werden kann.

In der Sicht Friedrich Weinrebs leuchtet das alle Menschen Verbindende der Achsenzeit wunderschön durch: Die Zehn Worte werden auf zwei steinernen Tafeln gegeben. »Obwohl sie eine Einheit bilden, bestehen sie dennoch aus zwei Teilen (...). Die Überlieferung berichtet, daß die

Buchstaben quer durch die beiden Tafeln eingraviert waren, ohne jedoch auf der anderen Seite als ›Spiegelschrift‹ zu erscheinen. Beide Seiten zeigten dasselbe Schriftbild. Was sich in der Welt als zwei-seitig zeigen muß, blieb im Wesen ein-seitig. Die beiden Seiten zeigten die für uns unbegreifliche Einheit. Was ist der Sinn dieser Zehn Worte, dieser zweimal ›Fünf‹? Sie zeigen den Menschen in seinem Wesen, und müssen daher auch in diesem Sinne gesehen werden. Es sind keine moralisierenden, hygienischen oder sozialen Gesetze – das alles sind nur ihre Bilder.«

Demnach sind die Zehn Worte nicht der Reihe nach aufzuzählen, sondern sie stimmen paarweise zusammen (das erste mit dem sechsten und so weiter). Die ersten fünf sind die abstrakteren (vielleicht dürfen wir sagen: auf das Jenseits gerichteten), die zweiten fünf die konkreteren (vielleicht dürfen wir sagen: auf das Diesseits gerichteten). Nur wer sie als Einheit zu verstehen vermag, ahnt auch die Einheit von Diesseits und Jenseits.

Auf diese Weise klingt das zweite Wort: *Du sollst Dir keine Bilder machen*, zusammen mit dem siebenten: *Zerstöre keine Ehe*. Jedes Bild hindert uns, die unerreichbare Einheit von Diesseits und Jenseits dennoch anzustreben, und die Ehe ist die Einheit von Männlichem und Weiblichem.

Das erste und sechste Wort ergänzen einander zu der großartigen Aufforderung zum wahren Leben (»Te« im Tao-Te-King und bei Dschuang-dsi). Weinreb schreibt: »Das Prinzip: *Du sollst nicht töten* umfaßt jedoch das ganze menschliche Leben in seinen Äußerungen, auf allen Ebenen. So sagt die Überlieferung, man dürfe einen andern nicht beschämen. Jemand in Gegenwart eines andern ›zurecht zu weisen‹, fällt unter das Prinzip des ›Blut vergießens‹ (...). Man muß dem Menschen, als Ebenbild Gottes, auf der Erde ebenso begegnen wie Gott selbst.«

Ganz ähnlich können wir das dritte Wort: *Mißbrauche*

nicht den Namen Deines Gottes mit dem achten: *Beraube niemanden seiner Freiheit und seines Eigentums* zusammen hören: Eigne Dir nichts an, weder in dieser Welt noch im Bereich des Geistes.

Zum vierten und neunten Wort sagt Friedrich Weinreb: »Wollte der Mensch jedoch an diesem siebenten Tag die Welt noch weiter entwickeln und seine Energien der Weiterentwicklung widmen, so würde er falsches Zeugnis ablegen über den Sinn der Welt. Darum steht das neunte Wort: *Du sollst kein falsches Zeugnis reden* gegenüber dem vierten Worte« *(Vergiß nicht den Tag der Ruhe).*

Schließlich weisen die Schlußworte auf beiden Steinen auf den Ursprung des Menschen hin. Wenn wir zu uns selbst, zu wahrer Selbstbestimmung, kommen wollen, dann müssen wir zunächst annehmen, was uns als eigener Körper (von Vater und Mutter) gegeben ist. Dann aber dürfen wir uns nicht verleiten lassen, auf Gaben und Fähigkeiten anderer zu blicken, um sie zu begehren. In jedem von uns ist alles angelegt, wobei messende Vergleiche mit anderen hemmend oder gar zerstörend sein können.

Zeit und Ewigkeit

Dreifach ist der Schritt der Zeit,
Zögernd kommt die Zukunft hergezogen,
Pfeilschnell ist das Jetzt verflogen,
Ewigstill steht die Vergangenheit.

Mit diesem schönen Vierzeiler beschreibt Friedrich Schiller die Wirklichkeit »Zeit«, die doch von allen Menschen in gleicher Weise erlebt wird. Daß damit aber noch gar nicht geklärt ist, ob oder inwiefern ihr auch Realität zukommt, wurde der Menschheit in der Achsenzeit bewußt.

Die Überlegungen unserer Vorfahren faßt Aristoteles zusammen: »Der eine Teil ist vergangen und ist nicht mehr, der andere soll erst kommen und ist noch nicht (...); was aber Teile hat, die nicht da sind, kann unmöglich selber Existenz haben, (...) denn bei allem Teilbaren müssen, wenn und so lange es da ist, auch alle oder jedenfalls einige Teile auch da sein.«

Die Zukunft ist noch nicht, die Vergangenheit ist nicht mehr und die Gegenwart ist auch gleich wieder weg. Was also ist die Zeit?

Bis zum heutigen Tag war kein Mensch imstande, diese Frage vollkommen zu beantworten. Ein halbes Jahrtausend nach der Achsenzeit stellte Augustinus nach tiefgründigen Gedanken zu diesem Problem resigniert fest: »Wenn mich niemand danach fragt, weiß ich es; will ich es einem Fragenden erklären, weiß ich es nicht mehr.«

Kein Mensch hat die Zeit je direkt erfahren oder gar beobachtet. Alles, was wir feststellen können, ist, daß es in unserer Wirklichkeit Veränderungen gibt. Körper ändern ihre Lage, sie bewegen sich, und ein neuer Zustand ersetzt den alten; dieser ist nicht mehr. Aber auch seelische Veränderungen, plötzliche Einsichten oder Neubewertungen lassen den alten Zustand in »Vergangenheit« versinken, aus der ihn nur mehr die Erinnerung in die Gegenwart holen kann. Zeit ist vielleicht jener Teil der unerreichbaren Realität, der Veränderungen in unserer Wirklichkeit ermöglicht. Wenn dem aber so wäre, gäbe es dann Veränderung, ja Bewegung nicht in der Realität?

Tatsächlich wollte die Schule der Eleaten mit den Aporien des Zeno genau diese Behauptung beweisen (wir haben die Aporien im Abschnitt »Materie« des ersten Kapitels kennengelernt). Bewegung sei nur Schein, das erkenne man an den aufgezeigten Widersprüchen. (Achilleus kann die Schildkröte nicht einholen!)

Aristoteles hat diese Überlegungen durchaus in seinen

eigenen Gedanken berücksichtigt. Er sagt: »Die Veränderung und Bewegung eines Dinges scheint jedoch nur im Gegenstande zu stecken oder doch nur gerade da zu sein, wo das Bewegte und sich Verändernde gerade ist, die Zeit dagegen ist in gleicher Weise überall in allem (...). Auch verläuft die Veränderung jedesmal entweder schneller oder langsamer, die Zeit aber nicht, da schnell und langsam durch die Zeit gemessen wird.«

Die Zeit kann aber auch nicht ohne Veränderung oder Bewegung gedacht werden, weil dann »die Seele in ein und demselben Zustand verharrt«. Der konzentrierte Versuch, sich Zeit ohne Wandlung oder Bewegung vorzustellen, kann zu schwindelerregenden Bewußtseinszuständen führen. Aristoteles kommt daher zu dem Schluß:

»Wir messen also nicht nur die Bewegung durch die Zeit, sondern auch die Zeit durch die Bewegung, weil sie einander begrenzen und bestimmen.«

Trotzdem sind Zeit und Bewegung nicht dasselbe. Ähnlich wie die Realität können wir Zeit weder direkt begreifen noch sie verleugnen und durch Bewegung ersetzen (und sei es eine ausgezeichnete wie die der Himmelskörper). Aber wir können auch nicht einfach behaupten, Zeit wäre Realität und Bewegung Wirklichkeit, denn unsere erlebte Welt ist ohne Zeit nicht denkbar. So weist auch Aristoteles darauf hin, daß Zeit (als »Zahl der Bewegung«) erst für den Menschen zum Problem wird:

»Man könnte sich streiten, ob auch dann Zeit sei, wenn es kein Bewußtsein und keine Seele gäbe. Denn wo keiner zählen kann, kann auch nichts Abzählbares sein, folglich auch keine Zahl (...). Wenn aber seinem Wesen nach nichts anderes zählen kann als die Seele und in ihr die Vernunft, dann kann unmöglich Zeit ohne Seele bestehen.«

Wie die Materie beim genaueren Untersuchen sich auflöst und nicht mehr widerspruchsfrei gefaßt werden kann, so scheint auch die Zeit bei genauerem Nachdenken zu zerrinnen. Trotz ihrer oft bedrückenden Wirkungen auf unser Leben ist sie nicht faßbar, scheint gar nicht existent (außer in der Seele). Wir könnten alle diese Überlegungen leicht als Spitzfindigkeiten grübelnder Philosophen beiseite schieben, wäre nicht die Zeit ganz unmittelbar mit der Sinnfrage verbunden: »Zeit« ist für uns Menschen ja auch deshalb so wichtig, weil es zu unserem gesicherten Wissen gehört, nicht beliebig viel davon geschenkt zu bekommen.

»Zögernd kommt die Zukunft hergezogen« – wir wissen nicht, was sie bringt, aber wir sind sicher, daß irgendwo dort in der nahenden Zeit ein Ereignis eintritt, das ihren Fluß jäh beendet: unser Tod.

Damit erkennen wir im Problem der Zeit auch das Problem von Diesseits und Jenseits. Wenn der Sinn des Lebens nur in deren (widersprüchlicher) Einheit gefunden werden kann, wenn »Zeit« aber mit dem Tod endet, dann verlangt unsere Sehnsucht nach ihrer Ergänzung (Er-*Gänz*ung) durch etwas, was nicht an Bewegung oder Veränderung gebunden ist: durch die Ewigkeit.

Unser Standard macht es schwer, uns Ewigkeit anders vorzustellen als eine nicht endenwollende Zeit. Damit wird sie aber Verlängerung, nicht Ergänzung der uns ganz persönlich zugemessenen Spanne. Ewigkeit *nach* der Zeit ist ebenso unsinnig wie Jenseits *nach* dem Diesseits.

Wenn wir aber Ewigkeit (so wie Realität) niemals direkt erreichen können, ist sie uns dann nicht vollständig verschlossen, so lange wir in der Zeit leben? Und ist dann nicht wirklich das Ende unserer Zeit die einzige Möglichkeit, in die Ewigkeit einzutreten? Damit aber wäre Diesseits und Jenseits wieder zerrissen und die Sinnfrage erneut ein nagendes Problem.

Was wir in diesem Leben in Raum und Zeit über Ewigkeit wissen können, bleibt ebenso unsicher und vorläufig wie unsere Kenntnis der Realität. Nur einfach ableugnen können wir beide nicht, soll nicht auch unser Wissen von dieser wirklichen Welt durch Ungereimtes zerrissen werden. So wie sich die Realität nur durch Widersprüche bemerkbar macht, können wir auch von der Ewigkeit nur sagen, wann sie sicherlich verschlossen bleibt: wenn wir in Vergangenheit oder Zukunft leben. Wer nach Regeln lebt – und seien es seine eigenen – lebt aus der Vergangenheit; wer sein Leben plant, lebt in die Zukunft. So sehen wir aus anderer Sicht den Wert der Selbstbestimmung: nur wer das »Jetzt«, den flüchtigen Augenblick wahrnimmt, aus sich selbst heraus handelt und lebt, hat Aussicht (oder vielleicht »Durchsicht«?) auf Ewigkeit.

Niemand kann solche glücklichen Stunden festhalten oder wiederholen. Wie beim *Tao* liegt der Sinn schon im Anstreben, im Bemühen um den rechten Weg und in der Hoffnung, ihn zu erleben. Das ausgesprochene *Tao* ist nicht das *Tao*. Wie sollten wir imstande sein, über Ewigkeit Endgültiges zu sagen, wo wir doch nicht einmal die Zeit erklären können?

»Dann wird ein Blick in die Geistesgeschichte zeigen müssen, wie sehr die Frage nach *Zeit und Ewigkeit* mit der Frage nach dem menschlichen Sein überhaupt konform geht, wie sehr die eine die andere impliziert«, schreibt der Theologe Raphael Schulte.

Und ein dreiviertel Jahrtausend vorher sagte der Mystiker Meister Eckhart:

»Darum bin ich Ursache meiner selbst meinem *Sein* nach, das *ewig* ist, nicht aber meinem *Werden* nach, das *zeitlich* ist. Und darum bin ich ungeboren, und nach der Weise meiner Ungeborenheit kann ich niemals sterben. Nach der Weise meiner Ungeborenheit bin ich ewig gewesen und bin jetzt und werde ich ewiglich bleiben. Was ich meiner Geborenheit nach bin, das wird sterben und zunichte werden, denn es ist sterblich. Darum muß es mit der Zeit verderben.«

Die ganz persönliche (und darum so stark emotional belastete) Frage, was *nach* meinem Tode sein wird, findet ihr Spiegelbild in der vom Einzelschicksal losgelösten Frage, was wohl *vor* dem Anfang aller Zeit gewesen sei. In dieser gespiegelten Form kann die Frage nicht nur nüchterner überlegt werden, ihre Unsinnigkeit wird auch sogleich deutlich. Denn jedes »vor« setzt schon Zeit voraus, daher ist die Frage nach dem »vor der Zeit« der Frage nach einem roten Grün (oder einem eckigen Kreis) ähnlich; weil aber diese Frage im Spiegel unser Todesproblem berührt, wird sie seit der Achsenzeit aufgeworfen und diskutiert.

Einer der Großen Meister der Achsenzeit, Liä-dsi, wies in der Denkweise des Taoisten auf die Sinnlosigkeit dieser Frage hin:

»Wer behauptet, daß Himmel und Erde untergehen, ist im Irrtum; wer behauptet, daß sie nicht untergehen, ist ebenfalls im Irrtum. Ob sie untergehen oder nicht, ist etwas, das wir nicht wissen können. Und doch behauptet der eine dies und der andere das. Das Leben versteht den Tod nicht, und der Tod versteht das Leben nicht. Die Zukunft versteht die Vergangenheit nicht, und die Vergangenheit versteht die Zukunft nicht. Warum also sollte ich mir darüber Gedanken machen, ob Himmel und Erde untergehen oder nicht untergehen?«

An anderer Stelle ließ er durchblicken, daß diese Frage erst durch die Abtrennung der Zeit von der Ewigkeit zum unlösbaren Problem wird:

»Die Form ist etwas, das notwendig endet; Himmel und Erde werden vergehen, zusammen mit uns vergehen. Ob es dann ganz zu Ende ist? Wir wissen es nicht. Wie sollte der Sinn des Weltgeschehens enden, da er doch seinem Wesen nach ohne Anfang ist? Wie sollte er an eine äußerste Grenze kommen, da er doch seinem Wesen nach jenseits des zeitlichen Daseins ist?«

In seiner blumenreichen, ja fast witzigen Sprache beschreibt Dschuang-dsi dasselbe Problem:

»Gibt es einen Anfang, so gibt es auch eine Zeit, da dieser Anfang noch nicht war, und weiterhin eine Zeit, die der Zeit, da dieser Anfang noch nicht war, vorangeht. Gibt es Sein, so geht ihm das Nicht-Sein voran, und diesem Nicht-Sein geht eine Zeit voran, da auch das Nicht-Sein noch nicht angefangen hatte, und weiterhin eine Zeit, da der Nicht-Anfang des Nicht-Seins noch nicht angefangen hatte. Unvermittelt tritt nun das Nicht-Sein in die Existenz (...). Wenn man nun schon vom Nicht-Sein aus das Sein erreicht (...), wohin kommt man dann erst, wenn man vom Sein aus das Sein erreichen will! Man erreicht nichts damit. Darum genug davon!«

Damit hat Dschuang-dsi das Problem der Zeit mit jener Frage vermählt, die unweigerlich hinter dem Todesproblem lauert: das Nicht-Sein oder das Nichts. An diesem quälendsten aller Gedanken hat sich in der Achsenzeit eine Diskussion entzündet, die schließlich die verschiedenen Denkrahmen und Standards der Hochkulturen zeugte und bis zum heutigen Tage erhielt.

Das Nichts und die Logik

Warum ist nicht nichts?

Hat diese Frage nicht so manchen von uns zumindest während einiger Lebensphasen bewegt? Freilich ist sie wohl ebenso schwer zu beantworten wie die Frage nach dem Sinn oder nach der Zeit.

Ein Ostasiate könnte vielleicht antworten:

»Es ist ja Nichts!« Aber nicht das Nichts als Gegenteil vom Sein ist damit gemeint, weil Gegensätze nur gemeinsam auftreten; vielmehr das »Absolute Nichts, das weder Sein noch Nichts ist«, das Nichts vor der Spaltung in Sein und Nichts (das »Nirwana«).

Für Abendländer sind solche Sätze schwer verständlich, weil unser Denken in der Achsenzeit auf andere Geleise gelenkt worden ist. »Sein oder Nichtsein« läßt Shakespeare seinen Hamlet fragen. »Entweder – Oder«, denn beides kann es in unserem Denken wohl nicht sein.

Und doch hat Heraklit in der Achsenzeit versucht, ein anderes Denken zu entwickeln. »Alles fließt« ist wahrscheinlich sein bekanntester Ausspruch. Alles fließt, es gibt keine festen Grenzen, auch nicht zwischen Sein und Nichts. Und der Widerspruch ist nach Heraklit Quelle der Entwicklung, denn er sagt: »Der Kampf ist der Vater aller Dinge.« Daß damit der Kampf der Gegensätze gemeint ist (und nicht etwa der Krieg, wie unsinnigerweise manchmal übersetzt wird), hat Heidegger schön ausgedrückt, als er diesem Heraklitschen Satz hinzufügte:

»Der größte Kampf aber ist die Liebe, weil sie den tiefsten Streit erregt, um in seiner Bewältigung sie selbst zu sein!«

Unsere Tradition ist aber nicht Heraklit gefolgt, sondern Parmenides, der die Angst vor dem Nichts zu den Axiomen unserer Logik werden ließ.

Der Religionsphilosoph Klaus Heinrich sagte in seiner Vorlesung 1970 (zwei Jahre nach dem heißen 1968):

»Wenn Sie eine Philosophiegeschichte aufschlagen, dann lesen Sie dort, daß der Gegner des Parmenides, die Gegenposition zu ihm, Heraklit gewesen sei, für den eben nicht das eine feste Sein, sondern ein Fließen, ein Hin und Her zwischen den Übergängen, eine ständige Bewegung das Fundament gewesen sei.«

Er führt dann aus, daß sowohl Parmenides als auch Heraklit diejenigen als Toren betrachteten, die von Sinneswahrnehmungen der Realität sprechen. Nur »die vielen« (die Toren) vertrauen auf die Sinne. Vertrauen könne man aber nur auf das Denken. Das sei die einzige Gemeinsamkeit zwischen Parmenides und Heraklit.

Für Heraklit bilden Leben und Tod keinen Gegensatz. Er

setzt beide Seiten in eins und spricht von der Harmonie, die für den Toren Widerspruch bildet, für den Weisen sich aber entpuppt als ein Zusammenhang, der ewig ist und der nicht duldet, daß eine der beiden Seiten die andere verschlingt.

»Die Harmonie von Leben und Tod, von dunkel und hell; das ist nicht mehr der Gegensatz, sondern der (im Denken, in diesem Denken aus größerer Entfernung so wahrgenommene) *versöhnte* Gegensatz«, sagt Klaus Heinrich über Heraklit.

Für Parmenides aber hat Heraklit noch viel zuviel Verbindung mit der Welt der realen Widersprüche. Anstelle der Harmonie der Gegensätze behauptet er das eine, unveränderliche Sein.

Sein ist, Nichtsein ist nicht!

Aus diesem trivial erscheinenden Satz haben sich die Regeln des abendländischen Denkens entwickelt.

»Der Mann (...), der da also in der Tat für die griechische Geschichte den Gründungsheros eines derart verbindlichen logischen Denkens ausmacht, ist Parmenides«, sagt Klaus Heinrich und weist darauf hin, daß »von Anfang da sein« und »Herrschen« im Griechischen durch dasselbe Wort ausgedrückt wird *(arche)*.

Angesichts der Angst vor einem Schicksal, das Geborenwerden und Sterben bedeutet, Angst vor der Veränderung, Angst vor dem Zerrissenwerden, vor der Auflösung im Nichts, sehnt sich der Mensch mit Parmenides nach Sicherheit und findet sie in einem Denken, das sich am Unveränderlichen, Starren, ja Toten orientiert. Drei Regeln des Denkens, drei unbezweifelbare Sätze, drei »Axiome der Logik« sollten fortan im Abendland wirken: Der Satz der Identität, der Satz vom Widerspruch und der Satz vom ausgeschlossenen Dritten.

»Alles ist mit sich identisch und verschieden von anderem.«

Welch eine Kluft zu dem »Alles fließt« des Heraklit! Jedes

Wort, jeder Begriff, jedes Ding, ja jeder Mensch wird festgehalten und darf sich nicht mehr ändern, soll nicht sogleich wieder an Urängste erinnert werden.

»Von zwei einander widersprechenden Sätzen ist mindestens einer falsch.« Nicht mehr Quelle der Entwicklung wie bei Heraklit, sondern auszumerzender Fehler soll fortan jeder Widerspruch sein.

»Von zwei einander vollständig ausschließenden Behauptungen ist eine richtig.« Bei vollständigem Widerspruch können nicht mehr beide Seiten falsch sein, eine muß recht sein, denn eine dritte Möglichkeit ist ausgeschlossen.

In der Vorlesung von Klaus Heinrich heißt es dazu:

»Sein ist, Nichtsein ist nicht. Daraus ist in der Regel gemacht worden in der Interpretation: Hier ist das erste Mal der Satz der Identität ausgesprochen, in einer positiven und einer negativen Formulierung, die zugleich zum Satz des Widerspruchs führt und zugleich zum Satz vom ausgeschlossenen Dritten notwendigerweise: Sein ist (A=A), und (...) Nicht ist Nichtsein; (...). Sein oder Nichtsein (Satz vom Widerspruch); aber es ist ganz ausgeschlossen, daß es etwas ›Drittes‹ geben könnte, was zwischen Sein und Nichtsein vermittelt.«

Aus der unterschiedlichen Einstellung zum Nichts haben sich also die verschiedenen Denkrahmen, die verschiedenen Standards der Hochkulturen entwickelt. Im Abendland war es Schrecken, Abwehr, Angst vor dem Nichts, die unsere Logik formten. Bis heute kommt in unserer Kultur diese Urangst auf, wenn sich Widersprüche bemerkbar machen, die nicht sogleich eliminiert werden können.

Es bedurfte aber noch einiger Generationen in der Achsenzeit, um die Weichen endgültig zu stellen. Platon läßt seinen Sokrates im großen Theaitetos-Dialog die beiden Denkrichtungen des Heraklit und Parmenides gegenüberstellen. Sokrates gibt dabei zu, über Parmenides nicht ohne Scheu sprechen zu können: »Denn ich habe Gemeinschaft mit dem Manne gehabt noch ganz jung, da er schon alt war, und es offenbarte sich mir in ihm eine ganz seltene und herrliche Tiefe des Geistes. Ich fürchte daher, daß wir teils, was er gesagt hat, nicht verstehen, teils, was er damit gemeint, noch viel weiter dahinten lassen werden.«

Nach langen Erörterungen, in denen sich Sokrates als »Geburtshelfer« für den »Schwangeren in Sachen der Erkenntnis« erklärt, kommen Theaitetos und Sokrates jedoch zu dem Schluß: »Unsere Geburtshelferkunst hat von diesem allen gesagt, es wären nur Windeier und nicht wert, daß man sie aufziehe.«

In der nächsten Generation hat jedoch Aristoteles die Logik formalisiert und zum Abschluß gebracht. Begriff, Urteil und Schluß als Urbausteine des Denkens wurden von ihm analysiert und in Formen gegossen. Damit war der abendländische Denkrahmen festgelegt, so daß zwei Jahrtausende später Immanuel Kant in seiner *Kritik der reinen Vernunft* sagen konnte, die klassische Logik hätte seit Aristoteles keinen Schritt vorwärts gemacht.

Freilich hat sich die Logik seit Aristoteles zu einer eigenen Wissenschaft entwickelt, die an Vielfältigkeit keiner anderen Disziplin nachsteht. Es sind neue Verästelungen hinzugekommen, die aber am eigentlichen Stamm nichts ändern konnten. Die Axiome der Logik formen den Rahmen des abendländischen Denkens bis zum heutigen Tage.

Alle Menschen sind sterblich.
Sokrates ist ein Mensch.
Also ist Sokrates sterblich.

Aus zwei Vordersätzen *(Prämissen)* wird der Schlußsatz *(Conclusio)* abgeleitet. Nur dies gilt künftig als folgerichtiges Schließen *(Deduktion)*. Die Axiome der Logik sind dabei wesentliche Voraussetzung, wie Aristoteles an Beispielen von Fehlschlüssen gezeigt hat. Denn der Schluß – bestehend aus drei Sätzen *(Urteilen)* – verbindet seinerseits drei Begriffe.

A ist B, B ist C, also ist A gleich C. (Bei Aristoteles finden wir selbstverständlich Alpha, Beta und Gamma statt A, B und C.) A (Sterblichkeit) ist dabei das Allgemeine, B (Mensch) als Mittelbegriff das Besondere und C (Sokrates) das Einzelne. (Hegel verwendet daher später A, B und E als Symbole und geht damit einen Schritt von den ganz formalen Buchstaben zurück zu deren Bedeutung im Schluß.)

Der Schluß ist nur dann richtig, wenn für den Mittelbegriff der Satz der Identität nicht verletzt wird, wie das berühmte Beispiel zeigt.

Musen sind neun.
Neun ist eine Zahl.
Also sind Musen eine Zahl.

Richtige Schlußfolgerungen zielen immer vom Allgemeinen über das Besondere zum einzelnen. *Nur* in dieser Richtung ist der Schluß verbindlich.

Wie aber kommen wir zum Allgemeinen? Woher wissen wir, daß alle Menschen sterblich sind? Wir könnten es freilich mit einem weiteren, formal richtigen Schluß versuchen:

Alle Lebewesen sind sterblich.
Alle Menschen sind Lebewesen.
Also sind alle Menschen sterblich.

Damit haben wir aber das Problem nur weiter zurückverlegt auf eine der großen Fragen der Menschheit: Leben und Tod. Daß beide zusammengehören, war doch eine der tiefen Einsichten der Achsenzeit. Die Menschheit ist sich der großen Einheiten samt ihren Widersprüchen bewußt geworden, sie bedürfen keiner weiteren Begründung. Nun aber sollen in unserem Denkrahmen Widersprüche ausgemerzt werden, wobei die große Einheit zerrissen wird. Der Weg des Abendlandes ist nur deshalb erfolgreich, weil die Einheit besteht, auch wenn wir sie zerreißen, weil Widersprüche auftreten, auch wenn wir sie wieder eliminieren.

Die Verleugnung des Nichts (und damit des Todes) wäre

ja gar nicht notwendig, wenn wirklich »Nichts« gar nicht ist!

»Nichts ist nicht« ist keine Aussage über die Realität, vielmehr Ausdruck unserer Angst und unser Wunsch, der allerdings eine Wirklichkeit schafft, in der nur »Sein« ist.

Darum wurden mit der aristotelischen Logik die Weichen nicht nur auf Eindeutigkeit und Widerspruchsfreiheit des Denkens gestellt, es mußten auch alle anderen möglichen Schlußformen zugunsten des deduktiven Denkens unterdrückt werden. Könnten wir nicht auch sagen, die Sterblichkeit aller Menschen schließen wir daraus, daß es noch nie einen Unsterblichen gegeben hat? Daß die Suche nach dem Lebenselixier eben vergeblich bleiben mußte?

Doch halt! »Vergeblich blieb«, nicht »vergeblich bleiben mußte«. Denn aus der Erfahrung können wir nur entnehmen, was *ist*, nicht was *sein muß*! Der Schluß vom einzelnen über das Allgemeine auf das Besondere (der sogenannte Induktions-Schluß) ist formal niemals zwingend. Wenn er trotzdem zu richtigen Aussagen führt, dann nicht aus formalen Gründen, und andere wollen wir nicht zulassen, sie könnten uns an Jenseitiges, an Widersprüchliches, ja an das »Nichts« erinnern:

Sokrates ist sterblich.
Heraklit ist sterblich.
Parmenides ist sterblich.
Also sind alle Menschen sterblich?

Formal folgt es eben nicht, aber es drückt das Gemeinsame aller Menschen aus, das zwar im Diesseits stattfindet, aber im Jenseits gründet.

Es gibt noch eine dritte Art zu denken, die ebenfalls unterdrückt werden mußte: den Analogie-Schluß.

Der Mensch ist sterblich.
Der Wolf ist sterblich.
Also ist der Mensch wie ein Wolf.

Auch diese Schlußform ist formal nicht zwingend, ja

geradezu willkürlich. Sie vermag aber Emotionen auszudrücken, die in der abendländischen Logik ebenso ausgeklammert bleiben müssen wie die Widersprüche.

Wir täten Aristoteles unrecht, wollten wir ihm unterstellen, nur eine Denkform anerkannt zu haben. Dort, wo die Weichen gestellt werden, sind die auseinanderlaufenden Schienenstränge noch nahe beisammen, ja in der Weiche selbst durchdringen sie einander. Und doch wird dort die zukünftige Richtung entschieden.

Aristoteles sagt selbst, daß in gewisser Weise das induktive Verfahren wirksamer sei, es habe eine größere Kraft in der Überredung. Er mußte sich ja auch mit seinem Lehrer Plato auseinandersetzen, der seinen Sokrates geradezu gegen das formale Denken auftreten läßt, indem er immer wieder auf Lücken und Widersprüche hinweist.

In einem anderen, berühmt gewordenen Fehlschluß zeigt Aristoteles ganz deutlich, daß das formale deduktive Denken starr ist. Es kann Veränderungen nicht begreifen, denn sie führen auf Widersprüche. Zeit bleibt ebenso ausgeklammert wie Leben (oder gar das Jenseitige, die Transzendenz):

Wer aufstand, steht.
Der Sitzende stand auf.
Also der Sitzende steht.

Dieser Fehlschluß ist auch deshalb so interessant, weil der auftretende Widerspruch im Chinesischen dazu benutzt wird, um den Begriff »Veränderung« darzustellen. Wir wissen ja schon, daß chinesische Schriftzeichen Gegensätze in sich vereinen können, um neue Begriffe entstehen zu lassen. Ein stehender und ein sitzender Mensch in einem Zeichen vereint stellt das Zeichen für »Veränderung« dar. Wird es an das Zeichen für »Schriftzeichen« (ein symbolisches Tintenfaß) angefügt, entsteht das Wort für »Kultur«. (Kultur ist »Aufschreiben der Veränderung«, könnte man vielleicht sagen.) Wird damit nicht ganz deutlich, welche Verständigungsprobleme die verschiedenen Denkrahmen be-

81

dingen? Wie soll ein Ostasiate die Problematik des Aristotelischen Fehlschlusses nachvollziehen, wenn er Stehende und Sitzende zur Veränderung vereint, seit er schreiben kann? Und wie dürfen wir annehmen, mit unserem Wort »Kultur« auch nur annähernd das zu bezeichnen, was Ostasiaten mit ihren zwei Symbolen meinen, wenn bei uns jegliche Veränderung (oder gar Dynamik) Schwierigkeiten macht?

Wer das Nichts leugnet, hat auch Probleme mit der Leere, mit dem Vakuum. Denn Sein und Nichts werden ja getrennt, ehe das eine zugunsten des anderen eliminiert wird. Also tritt das Problem innerhalb des Seins erneut auf, als »Zwischenraum« der Körper, als Vakuum. Gerhard Schwarz hat in seinem Buch *Raum und Zeit als naturphilosophisches Problem* die Überlegungen des Aristoteles ausführlich dargelegt und kommentiert. Er schreibt, daß Aristoteles mit dem Satz »Schließlich ist wie jeder Körper im Raum auch in jedem Raum Körper« das Leere leugne und die spätere Äthertheorie begründe. Wir werden noch sehen, wie sehr die Angst vor dem Nichts in der Gestalt des »horror vacui« (der Scheu vor dem Vakuum) unser Denken beeinflußt hat.

Mit dem Nichts mußte auch der Tod geleugnet werden. Denn wenn Leben und Tod so wie Diesseits und Jenseits oder Zeit und Ewigkeit auseinandergerissen werden, dann folgt nach dem Sterben entweder das Nichts oder ein Weiterleben. Daher glaubten die Alten Griechen an die Unsterblichkeit der Seele, also an ein Weiterleben, und sie leugneten damit den Tod. Sterben sollte nur eine Veränderung sein.

Mit diesem Glauben aber wird das wesentlichste Problem der Menschen eigentlich nicht in seiner vollen Bedeutung ernstgenommen. Unter allen Hochkulturen, die in der Achsenzeit entstanden sind, ist die griechische die einzige, die nicht zugleich Hochreligion wurde (im Sinne einer Erlösungs-Religion)! Mit der Verleugnung des Nichts, mit der Angst vor dem Vakuum entstand zugleich ein geistiges

Vakuum, das nach Erfüllung verlangte: Die Weisheit des Abendlandes war vielleicht ausgefeilter und diffiziler als in anderen Kulturen, der Glaube aber fehlte. Aus der eigenen Kultur konnte er sich nicht mehr entwickeln, weil er ohne Beschäftigung mit Widersprüchen unfruchtbar bleibt. Er wurde ein halbes Jahrtausend nach dem Höhepunkt der Achsenzeit in einer Hochkultur geschaffen, die mit unserer seit jeher verbunden ist, aus der jüdischen.

Jesus von Nazareth

In seinem Buch *Über einige Grundbegriffe des Judentums* schreibt G. Scholem:

»Die Schöpfung aus Nichts, wie sie immer wieder in mystischen Traditionen auftaucht, ist die Schöpfung aus Gott selbst (...). Das Nichts, das die Schöpfung bedingt, das ist er selbst.«

Können wir nicht tatsächlich die beiden Sätze als miteinander austauschbar verstehen?

Gott hat die Welt aus dem Nichts geschaffen.

Gott hat die Welt aus sich selbst geschaffen.

Friedrich Weinreb weist darauf hin, daß mit dem ersten biblischen Vers »Im Anfang schuf Gott Himmel und Erde« zwei äußerste Gegensätze genannt werden. »Es wird also von einer *Zwei-heit* berichtet, von einem Dualismus.« Die Schöpfung ist demnach »eigentlich eine ›Zweimachung‹, die Entstehung der Zwei-heit. Beginnend mit ›Himmel und Erde‹, wird die Zwei-heit fortgesetzt in Licht und Finsternis usw.«

Und dann: »Es ist die Zwei-heit, womit Gott die Welt schuf, jene Zweiheit, welche als Folge die große Vielheit und Verschiedenheit hervorbringt, und wogegen Gott den Menschen als Einheit schuf. Es ist der Mensch, welcher durch sein Leben, sein Denken und Handeln die Zweiheit aufheben sollte, um jene Einheit, jene Harmonie, welche vorher bestand, wieder herzustellen.«

Erklärt das nicht in wunderbarer Weise die Sehnsucht der Menschen nach Einheit von Diesseits und Jenseits, von Zeit und Ewigkeit, von Tod und Leben? Aber diese Einheit kann eben nur angestrebt, nie ganz erreicht und festgehalten werden. Deshalb ist die Versuchung immer groß, sich mit vereinfachten Bildern zufriedenzugeben.

Friedrich Weinreb schreibt: »Die Bilder können doch nur über diese Welt sprechen (...). Es ist töricht, von einem Bild, von einer Materialisation, zu erwarten, daß es etwas über das Jenseits aussagen soll, über den Sinn des Lebens, wenn der Sinn nicht nur in diesem Leben und in dieser Materie liegt. Deshalb dient das biblische Wort als *Brücke* zwischen Bild und Wesen. Das Wort übermittelt, was das Wesen des Bildes ist. Es macht es uns möglich, in andere Welten einzudringen und damit den Sinn des Lebens zu erkennen. Aber wir müssen die Bilder stets mit dem Wesen verbinden. Dann erhalten auch sie ihren Sinn.«

Was aber, wenn sich im Denken einer Zeit ein Standard herausgebildet (ge-*Bild*-et) hat, der Gott als (menschenähnlichen) Weisen im Jenseits ansiedelt, getrennt von der Welt, aber doch diesseits-analog? Wenn dadurch Diesseits und Jenseits auseinanderfallen, aber gerade deshalb Jenseits zu einer anderen Art Diesseits wird? In das wir vielleicht einmal *nach* unserem Tod eintreten?

Wir wissen, welche Macht sozialer Druck, welche Verführung ein starker Standard auf den einzelnen ausüben können. Bloße Erklärungen helfen wenig, geht es doch nicht um rationale Einsicht. Es bedarf einer gewaltigen Erschütterung bis in die Grundfesten der menschlichen Gemeinschaft. Es gibt wohl kein tieferes Aufrütteln, zugleich keine klarere Aussage über die Notwendigkeit der Vereinigung von Diesseits und Jenseits, als wenn ein Mensch auftritt, der von Gott wahrhaft behauptet: »Ich und der Vater sind eins!« *(Joh. 10, 30)*

Mehrere Jahrhunderte nach der Achsenzeit konnte Jesus von Nazareth zu einer Menschheit sprechen, die einerseits schon erweckt, andererseits aber schon wieder ein wenig gealtert (und daher geistig verkrustet) war. Zweifach wirkte sich sein Leben in der Geschichte aus: Die Juden erinnerte er in aller Deutlichkeit an ihre eigene Tradition, und den Heiden, den Nachkommen griechischer Weisheitslehren, brachte er den Glauben, den sie aus ihrer eigenen Geschichte nicht schaffen konnten.

Es erscheint mir nur natürlich, daß sich – von Ausnahmen abgesehen – Juden selten der neuen Hochreligion zuwandten: sie hatten ja schon selbst eine. Jesus war für die gekommen, denen bei aller tiefen Weisheit der Glaube fehlte.

Und er redete in einer Sprache, die alles bisher Gesagte klein und zaghaft erscheinen ließ. Er brauchte sich ja auch nicht mehr um Fragen zu kümmern, die in der Achsenzeit schon ausreichend diskutiert worden waren. Darum ist sein Leben, darum sind seine Aussagen von einer Reinheit und Schärfe, die später zu der mißverständlichen Behauptung von der »alleinseeligmachenden« Religion führen konnte.

Das Wort von der Einheit des Vaters mit dem »Menschensohn« mußte für alle, die Gott in einem abgetrennten Jenseits angesiedelt hatten, wie Gotteslästerung klingen – und sie beschuldigten Jesus dieser Sünde. Er aber erwiderte:

»Steht nicht in eurem Gesetz geschrieben: Ich habe gesagt: Ihr seid Götter? Wenn die Schrift schon jene Götter nennt, an die das Wort Gottes ergangen ist, die Schrift aber nicht aufgehoben werden kann, dürft ihr dann von dem, den der Vater geheiligt und in die Welt gesandt hat, behaupten: Du lästerst Gott, weil ich gesagt habe: Ich bin der Sohn Gottes?« *(Joh. 10, 34 ff.)*

Daß die Einheit von Vater und Sohn aber nur widersprüchlich verstanden werden kann, sagt Jesus ganz deutlich: »Wer an mich glaubt, der glaubt nicht an mich, sondern an den, der mich gesandt hat.« *(Joh. 12, 44)* Wir können den Widerspruch nicht umgehen und *direkt* an den Vater glauben, denn die dritte göttliche Person, der »Geist der Wahrheit«, wird der Welt zu Bewußtsein bringen, daß es eine Sünde gibt, »weil man nicht an mich (Jesus) glaubt«. *(Joh. 15, 8 f.)*

Die Zwei-heit von Diesseits und Jenseits entspricht derjenigen von Zeit und Ewigkeit. Das versuchte Jesus immer wieder deutlich zu machen, obwohl Worte allein dafür niemals genügen können:

»Vater, verherrliche du mich bei dir mit der Herrlichkeit, die ich bei dir hatte, ehe die Welt war.« *(Joh. 17, 5)*

Dem vereinfachten Bild, daß *nach* dem Leben jeder Mensch für seine Werke gerichtet wird, trat er mit den Worten entgegen:

»Denn Gott hat seinen Sohn nicht dazu in die Welt gesandt, daß er die Welt richte, sondern damit die Welt durch ihn gerettet werde. Wer an ihn glaubt, wird nicht gerichtet; wer aber nicht glaubt, der ist (!) schon gerichtet, weil er nicht glaubt (...). Das Gericht besteht aber darin: Das Licht ist in die Welt gekommen, doch die Menschen hatten die Finsternis lieber als das Licht.« *(Joh. 3, 17 ff.)*

Sünde und Strafe folgen also nicht zeitlich aufeinander, sie sind ebenso eins wie Zeit und Ewigkeit, Tod und Leben: »Wer an mich glaubt, wird leben, auch wenn er stirbt.« *(Joh. 11, 26)*

Die gewaltigste Forderung aber erhob Jesus im Namen der Liebe. Er folgte der Auseinandersetzung der Achsenzeit über Moral mit den Worten: »Glaubt nicht, ich sei gekommen, das Gesetz oder die Propheten aufzuheben. Ich bin nicht gekommen, um sie aufzuheben, sondern um sie zur Vollendung zu führen.« *(Mt 5, 17)* Dann aber erklärte er, wie der Widerspruch, sich weder Moralvorschriften zu beugen noch sie zu mißachten, aufgehoben wird:

»Du sollst deinen Gott lieben mit deinem ganzen Herzen, mit deiner ganzen Seele und mit deinem ganzen Gemüt. Das ist das größte und erste Gebot. Das zweite aber ist diesem gleich: Du sollst deinen Nächsten lieben wie dich selbst. An diesen zwei Geboten hängt das ganze Gesetz und die Propheten.« *(Mt 22, 37 ff.)*

»Wer an mich glaubt, glaubt nicht an mich, sondern an den Vater.«

»Wer den Nächsten liebt, liebt nicht den Nächsten, sondern den Vater.«

Anders als durch widersprüchliche Worte ist die Einheit eben nicht auszudrücken. Die Gebote der Nächstenliebe und der Gottesliebe sind nicht trennbar, denn nur gemeinsam ergeben sie den vollkommenen Sinn.

Nächstenliebe im Sinne aller Hochreligionen der Achsenzeit reicht aber nicht mehr aus. Jesus setzte eine Forderung, die über alles Dagewesene hinausgeht und die Menschen mit Schrecken erfüllte: Er forderte die Feindesliebe.

»Wenn ihr nur jene liebt, die euch lieben, welcher Lohn steht euch zu? Auch die Sünder lieben die, von denen sie geliebt werden (...). Liebt vielmehr eure Feinde, tut Gutes und leiht, ohne etwas zurückzuerwarten.« *(Lk 6, 32–35)*

»Liebt eure Feinde und betet für die, die euch verfolgen. Dann werdet ihr Kinder eures Vaters im Himmel, der seine Sonne aufgehen läßt über Böse und Gute und regnen läßt über Gerechte und Ungerechte.« *(Mt 5, 45)*

Jesus verlangte weder, keine Feinde zu haben, noch die Feinde zu Freunden zu machen, sondern die Feinde als Feinde trotzdem zu lieben. Auch in diesem weitreichendsten Gebot ließ er den Widerspruch stehen, ohne den es keine wahre Selbstbestimmung gäbe, denn beide Alternativen führten doch sehr schnell zur Heuchelei, zu einer Schein-Harmonie, die die Sicht auf die wahre – widersprüchliche – Einheit behinderte.

Wenn Jesus die radikale Liebe fordert, weil nur sie im

Augenblick die Ewigkeit erscheinen läßt, dann ist mit dem wahren Leben auch der Tod ernst genommen. Er setzt daher gegen die Meinung der Griechen von der Unsterblichkeit der Seele den Glauben der Juden von der Auferstehung des ganzen Menschen. Nur wenn die Einheit von Leib und Seele nicht zerrissen wird, können wir die Einheit von Diesseits und Jenseits anstreben. Fallen sie auseinander, ist gegen das Lustprinzip des Epikur tatsächlich nichts Vernünftiges einzuwenden. Dies sagt auch der Apostel Paulus, Mittler zwischen dem »Neuen Bund« aus dem Judentum und den »Heiden« aus der griechischen Tradition:

»Stehen die Toten nicht auf, so laßt uns essen und trinken, morgen müssen wir ja sterben.« *(1. Kor. 15,32)*

Nun wurde aber diese gewaltige Lehre, die immer wieder auf die Einheit trotz der Widersprüche zielt, mit dem Denkrahmen des Abendlandes (der Widersprüche fürchtet) zusammen gebracht. Einerseits brachte sie der Weisheit der Alten Griechen den fehlenden Glauben, andererseits eröffnete sich dabei ein neuer Widerspruch: Die von Aristoteles vollendete Logik des Parmenides verlangte die Elimination aller Widersprüche im Denken. Der Glaube an Jesus von Nazareth forderte das Ernstnehmen zentraler Widersprüche in einer höheren *Ein*-heit. Glaube und Weisheit waren im Abendland von allem Anfang an unvereinbar; unsere Geschichte können wir auch verstehen als unermüdlichen Versuch, die Trennung zu überwinden. Nicht immer setzte sich dabei die Einsicht durch, daß auch die Einheit von Glauben und Weisheit nur *trotz* des Widerspruches angestrebt werden kann, weil der Versuch, ihn zu eliminieren, beide Seiten unfruchtbar werden läßt.

3. Naturwissenschaft

Vom Altern eines Widerspruches

Jesus von Nazareth, das »Fleisch gewordene Wort«, war eins mit seiner Lehre. Seine Nachfolger, die Christen, mußten aber eine Wirklichkeit schaffen, in der die Glaubenswahrheiten nicht nur gelebt, sondern auch vermittelt werden konnten. Wir wissen schon, daß dies ein unmögliches Unterfangen ist, das trotzdem unternommen werden muß. Es ist daher nicht verwunderlich, daß immer wieder einflußreiche Lehrer auftraten, die am zentralen Widerspruch der Einheit von Vater und Sohn scheiterten.

Um die Mitte des dritten Jahrhunderts nach Christi Geburt entstand die Irrlehre des Sabellius, der die Einheit Gottes ohne Widerspruch darstellen wollte. Sie erlangte so viele Anhänger, daß sich Papst Dionysius in Rom damit befassen mußte. Sein Brief ist die erste bedeutende Entscheidung des kirchlichen Lehramts über das Geheimnis der Heiligen Dreifaltigkeit.

Wie dies in einer solchen Lage immer notwendig ist, wendet sich Papst Dionysius gewissermaßen symmetrisch gegen beide Möglichkeiten, den Widerspruch nicht ernst zu nehmen: Gegen seine Elimination aus der Einheit *und* gegen das Zertrennen der Einheit durch den Widerspruch:

»Diese stehen der Ansicht des Sabellius sozusagen auf dem andern Flügel gegenüber: Denn dieser lästert, wenn er sagt: der Sohn sei der Vater und umgekehrt; jene aber verkünden in einem gewissen Sinne drei Götter, indem sie die heilige Einheit in drei verschiedene, voneinander vollständig getrennte Wesen aufteilen.«

Am Beginn des vierten Jahrhunderts versuchte Arius den Grundwiderspruch des Glaubens auf andere Weise loszuwerden: Er leugnete die Wesensgleichheit des Sohnes mit dem Vater. Arius wurde von der Allgemeinen I. Kirchenversammlung zu Nizäa im Jahre 325 mit den Worten verurteilt:

»Diejenigen aber, die da sagen, es habe eine Zeit gegeben, da der Sohn Gottes nicht war, und er sei nicht gewesen, bevor er gezeugt wurde (...), diese schließt die apostolische und katholische Kirche aus.«

Noch im gleichen Jahrhundert belegte die Römische Kirchenversammlung unter Papst Damasus I. beide Irrlehren – ganz symmetrisch – mit dem Bann, »die dem Irrtum des Sabellius anhängen und sagen, Vater und Sohn sei ein und derselbe. Wir belegen mit dem Bann den Arius und Eunomius, die mit der gleichen Gottlosigkeit, wenn auch mit anderen Worten, behaupten, der Sohn und der Heilige Geist seien Geschöpfe.«

Zusammengefaßt und mit aller Tiefe verkündet wurde die erste Glaubenswahrheit des Christentums in der Allgemeinen Kirchenversammlung zu Chalcedon im Jahre 451:

»Der eine und selbe ist vollkommen der Gottheit und vollkommen der Menschheit nach, wahrer Gott und wahrer Mensch (...). Der eine und selbe ist wesensgleich dem Vater der Gottheit nach und wesensgleich auch uns seiner Menschheit nach.«

Die XI. Kirchenversammlung zu Toledo im Jahre 675 fand schließlich jene Formulierung, die den Widerspruch anerkennt, ohne ihn zerstörerisch wirken zu lassen:

»Dieser Sohn ist nach unserem Glauben als Person von Gott Vater und dem Heiligen Geist geschieden, aber ohne Trennung.«

Und weiter heißt es in derselben Schrift:
»Obwohl wir drei Personen bekennen, bekennen wir doch nicht drei Wesenheiten, sondern *eine Wesenheit,* aber drei Personen (...). Denn wenn man uns über die einzelne Person fragt, müssen wir antworten, daß sie Gott ist. Gott also wird genannt der Vater, Gott der Sohn, Gott der Heilige Geist, und zwar jeder einzeln. Aber darum sind es keine drei Götter, sondern ein Gott (...). Diese heilige Dreifaltigkeit also, die der eine und wahre Gott ist, sieht nicht von der *Zahl* ab, wird aber auch nicht von der Zahl erfaßt.«

Unterschieden, aber nicht getrennt!

Sieht nicht von der Zahl ab, wird aber nicht von ihr erfaßt!

Berauscht vom wahren Geist des Glaubens, der den Widerspruch als Herausforderung erkennt und ihm daher ohne Zagen entgegentritt, fand die Kirchenversammlung in Toledo Formulierungen, die in ihrer Stärke Menschlichkeit, ja Humor bezeugen:

»Wir glauben, daß im Sohne Gottes zwei Naturen sind: die göttliche und die menschliche, welche die eine Person Christi so in sich vereinte, daß nie mehr die Gottheit von der Menschheit oder die Menschheit von der Gottheit getrennt werden kann (...). Wenn wir aber sagen, daß im Sohne zwei Naturen sind, stellen wir damit keineswegs zwei Personen in ihm auf. Sonst würde ja, was aber völlig falsch ist, die Dreifaltigkeit zu einer Vierfaltigkeit werden.«

Schließlich wurde auf die Notwendigkeit des Widerspruches in dieser Einheit direkt hingewiesen:

»Und doch hat derselbe, insofern er Gott ist, Maria geschaffen; insofern er Mensch ist, wurde er von Maria geschaffen. Er selbst ist der Vater und der Sohn seiner Mutter Maria. Weiter: Insofern er Gott ist, ist er dem Vater gleich. Insofern er Mensch ist, ist er geringer als der Vater. Nach unserem Glauben ist er also größer und geringer als er selbst.«

Damit war aber offenbar ein Höhepunkt in der Geschichte überschritten. Zaghaftigkeit schlich sich ein angesichts der Größe solcher Verkündung. Wer Widersprüche nicht radikal ausmerzt, muß gewärtig sein, daß sie die Einheit zerschlagen und dadurch zerstören, was sie eigentlich zeugen sollten. Nur fünf Jahre später wurde in der Allgemeinen III. Kirchenversammlung zu Konstantinopel die Radikalität dieser Aussagen zunächst ein klein wenig zurückgenommen:

»Auch wir verkünden, daß gemäß der Lehre der heiligen Väter *zwei natürliche Willen* und zwei natürliche Wirkweisen ungetrennt, unverändert, ungeteilt und unvermischt in ihm (Christus) sind. Diese zwei natürlichen Willen sind *einander nicht entgegengesetzt,* wie die ruchlosen Irrlehrer sagten. Sein menschlicher Wille folgt vielmehr; er widersteht oder widerstrebt nicht. Er ist vielmehr seinem göttlichen und allmächtigen Willen unterworfen.«

Kein Widerstand, sondern Unterwerfung!

Welch unselig mißverständliche Formulierung! Hatte der Grundwiderspruch des Glaubens zu nahe an das Nichts herangeführt, das (als Gegenteil des Seins) in der Tradition des Parmenides Ängste erzeugt?

In späteren Kirchenversammlungen (insbesondere im Lateran 1215 und zu Florenz, Mitte des 15. Jahrhunderts) wurde zwar wieder ausdrücklich auf die Formulierungen von Chalcedon und Toledo Bezug genommen. Aber jene Freiheit und Fülle des Glaubens, wie sie im noch jungen Christentum des ersten Jahrtausends möglich war, konnte offenbar nicht mehr zurückgewonnen werden. Der Widerspruch wurde eingeschränkt auf die Dreifaltigkeit und an anderen Stellen eliminiert.

Denn als Meister Eckhart am Beginn des 14. Jahrhunderts verkündete: »Gott ist auf alle Weisen und in jedem Betracht nur *Einer,* so daß in ihm selber keinerlei Vielheit zu finden ist, weder in der Vernunft noch außerhalb der Vernunft;

wer nämlich Zweiheit oder Unterschiedenheit sieht, der sieht Gott nicht, denn Gott ist Einer außerhalb aller Zahl und fällt mit nichts in Eins zusammen«, da erklärte Papst Johannes XXII. in Avignon (im März des Jahres 1329) diese Sätze als »überaus übel klingend und sehr kühn und der Häresie verdächtig, wenn auch zugestanden werden mag, daß sie mit vielen Erklärungen und Ergänzungen einen katholischen Sinn ergeben«.

Meister Eckhart hatte sich nämlich erkühnt zu behaupten:

»Alles, was Gott Vater seinem eingeborenen Sohne in der menschlichen Natur gegeben hat, das hat er alles auch mir gegeben: hiervon nehme ich nichts aus, weder die Einigkeit noch die Heiligkeit, sondern er hat mir alles ebenso gegeben wie ihm.«

Das sollte aber kein persönlicher Größenwahn sein, denn Meister Eckhart sagt in einem anderen verurteilten Satz: »das bewahrheitet sich völlig an jedem guten und göttlichen Menschen.«

Verurteilen, ausgrenzen, mit dem Banne belegen! Das wurde leider bald die Methode, Widerspruch zu eliminieren. Die Logik des Aristoteles trat ihren Siegeszug auch dort an, wo es galt, um Glaubenswahrheiten zu ringen.

So konnte es kommen, daß im Jahre 1893 Papst Leo XIII. in einem *Rundschreiben über das Studium der Heiligen Schrift* den Vorrang der Widerspruchsfreiheit offen verkündete:

»Gott ist der Schöpfer und Lenker aller Dinge, er ist auch Urheber der Heiligen Schrift. So läßt sich aus der Welt der Natur oder aus den Denkmälern der Geschichte nichts beibringen, was wirklich mit der Heiligen Schrift in Widerspruch steht. Wo ein solcher Widerspruch scheinbar ist, da soll er mit großer Sorgfalt beseitigt werden (...). Denn Wahrheit kann der Wahrheit nicht widerstreiten. Es bleibt wahr: Entweder ist in der Erklärung der Schriftworte oder auf der anderen Seite der Auseinandersetzung ein Irrtum unterlaufen. So lange keines von beiden klar ist, soll man mit einer Entscheidung warten.«

Der Denkrahmen des Abendlandes, die Axiome der Logik, werden hier noch einmal von höchster kirchlicher Stelle festgeschrieben. Ist damit nicht auch der Grundwiderspruch des Glaubens zu einer leeren Formel geworden?

Die Philippus-Frage

Als einer der Jünger Jesus von Nazareth verraten hatte, da wandte dieser sich ein letztes Mal an seine Freunde mit seinen großen Abschiedsreden. (Am ergreifendsten sind sie wohl im Johannes-Evangelium wiedergegeben.) Jesus redete viel vom Vater und seiner Wesenseinheit mit ihm. Der Grundwiderspruch unseres Glaubens war selbst für seine Jünger nicht sofort erfaßbar, und so unterbrach ihn einer von ihnen, Philippus, mit der fragenden Bitte:

»Herr, zeige uns den Vater! Das genügt uns.« *(Joh. 14, 8)*

Jesus aber wies ihn zurecht: »So lange schon bin ich bei euch, und du kennst mich noch nicht, Philippus? Wer mich gesehen hat, hat den Vater gesehen. Wie kannst du nur sagen: Zeig uns den Vater? Glaubst du nicht, daß ich im Vater bin und der Vater in mir ist? Die Worte, die ich zu euch rede, sage ich nicht aus mir selbst; der Vater, der in mir bleibt, vollbringt die Werke. Glaubt mir, daß ich im Vater bin und der Vater in mir ist.« *(Joh. 14, 9 f.)*

Können wir uns vorstellen, daß fast zweitausend Jahre später der Heilige Geist manchmal verzagt bei sich denkt: So lange schon bin ich bei euch, und ihr kennt mich noch immer nicht? Wer den Nächsten wahrlich gesehen hat, hat den Vater gesehen. Wie könnt ihr noch immer sagen: Zeig uns den Vater?

Aber der Vater erscheint nicht *direkt* – weder im Sohn noch im Nächsten. Wer mit Parmenides das Nichts leugnet und Widersprüche fürchtet, wird daher versuchen, den Vater anderswo zu finden. Denn er muß wohl sein, weil nur das Sein ist. Und alles was ist, ist irgendwo und irgendwann. So wurde die Philippus-Frage beim Zusammentreffen christlichen Glaubens mit griechischer Weisheit zum Symbol des dabei auftretenden Widerspruches.

Athen und Jerusalem.

Kann es eine konfliktfreie Einheit beider geben? Wenn Jerusalem in uns Abendländern sich nach dem Vater sehnt, fragt Athen alsbald: Zeigt ihn uns! Und wenn Athen in uns von der Eindeutigkeit und Widerspruchsfreiheit des Seienden spricht, mahnt Jerusalem: Ich und der Vater sind eins.

Eine ständig wiederholte Frage zwingt uns zu einer Antwort. Wer den Vater nicht im Nächsten sieht, verlegt ihn zunächst in die Natur, dann vielleicht immer weiter weg in Raum und Zeit bis zurück in die Schöpfungsstunde oder an den äußersten Rand des Universums. So heißt es auch in der von Beethoven in seiner 9. Sinfonie wunderbar vertonten Schillerschen *Ode an die Freude:*

> *Ihr stürzt nieder Millionen?*
> *Ahnest du den Schöpfer, Welt?*
> *Such ihn überm Sternenzelt!*
> *Brüder! überm Sternenzelt,*
> *muß ein lieber Vater wohnen.*

Zeig uns den Vater, das genügt. Denn wir können nur glauben, wenn wir erkannt haben. Aus diesem Geiste sind im Abendlande die Universitäten gegründet worden.

Das 12. Jahrhundert stellt einen Einschnitt in der geistesgeschichtlichen Entwicklung des Abendlandes dar. Thomas von Aquin hatte die philosophische Durchdringung christlichen Gedankengutes zu einem Höhepunkt und ersten Abschluß gebracht, der die weitere Entwicklung mitprägen sollte. (Nur wenig später wurde Meister Eckhart für seine ganz anders geartete Mystik der Häresie verdächtigt und gar verurteilt.) Und schließlich entstand in diesem Jahrhundert die Idee der Universität, der Versuch, den Schöpfungsplan Gottes mit der Vernunft zu erkennen – gewissermaßen eine Realität gewordene Philippus-Frage: Zeig uns wenigstens den Plan Gottes, wenn doch der Vater selbst nicht sichtbar werden kann.

Der Historiker Klinkenberg sagte anläßlich der 25-Jahrfeier der Humboldt-Gesellschaft im Mai 1987: »Aristoteles glaubte, wie auch Platon und alle griechischen Philosophen, (...) daß der menschliche Geist ohne Einwirkung seiner eigenen Konstruktion die Dinge, die Welt, auch die Götter und Gott, gewissermaßen als blanke Realität erkennen könne und, wenn er richtig denkt und beobachtet, auch erkennt.«

Die Universitätsidee wurzelt in diesem Glauben Athens, obwohl sie von christlichen Theologen entworfen worden ist. Klinkenberg führte aus, daß drei Grundannahmen der Antike dabei Pate standen:

1. das Erkennen als das alleinige und eigentliche Wissenschaftsziel,

2. die Einteilung der Wissenschaft in Spezialgebiete und

3. das Postulat des logischen Vorgehens in allen Wissenschaften.

Denn »Gott ist reiner Geist und besitzt selbst die vollkommene Rationalität. Von dieser hat er dem Menschen soviel mitgegeben, daß der Mensch Gott und Welt erkennen kann auch in dem, was ›hinter‹ dem Sichtbaren unsichtbar steckt, Gott eingeschlossen«.

Damit war aber auch ein ganz neuer Naturbegriff geschaffen. Alles Geheimnisvolle, Wunderbare, Widersprüchliche mußte aus ihr verdrängt werden, damit sie uns erlaubte, Gott in ihr zu erkennen.

»Indem man diese Naturidee für schlicht wahr hält, tritt auch der konsequente Irrtum auf, daß der Menschengeist durch Experimente nach und nach die Natur entschleiern kann, bis er sie, ihre Wahrheit, schließlich unverhüllt vor sich sieht«, sagte Klinkenberg.

Diese Einstellung gipfelte schließlich in dem Versuch, »Gottesbeweise« zu finden. Stellt nicht schon die Idee eines Gottesbeweises kindisch-starres Beharren auf der Philippus-Frage dar? Stellen wir uns doch vor, es gäbe tatsächlich einen Beweis für die Existenz Gottes. Wir hätten den Vater zwar auch dann noch nicht gesehen, aber wenigstens die Sicherheit in unserem Denken, daß er »ist«, zum »Sein« gehört. Aber dann wäre Glaube nicht mehr eine Frage des persönlichen Bekenntnisses, sondern eine Frage der Intelligenz. Wer den Gottesbeweis nachvollziehen kann, der hat keinen Grund mehr zu zweifeln, für den bedarf es aber auch keiner persönlichen Hinwendung mehr, Gott wäre neutral geworden, ohne Widersprüche und ohne Leidenschaften; rational erfaßbar, ohne emotionale Beteiligung. Athen hätte über Jerusalem endgültig gesiegt.

Es war dieselbe Geisteshaltung, die große Naturwissenschaftler später mit Gott so argumentieren ließ, als wäre er in der Natur, in seiner Schöpfung, *direkt* erkennbar. So schrieb etwa Isaac Newton in den Schlußbetrachtungen seiner Optik:

»Nach all diesen Erwägungen ist es mir wahrscheinlich, daß Gott im Anfange der Dinge die Materie in massiven, festen, harten, undurchdringlichen und bewegten Partikeln erschuf, von solcher Größe und Gestalt, wie sie zu dem Endzwecke führten, für den er sie gebildet hatte, (...) so hart, daß sie nimmer verderben oder zerbrechen können, denn keine Macht von gewöhnlicher Art würde imstande sein, das zu zerteilen, was Gott selbst bei der ersten Schöpfung als Ganzes erschuf.«

Welch langer Weg von der Schöpfung als »Zwei-Machung« (am Anfang trennte Gott Himmel und Erde) und der Einheit als Aufgabe für den Menschen. Das Ganze ist nicht mehr die Einheit von Diesseits und Jenseits, von Zeit und Ewigkeit (von Athen und Jerusalem), das Ganze sind nunmehr die kleinsten Bausteine der Materie, geschaffen von einem Gott, den die Menschen erst wirklich werden ließen, um der Philippus-Frage doch noch eine Antwort anfügen zu können.

Wir wissen aus dem ersten Kapitel, daß die Physik Kraft genug in sich hatte, um diese Ansätze selbst zu überwinden. Um aber zu verstehen, wie es überhaupt dahin kommen konnte, müssen wir uns nun jenen Ereignissen im 17. Jahrhundert zuwenden, die wir vielleicht als den Beginn einer zweiten Achsenzeit der Menschheit ansehen dürfen.

Giordano Bruno und Johannes Kepler

Als Martin Luther am 31. Oktober 1517 seine Thesen über den Ablaß an die Tür der Schloßkirche in Wittenberg schlug, war einer der folgenschwersten Angriffe gegen die Autorität Roms als Hort der Wahrheit geführt. Mit der Reformation begann in Europa eine Epoche der Religionskriege, die alle Seiten zu furchtbaren Grausamkeiten verleitete. Am Ende des 16. Jahrhunderts tobte in Frankreich ein Bürgerkrieg, dessen orthodoxe Partei vom katholischen Spanien gegen die Protestanten unterstützt wurde. Der französische König Heinrich III. versuchte auszugleichen, war aber offiziell dem Katholizismus verpflichtet und konnte sich nicht mit dem protestantischen England verbinden.

In dieser Zeit weilte Giordano Bruno im Hause des französischen Gesandten in London. Im Jahre 1584 veröffentlichte er sein italienisch verfaßtes Hauptwerk *Das Abend-*

mahl (La Cena de le ceneri). Zutiefst besorgt um das Schicksal Europas, glaubte er mögliches Heil in der »Alten Wahren Philosophie« zu sehen. Damit meinte er die Werke des legendären Hermes Trismegistos aus Ägypten, der auch als Urheber der Alchemie bezeichnet wird. Demnach ist der Mensch in beständiger Einheit mit Gott und kann auf magischem Weg soziale und politische Veränderungen einleiten. Brunos hermetische Weltsicht verhieß das Heilen religiöser und politischer Wunden und die Geburt eines neuen Goldenen Zeitalters.

Die notwendige Umkehr zur »Alten Wahren Philosophie« beschrieb Giordano Bruno durch ein Bild: mit dem Ersetzen der Erde durch die Sonne als Zentrum des Sonnensystems, mit dem Übergang vom alten ptolemäischen zum kopernikanischen Weltbild. Giordano Bruno interessierte sich nicht wirklich für Astronomie. Das kopernikanische System diente ihm als Bild, in dem alle Planeten gleichberechtigt um die Sonne kreisen. Ähnlich wollte er auch katholische und protestantische Sichtweisen der Eucharistie relativieren und gleichberechtigt wie die Planeten nebeneinander gelten lassen.

So besessen schien Bruno von seiner Idee, daß er 1591 nach Italien heimkehrte. Die Wissenschaftshistoriker Lerner und Gosselin vermuten nach eingehenden Studien, daß er nicht weniger vorhatte, als den Papst selbst zum Hermetismus zu bekehren. Aber er wurde sofort von der Inquisition Venedigs verhaftet und ein Jahr später nach Rom überstellt. Sieben lange Jahre dauerten die Verhöre und Befragungen, bis er schließlich im Jahre 1600 mit den berühmten Worten: »Und sie bewegt sich doch!« *(Eppur si muove!)* am Scheiterhaufen starb.

Es wird immer wieder fälschlich behauptet, die Kirche Roms hätte sich gegen die kopernikanische Lehre gestellt oder sie gar verurteilt. In den Turbulenzen von Reformation und Gegenreformation standen ganz andere – größere –

Gefahren für Rom im Zentrum der Auseinandersetzung. Lerner und Gosselin meinen daher, daß mit dem Verbrennen Giordano Brunos ein Zeichen gesetzt werden sollte; Rom dulde keinen Zweifel an seiner Autorität und seiner politischen Rolle in den religiösen Konflikten. Wahrheit und Macht sollten in einer Hand bleiben, Widersprüche waren nicht zu tolerieren.

Etwa zur selben Zeit (im Jahre 1582) mußte der Kalender reformiert werden, um die beweglichen christlichen Feste (Ostern, Pfingsten usw.) wieder mit dem Wechsel der Jahreszeiten in Einklang zu bringen. Die Beschäftigung mit der Natur, besonders mit dem Sternenhimmel, war also auch ein theologisches Bedürfnis geworden. Eine so langfristig anzulegende Tat wie die Einführung eines neuen Kalenders erforderte alle zur Verfügung stehenden Kräfte und Mittel. Die kopernikanische Lehre mit ihrer viel einfacheren Geometrie war daher auch in kirchlichen Kreisen nicht nur anerkannt, sondern sogar willkommen. Allerdings wurde streng unterschieden zwischen der Wahrheit des Glaubens und den Hypothesen zum Zwecke der Vereinfachung von Berechnungen. Vielleicht können wir sagen, daß jede konstruierte Wirklichkeit als Hilfsmittel erlaubt war, so lange sie nicht Anspruch erhob, die Realität darzustellen.

Giordano Bruno hatte den Anspruch Roms auf die alleinige und oberste Autorität in Sachen »Wahrheit« in Frage gestellt, also mußte er öffentlich hingerichtet werden.

Etwa gleichzeitig beschäftigte sich ein anderer Mann aus tiefstem Interesse mit den Problemen der Astronomie, ohne je einen Zweifel an Autoritäten auch nur in Gedanken zuzulassen: Johannes Kepler. In seinem Nachlaß fand sich eine Selbstbeschreibung, in der es heißt:

»Ich bin zu dem Schicksal geboren, daß ich meistens die Zeit für schwierige Dinge aufwende, vor denen andere zurückschrecken (...). Darum ist der Nährboden für dieses Begehren ein Leben, das nicht mit hohen Ehren belastet noch von Armut bedrückt ist (...). Ich habe in jeder Hinsicht die Natur eines Hundes (...). Meinen Vorgesetzten dränge ich mich wie ein Haushund beständig auf. Anderen bin ich ständig ergeben, ihnen diene ich, ich zürne ihnen nicht, wenn sie mich tadeln, auf jede Weise bin ich bereit, wieder ihre Gunst zu erlangen (...) in mir steckt ein unbeherrschter Leichtsinn, aber dicht daneben Lebensangst. Kühnheit im gefährlichen Dasein liegt mir sehr fern.«

Als Protestant im katholischen Österreich wußte Kepler sehr wohl um die Gefahren des Widerstandes gegen die Meinung der Mehrheit. Zudem war seine Mutter in einen Hexenprozeß verwickelt, und er hatte alle Mühe, sie vor der Verurteilung zu bewahren.

Kepler hatte das große Glück, daß ihm das damals umfangreichste und genaueste astronomische Beobachtungsmaterial Tycho Brahes zugänglich gemacht wurde. Auf Grund dieser Daten fand er die richtigen Gesetze der Planetenbewegung im kopernikanischen System, die bis heute jedem Schulkind als die drei Keplerschen Gesetze gelehrt werden. Er hatte erkannt, daß die Bahnen der Planeten auf ihrem Weg um die Sonne keine Kreise sind, sondern Ellipsen, die allerdings nur wenig von der Kreisform abweichen. Welch gewaltigen Schritt dies bedeutete, können wir heute nur noch schwer ermessen. Damals waren Erkenntnis und Ethik, Form und Sinn, ja Materie und Geist noch nicht so getrennt wie heute. Kreise waren nicht nur geometrisch ausgezeichnete Gebilde, sie stellten ebenso die Vollkommenheit und damit auch das Gute dar. Wer am Himmel Kreise durch Ellipsen ersetzte, komplizierte damit nicht nur die Geometrie, er zweifelte zugleich an der vollendeten Schönheit und Güte der Schöpfung.

Kepler unternahm daher im neunten Kapitel seines 1619 in Linz vollendeten fünften Buches der *Weltharmonik (Harmonices Mundi Libri V)* eine Rechtfertigung seiner Entdeckung. Gott hat – so führt er aus – bei der Erschaffung der Welt die vollkommene Kreisform für die Planetenbahnen deshalb nicht gewählt, weil sein eigentliches Ziel die musikalische Harmonie der »Sphärenklänge« gewesen sei. Kepler sah nämlich die Verhältnisse der Bahngeschwindigkeiten der Planeten am sonnennächsten und sonnenfernsten Punkt in Analogie zu den Verhältnissen der Schwingungszahlen musikalischer Intervalle. Daß fast alle so bestimmten Harmonien konsonant sind, verleitete ihn zu dem Jubelruf in der Vorrede des genannten Werkes:

»Ich überlasse mich heiliger Raserei. Ich trotze höhnend den Sterblichen mit dem offenen Bekenntnis: Ich habe die goldenen Gefäße der Ägypter geraubt, um meinem Gott daraus eine heilige Hütte einzurichten, weitab von den Grenzen Ägyptens.«

Und im neunten Kapitel heißt es dann:

»Es mußten die größeren Proportionen der Bahnen sich zugunsten der kleineren Proportionen der zur Herstellung der Harmonie erforderlichen Exzentrizitäten eine leichte Änderung gefallen lassen.«

Rudolf Haase, Professor für harmonikale Grundlagenforschung in Wien und profunder Kenner Keplerscher Gedanken, schreibt dazu:

»Das besagt, daß Gott von der Kreisform deshalb abweichen mußte, weil er musikalische Intervalle in den Planetenbahnen haben wollte, die bei Kreisen nicht zustandegekommen wären (...). Kepler argumentiert also mit dem Ziel des Schöpfers, eben den Intervallproportionen, und stellt sie als die eigentliche Ursache für die elliptischen Bahnen dar.«

Erst durch das 1821 in Paris erschienene Werk *Précis de l'histoire d'astronomie* von Pierre-Simon Laplace wurde Kepler ausschließlich als Mathematiker und Entdecker der drei nach ihm benannten Planetengesetze charakterisiert. Seither ist die Darstellung Keplers voll von Irrtümern und Fehlinterpretationen. Rudolf Haase meint dazu:

»Natürlich verhielt es sich mit Kepler ganz anders: Er

strebte von Anbeginn nach dem Beweis der legendären Lehre von der Weltharmonie (...). Kepler hat (...) offen gesagt, daß seine anderen Arbeiten gleichsam nur auf dem Wege zu diesem Ziel erfolgt seien und daß er nach Prag zu Tycho Brahe ebenfalls vorwiegend mit der Absicht ging, bei diesem die besten Unterlagen für seinen erstrebten Beweis vorzufinden.«

Obwohl Kepler die Grundgesetze der Himmelsmechanik gefunden hatte, mit denen sein Name für alle Zeiten verbunden bleibt, war er selbst bezüglich seiner Arbeit überaus bescheiden. Am 29. August 1599 schrieb er aus Graz an Michael Mästlin in Tübingen:

»Meine Arbeit ist niemand zum Nutzen. Wenn man es zuläßt, daß ich mein Gehalt empfange, so tut man dies nicht in der Hoffnung auf meine Nützlichkeit, sondern aus Mitleid und aus Angst, sich im Reich einer ungünstigen Meinung auszusetzen.«

Giordano Bruno war nicht an der Himmelsmechanik interessiert, aber er stellte die von der Autorität Roms geschützte Wahrheit in Frage – also mußte er am Scheiterhaufen sterben. Johannes Kepler fand die Grundgesetze der Himmelsmechanik, er tastete keine Autorität an, fügte seine Aussagen möglichst widerspruchsfrei in die offizielle Sicht ein, also konnte auch er nichts wirklich bewegen, nichts wahrhaft Neues erreichen.

Dazu bedurfte es eines Mannes, der sowohl an der Himmelsmechanik tiefes Interesse hatte, als auch genug Mut zur Selbstbestimmung aufbrachte, um sich nicht jeder Autorität zu beugen. Auch er lebte zur gleichen Zeit, Johannes Kepler hatte mit ihm Verbindung aufgenommen. Anfang Oktober 1597 schrieb er darüber an Michael Mästlin:

»Kürzlich habe ich nach Italien zwei Exemplare meines *Prodromus* geschickt, sie wurden dankbarst und freudigst von einem paduanischen Mathematiker, namens Galilaeus Galilaeus, wie er sich unterschrieb, angenommen. Er ist nämlich selbst seit vielen Jahren in der kopernikanischen Häresie. Ein Exemplar schickte er nach Rom und wünschte, noch mehr zu haben.«

Galileo Galilei

Als Giordano Bruno öffentlich verbrannt wurde, war Galileo Galilei 36 Jahre alt. Er wußte also um die Gefahren eines ernsten Konfliktes mit der Inquisition, aber er war zutiefst fasziniert von der Möglichkeit einer einfachen Beschreibung der Planetenbewegung, und er hatte nicht – wie Kepler – die Natur eines Hundes, der sich seinem Herrn unterwirft. Da kam ihm zu Hilfe, daß die Kirche nie die Lehre des Kopernikus als Häresie verurteilt hatte; sie verlangte nur die genaue Unterscheidung zwischen wissenschaftlichen Hypothesen und der Wahrheit. So heißt es etwa in einem Gutachten des Kardinals Bonifacio Caetani für die Zensur des Kopernikusschen Werkes *De revolutionibus:*

»Wenn es bei Kopernikus Passagen über die Bewegung der Erde gibt, die keinen hypothetischen Charakter haben, so sind diese als Hypothesen zu formulieren. Dann werden sie weder gegen die Wahrheit noch gegen die Heilige Schrift verstoßen. Im Gegenteil, in gewissem Sinne werden sie mit beiden übereinstimmen, weil die Annahmen, derer sich die Wissenschaft von der Astronomie mit besonderem Recht zu bedienen pflegt, falscher Natur sind.«

Galilei ging jenen scheinbar kleinen Schritt weiter, der über eine Grenze führt und daher die Welt verändern sollte: Er akzeptierte die Unterscheidung von Wahrheit des Glaubens und wissenschaftlichen Hypothesen, aber er verband damit kein Bedeutungsgefälle: Hypothesen konnten zu Kenntnissen über die Natur werden, die gleichberechtigt neben der Glaubenswahrheit bestehen sollten.

In einem berühmt gewordenen Brief an die Großherzogin Christine aus dem Jahre 1615 machte Galilei seine Ansicht deutlich. Er übernahm einen Ausspruch von Kardinal Caesar Baronius, dem Bibliothekar des Vatikan, wonach es die Absicht des Heiligen Geistes in der Heiligen Schrift sei, uns zu lehren, wie »wir uns dem Himmel zu bewegen« sollen. Sein Interesse sei dagegen zu erkennen, wie »die Himmel sich bewegen«. Und er wehrte sich gegen jede Abwertung wissenschaftlicher Erkenntnis mit den Worten:

»Nehmen wir also an, die Theologie sei mit dem erhabensten göttlichen Vorhaben vertraut und besitze den Königsthron der Wissenschaften aus diesem Grund. Erringt sie aber die höchste Machtvollkommenheit auf solche Art und läßt sich nicht herab zu den niedrigeren und geringeren Spekulationen der untergeordneten Wissenschaften, achtet ihrer auch nicht, weil sie sich nicht mit Glückseligkeit beschäftigen, dann sollen ihre Professoren sich nicht die Befugnisse anmaßen, in Kontroversen innerhalb von Berufen zu entscheiden, die sie weder studiert noch ausgeübt haben. Was wäre das anderes, als wollte ein Despot, der weder Arzt noch Baumeister ist und nur weiß, daß er frei befehlen kann, es übernehmen, Medizinen zu verabreichen und Gebäude zu errichten, wie es ihm gerade in den Sinn kommt – zur schwersten Gefährdung des Lebens seiner armen Patienten und der Sicherheit seiner Bauten.«

Galilei wandte sich damit energisch gegen jede Grenzüberschreitung durch die Theologie – dazu mußte die zu übertretende Grenze aber erst definiert werden. Denn vor ihm gab es nur die *eine* Wahrheit und untergeordnete Hypothesen aus Gründen der Nützlichkeit.

Owen Gingerich, Professor für Astronomie und Geschichte der Naturwissenschaften an der Harvard Universität, sagt dazu: »Wir können aus Galileis Erfahrungen immer noch einiges über praktische Naturwissenschaften und philosophische Naturerkenntnis lernen. Es ging damals ebenso um die Wahrheit über die Natur wie um die Natur der Wahrheit.«

Und Albert Einstein schrieb im Jahre 1953 im Vorwort für die amerikanische Ausgabe des *Dialog über die beiden hauptsächlichsten Weltsysteme,* Galileis erstem Hauptwerk:

»Das Leitmotiv von Galileos Schaffen sehe ich in dem leidenschaftlichen Kampf gegen jeglichen auf Autorität sich stützenden Glauben. Erfahrung und sorgfältige Überlegung allein läßt er als Kriterien der Wahrheit gelten. Wir können uns heute schwer vorstellen, wie unheimlich und revolutionär eine solche Einstellung zu Galileos Zeit erschien, in welcher der bloße Zweifel an der Wahrheit von auf bloße Autorität sich stützenden Meinungen als todeswürdiges Verbrechen betrachtet und bestraft wurde.«

Die Kirche ließ neben der Glaubenswahrheit *Hypothesen* zu.

Galilei bestand auf *Kenntnissen* über die Natur.

Einstein (so wie Gingerich) spricht bereits wieder von der *Wahrheit*, die keiner Autorität bedarf.

Vergegenwärtigen wir uns noch einmal Galileis eigene Worte:

»Ich bin geneigt zu glauben, die Autorität der Heiligen Schrift habe den Zweck, die Menschen von jenen Wahrheiten zu überzeugen, welche für ihr Seelenheil notwendig sind, und die, jede menschliche Urteilskraft völlig übersteigend, durch keine Wissenschaft noch irgendein anderes Mittel als eben durch Offenbarung des Heiligen Geistes sich Glaubwürdigkeit verschaffen können. Daß aber dieser selbe Gott, der uns mit Sinnen, Verstand und Urteilsvermögen ausgestattet hat, uns deren Anwendung nicht erlauben und uns auf einem anderen Weg jene Kenntnisse beibringen will, die wir doch mittels jener Eigenschaft selbst erlangen können: Das bin ich, scheint mir, nicht verpflichtet zu glauben.«

Warum war damals jeder Zweifel an der autoritär verkündeten Wahrheit ein todeswürdiges Verbrechen? Erinnern wir uns doch der Schwierigkeiten, eine gemeinsame Wirklichkeit zu schaffen. An der Realität kann sie sich nicht direkt orientieren, denn diese macht sich erst bemerkbar, wenn Widersprüche auftreten. Und selbst dann überwiegt bei vielen die Angst vor dem Ausbrechen aus der Gemeinschaft, wie wir mit Solomon Asch wissen. Wenn aber eine einzige, gemeinsame Wirklichkeit autoritär verkündet wird, wenn andere Meinungen ausgeschaltet, ja verbannt und verbrannt werden, dann verspricht dies Sicherheit und Geborgensein für alle, die sich in diese Wirklichkeit einfügen. Dann kann diese Wirklichkeit auch als Realität glaubhaft gemacht werden, so lange niemand den Mut aufbringt, auf Widersprüche öffentlich hinzuweisen.

Wie sehr diese Möglichkeit damals ausgenutzt und überfordert worden ist, sehen wir aus dem tiefen Unmut mancher Zeitgenossen. So spricht etwa Abraham von Franckenberg, der Biograph des 1575 geborenen Mystikers Jakob Böhme, von »des gott- und geistlosen Aristoteles spitziger Dialektika, geschwätziger Rhetorika und aberwitzigen Metaphysika«, welche »ganz überkünstlich und überklüglich, ja gotteslästerlich zu mustern und meistern sich untersteht«.

Der einfache Schuster Jakob Böhme hatte freilich keine Urangst vor dem Nichts, »denn es ist ein Wille im ewigen Nichts, und ist doch in allem wie Gottes Geist selber«. Wie zuvor Meister Eckhart brach auch Jakob Böhme aus dem abendländischen Denkrahmen aus.

Aber auch Galilei war dazu bereit, wenn auch in anderer Richtung. Aristoteles hatte doch gelehrt, daß nur der Schluß vom Allgemeinen auf das Besondere (die Deduktion) folgerichtig und allgemein verbindlich ist. Demnach sollte es grundsätzlich unmöglich sein, aus einzelnen Beobachtungen auf allgemeine Aussagen oder gar Gesetze zu schließen.

Verschiedene Phänomene (wie etwa die Bewegung der Planeten am Firmament) konnten vielleicht durch die Hypothese des Kopernikus (daß alle Planeten einschließlich der Erde kreisförmig um die Sonne wanderten) besonders einfach erklärt werden. Aber keine andere Erklärung (wie etwa die des alten ptolemäischen Systems) war dadurch ausgeschlossen. Auf dem Wege des logischen Schließens kommt man lediglich von einer angenommenen Hypothese zu der Beschreibung der Phänomene, niemals umgekehrt.

So sagt auch der Astronom und Historiker Owen Gingerich:

»Zweifellos hat Galilei einen elementaren logischen Fehlschluß begangen.« Galilei hatte den gesicherten Pfad der Deduktion verlassen und Neuland beschritten; seine Kritiker hielten es für Induktion, die wir im zweiten Kapitel als nicht streng, nicht zwingende Schlußweise kennengelernt haben. »Im Rahmen der anerkannten aristotelischen Physik war das ein Unding, und das ganze System erschien lächerlich.« Und weiter: »Abgesehen davon, daß seine Argumentation im Gegensatz zur traditionellen kirchlichen Doktrin stand, trugen die Schlußfolgerungen nach damaligen Maßstäben auch noch den Makel elementarer logischer Fehler. Aber gerade indem Galilei gegen die etablierten Regeln der Wissenschaftlichkeit verstieß, führte er eine neue, inzwischen anerkannte Methode ein.«

Seine *Nuova Scienza*, seine Neue Wissenschaft, sollte zum zweitenmal in der Geschichte der Menschheit eine Achsenzeit einläuten. Diesmal allerdings ging sie nur vom Abendland aus, um in wenigen Jahrhunderten den ganzen Erdball zu verändern, andere Kulturen zu ergreifen. Rom hatte lange genug versucht, eine Synthese zwischen Athen und Jerusalem zu verwirklichen. Weil aber dabei immer öfter Andersdenkende ausgeschlossen, Widersprechende gar verbrannt wurden, begann diese Synthese gegen Athen hin abzugleiten. Bis im 17. Jahrhundert aus dem vorsichtigen Widerspruch des Galilei etwas ganz Neues entstand, dessen verändernde Kraft damals noch gar nicht erahnt werden konnte: die Naturwissenschaft.

Galilei konnte nicht behaupten, das kopernikanische Weltsystem durch einzelne Beobachtungen »bewiesen« zu haben. Das ist bis heute in der Naturwissenschaft nicht möglich. »Heute ist es nicht mehr der Begriff ›Wahrheit‹, sondern das Wort ›Modell‹, das viele Seiten wissenschaftlicher Zeitschriften ziert«, sagt Owen Gingerich.

Aber Galilei hatte eine Methode gefunden, zwischen verschiedenen Hypothesen zu entscheiden und falsche auszuschließen. Ein ehemaliger Schüler Galileis, Benedetto Castelli, hatte ihn nämlich im Sommer des Jahres 1610 darauf aufmerksam gemacht, daß die Venus nach dem kopernikanischen System, ähnlich wie der Mond, Phasen durchlaufen müßte. (Vollmond – Halbmond – Neumond – Halbmond – Vollmond.) Auch die Venus sollte demnach von der Dunkelheit über Sichel- und Halbmondformen bis zur voll erleuchteten Scheibe alle Phasen durchlaufen. Nach dem ptolemäischen System wäre die Venus dagegen nur in Sichelphasen zu sehen, denn ihre Bahn bliebe zwischen Erde und Sonne eingesperrt. Sie könnte also nie hinter die Sonne treten und voll beleuchtet werden.

Das war der springende Punkt, das »Heureka«, der Stein der Weisen. Mittels Beobachtung konnte also zwischen verschiedenen Hypothesen entschieden werden. Falsche Annahmen waren als solche zu erkennen, Hypothesen blieben nicht länger einfach willkürlich.

Zu Beginn des Jahres 1611 hatte die Venus ihren größten westlichen Sonnenabstand erreicht und näherte sich wieder der Sonne, wobei sie allmählich als Sichel erkennbar wurde. Galilei hatte schon im Herbst 1609 ein Fernrohr gebaut, das er »Glas zum Hindurchschauen« *(perspicillum)* nannte. Als er damit die Venusphasen beobachtet hatte, war das ptolemäische System widerlegt, ausgeschlossen, »falsifiziert«. Er wußte freilich, daß damit noch nicht die Richtigkeit des kopernikanischen Systems bewiesen war. Aber er fand Unterstützung dafür in anderen Vorhersagen dieses Systems, die sich durch die Beobachtung bestätigen ließen: Wenn die Erde ein Planet war, dann sahen die anderen Planeten wahrscheinlich ähnlich aus. Zumindest im Falle des Mondes konnte er diese Voraussage bestätigen. Wenn die Planeten entsprechend ihrer Umlaufzeit angeordnet waren, dann sollte dasselbe auch für die von ihm entdeckten Monde des Jupiter gelten. Genauso verhielt es sich auch wirklich.

Galilei hatte damit einen völlig neuen Denkrahmen geschaffen, der nicht auf Deduktion, sondern auf dem Ausschluß falscher Annahmen beruhte. Damit waren Hypothesen mehr als willkürliche Voraussetzungen geworden, sie konnten echte Konkurrenz zur »Wahrheit« beanspruchen. Trotzdem war die Kirche Roms einverstanden, so lange der *Unterschied* zwischen den beiden Denkrahmen beachtet wurde.

Im Jahre 1616 beschäftigte sich die Heilige Inquisition Roms unter Roberto Cardinal Bellarmino ausführlich mit den neuen Ansätzen Galileis. Bellarmin schrieb darauf in einem Brief an Pater Paolo Antonio Foscarini, einen Mitstreiter Galileis:

»Ich habe mit Vergnügen den italienischen Brief und die lateinische Schrift gelesen, die Sie mir geschickt haben. Ich danke Ihnen für beide und gestehe, daß sie voll Geist und Gelehrsamkeit sind (...). Es scheint mir, daß Sie und Galilei klug täten, wenn Sie sich begnügten, nicht absolut, sondern hypothetisch zu sprechen, wie es, wie ich immer geglaubt habe, Kopernicus getan hat. Denn wenn man sagt: unter der Voraussetzung, daß die Erde sich bewege und die Sonne still stehe, lassen sich alle Erscheinungen besser erklären als durch die Annahme der exzentrischen Kreise und Epizyklen, so ist das sehr gut gesagt und hat keine Gefahr, und das genügt dem Mathematiker. Wenn man aber behaupten will, die Sonne stehe wirklich im Mittelpunkte der Welt (...) und die Erde (...) bewege sich mit der größten Schnelligkeit um die Sonne, so läuft man damit große Gefahr, nicht nur alle Philosophen und scholastischen Theologen zu reizen, sondern auch dem heiligen Glauben zu schaden, indem man die Heilige Schrift Lügen straft.«

Im Jahre 1632 war Galileis erstes Hauptwerk, der *Dialog über die beiden hauptsächlichsten Weltsysteme*, nach zweijähriger Prüfung durch die Inquisition mit deren ausdrücklicher Erlaubnis erschienen. Warum es dann doch im folgenden Jahr zu dem unseligen Prozeß gegen Galilei kam, ist heute nicht mehr eindeutig feststellbar. Mit größter Wahrscheinlichkeit mußte ein Dokument gefälscht werden, um Galilei überhaupt anklagen zu können.

Inzwischen tobte im Herzen Europas der Dreißigjährige Krieg. Kardinal Bellarmin lebte nicht mehr, um feine Unterscheidungen erklären zu können, und politische Zugehörigkeit war wichtiger geworden als der Streit um die Wahrheit.

Hatte Galilei den Papst in seinem Werk durch Aussprüche des Aristotelikers Simplicio lächerlich gemacht? War er ein Bauernopfer geworden, um politisch bedeutendere Persönlichkeiten schonen zu können? War er ohne eigenes Zutun zu eng mit der Häresie der Hermetischen Tradition zusammengebracht worden?

Drei von vielen Hypothesen, die von Kennern vertreten werden. Wenn aber selbst intensives Studium der Quellen keine einhellige Antwort ergibt, dann müssen wir wohl einfach feststellen: Wir wissen es nicht.

Galilei mußte »abschwören«. Im Protokoll über das Verhör lauten Galileis Worte: »Ich halte nicht, noch habe ich diese Meinung des Copernicus festgehalten, nachdem mir der Befehl erteilt worden war, daß ich sie aufgeben solle.«

Und nach einer weiteren Aufforderung (unter Androhung der Folter), die Wahrheit zu sagen, fügte er hinzu: »Ich bin da, um Gehorsam zu leisten, und habe, wie gesagt, diese Meinung nach der erfolgten Entscheidung nicht festgehalten.«

Es ging also um Gehorsam, nicht mehr um Wahrheit. Galilei erhielt Hausarrest, durfte aber in seine Villa in Arcetri bei Florenz zurückkehren und dort bis zu seinem Tode im Jahre 1642 weiterarbeiten.

Das Experiment

Der Anspruch der Neuen Wissenschaft des Galileo Galilei war umfassend: Falsche Hypothesen konnten ausgeschieden werden. Da das möglich ist, werden die nicht widerlegten über den Status bloßer Hypothesen erhoben und zu Kenntnissen, die neben der Wahrheit des Glaubens gleichberechtigt bestehen können. Dazu ist keine wie immer geartete Autorität erforderlich, denn die Methode des Aussonderns ist allen Menschen zugänglich. Es ist vielleicht die wichtigste Erfindung der zweiten Achsenzeit – das Experiment.

Als Galilei die Phasen der Venus und die Monde des Jupiter beobachtet hatte, da verteidigte er das kopernikanische Weltsystem gegen das ptolemäische nicht deshalb, weil *er* diese Beobachtungen gemacht hatte und dadurch besonders ausgezeichnet war, sondern weil mit Hilfe seines Fernrohres *jeder* dieselbe Entdeckung für sich nachvollziehen konnte. Folgerichtig wandten seine Gegner aus der alten Schule auch ein, daß sie nicht durch das Fernrohr blicken müßten, denn wenn das, was sie dann sähen, mit den Aussagen des Aristoteles verträglich wäre, bräuchten sie das Instrument nicht; wenn es aber im Widerspruch zu Aristoteles stünde, dann wollten sie es nicht, weil in diesem Falle das Fernrohr die Ursache des Widerspruches sein müßte, indem es die Wirklichkeit verändere. Und als sie es dann doch wagten, wurde ihre Meinung scheinbar bestätigt: denn das Fernrohr Galileis war ja noch nicht – wie die modernen Linsensysteme – korrigiert. Es zeigte alle bekannten »Linsenfehler« – unter anderem eine Auflösung jedes weißen Lichtpunktes in einen kleinen, regenbogenfarbigen Strich. Und das sollten die herrlichen Sterne des Firmamentes sein?

Die Denker der alten Schule *mußten* Galilei mißverstehen. Sie konnten nicht erkennen, worum es wirklich ging: um das Widerlegen falscher Ansätze, das Ausscheiden unrichtiger Hypothesen. Denn ein neuer Denkrahmen, wie ihn Galilei in der zweiten Achsenzeit zu entwickeln begann, fordert eine vielleicht noch größere Umstellung des Standards als der Besuch einer fremden Kultur.

Durch das Experiment sollten falsche Hypothesen ausgeschieden werden. Dadurch war aber auch die Grenze bestimmt, die zwischen der Wahrheit des Glaubens und den Kenntnissen von der Natur unterscheidet. Es war jene Grenze, die Galilei nicht von der Theologie übertreten wissen wollte, die er mit ganzem Einsatz (und auch erfolgreich) gegen die Autorität Roms verteidigt hatte.

Das Experiment darf nicht mit der Erfahrung oder gar der bloßen Beobachtung verwechselt werden. Erfahrungen werden immer von einem ganzen, individuellen Menschen gemacht, sie sind daher subjektiv und an den einzelnen gebunden. Beobachtungen zielen immer auf das ganze Geschehen, sie versuchen, die Wirklichkeit einzufangen, und sind daher zu komplex, um einfache Ja-Nein-Antworten, die zum Ausschluß falscher Annahmen erforderlich sind, zu erlauben.

Das Experiment ist eine gezielte Frage auf einen winzigen Teil des gesamten Geschehens, das von allem absieht, was zum Individuum gehört: von allen Gefühlen, von allem Einmaligen, ja von allen Qualitäten. Denn eine Hypothese sollte nicht ausgeschieden werden, weil sie irgendeinem Menschen falsch erschien, sie sollte nicht einmal dann verworfen werden, wenn sie etwa im Rahmen des Zeitgeistes einer ganzen Kultur unerwünscht war. Nur wenn sie von allen Menschen dieser Welt als falsch erkennbar war, galt sie als widerlegt. So hoch mußte der Anspruch sein, um die bestehenbleibenden Hypothesen neben der Wahrheit des Glaubens im gleichen Rang verteidigen zu können.

Nur das sollte als Experiment gelten, was für alle Menschen in gleicher Weise erkennbar ist: was von allen *reproduzierbar* und daher *inter-subjektiv* ist. Galilei definierte damit eine Grenze, die zwei gleichberechtigte Bereiche trennen sollte; er wollte weder die Wahrheit noch die Natur-Erkenntnis damit in irgendeiner Weise entwerten. In seiner revolutionären Sprache wird dies ganz deutlich:

»Wenn man mich glauben machen möchte, daß die Babylonier Eier kochten, indem sie sie schnell in einer Schlinge herumwirbelten, so will ich das glauben. Aber ich muß betonen, daß die Ursache einer solchen Wirkung weit von dem entfernt liegt, was sie meinen. Um die wirkliche Ursache herauszufinden, argumentiere ich folgendermaßen: Wenn eine Wirkung, die anderen zu anderen Zeiten gelungen ist, bei uns nicht eintritt, so folgt daraus mit Notwendigkeit, daß unserem Experiment etwas fehlt, was die Ursache für das Gelingen des früheren Versuches war, und wenn nur eine einzige Sache fehlt, ist sie allein die wirkliche Ursache. Nun fehlt es uns nicht an Eiern, auch nicht an Schlingen und starken Burschen, die sie im Kreise schwingen können. Dennoch wollen die Eier nicht kochen, und wenn sie zuvor heiß waren, so kühlen sie um so schneller ab. Nichts fehlt uns als das eine: daß wir Babylonier sind. Daraus folgt, daß die Tatsache, Babylonier zu sein, die Ursache der hartgekochten Eier ist, und nicht die Reibung der Luft. Und das ist es, was ich beweisen wollte.«

Obwohl seither die Waage von Wahrheit und Kenntnis zugunsten der letzteren aus dem Gleichgewicht gelaufen ist, bekennen sich auch in unserer Zeit bedeutende Naturwissenschaftler zu der ursprünglichen Haltung. So sagte etwa der Nobelpreisträger Wolfgang Pauli in der schon erwähnten Einleitung zu einem Symposium in Zürich 1954:

»Der Naturwissenschaftler hat es mit besonderen Phänomenen und einer besonderen Wirklichkeit zu tun. Er hat sich auf das zu beschränken, *was reproduzierbar ist* (...). Ich behaupte nicht, daß das Reproduzierbare an und für sich wichtiger sei als das Einmalige, aber ich behaupte, daß das wesentlich Einmalige sich der Behandlung durch naturwissenschaftliche Methoden entzieht. Zweck und Ziel dieser Methoden ist ja, Naturgesetze zu finden und zu prüfen, worauf die Aufmerksamkeit des Forschers allein gerichtet ist und gerichtet bleiben muß.«

Die Forderung nach Reproduzierbarkeit allein genügt aber noch nicht zur Definition des Experimentes. Schon am Beispiel der Venusphasen wird dies deutlich. Der Unterschied der Voraussagen beider »hauptsächlichen Weltsysteme« war ja nicht qualitativ (etwa »entweder Phasen oder keine«), sondern quantitativ. Der *volle* Zyklus konnte nur von Kopernikus erklärt werden. Qualitative Aussagen können auch kaum wirklich verglichen werden. Darum ist die zweite Forderung des Experimentes die *Quantifizierung* (alles, was meßbar ist, messen, und was nicht meßbar ist, meßbar machen).

Wenn die Ergebnisse eines Experimentes in Zahlen dargestellt werden, dann läßt sich sofort angeben, ob andere zu gleichen Ergebnissen kommen oder nicht.

Allerdings ist hier wieder eine »Aporie« (eine Ausweglosigkeit) zu beobachten, wie wir sie schon von Zenos Archilleus mit der Schildkröte kennen. Denn einerseits sind Zahlen geradezu der Inbegriff des Unpersönlichen, Emotionslosen, andererseits weisen sie gerade dadurch auf die Unvereinbarkeit individueller Ereignisse besonders deutlich hin: Niemals werden mehrere Messungen ein und desselben Vorganges oder Objektes immer dieselben numerischen Ergebnisse liefern. Abweichungen, auch wenn sie noch so klein sind, können nicht vermieden werden.

Quantifizierung der Ergebnisse von Experimenten ist also einerseits notwendig für die Überprüfung der Reproduzierbarkeit, andererseits ist gerade dadurch eine vollständige Reproduktion unmöglich. Die Physik hat auch für diese Aporie eine Handhabe (nicht Auflösung!) gefunden: die sogenannten Meßfehler. Immer, wenn ein Meßergebnis als Zahl angegeben wird, *muß* zugleich ein Zahlenintervall genannt werden, innerhalb dessen ein unabhängiges Ergebnis liegen muß, um als Bestätigung zu gelten. So darf ein ernstzunehmender Experimentalphysiker nicht etwa behaupten, das Ergebnis einer (indirekten) Längenmessung sei 50 cm, sondern er muß – je nach der Genauigkeit seiner Meßapparatur – sagen, es läge zwischen 45 und 55 cm (in der Fachsprache 50±5) oder etwa – bei genauerer Messung – zwischen 49 und 51 cm (50±1). Wenn nun ein Kollege das Experiment wiederholt und als Ergebnis erhält, der Wert liege zwischen 51 und 53 cm, dann hat er die Messung reproduziert. Zwischen 50 und 52 ist bei der angegebenen Meßgenauigkeit nicht nur kein Widerspruch, die Werte stimmen in der Sprechweise der Physik sogar gut überein.

Aber selbst diese genialen Ansätze reichen noch nicht aus, um das zu definieren, was wir als »Experiment« bezeichnen. Wer seine Tätigkeit als Naturforscher nur auf Reproduzierbarkeit und Messen (Quantifizieren) richtet, wird damit richtige und falsche Hypothesen noch nicht unterscheiden können. Niemand wird etwa behaupten, daß eine Wettervorhersage, die nicht zutrifft, die Grundgesetze der Meteorologie widerlegt. Ein Testexperiment muß sich auf die *einfachsten* Phänomene beschränken. Darum wurde ja gerade die Planetenbewegung zur Wurzel der Naturwissenschaft, weil dabei ein ganz einfaches System zu beschreiben ist: Die Bahn eines Planeten um die Sonne, wobei die Wirkungen der übrigen Planeten oder der Monde so klein sind, daß sie im ersten Schritt der Beschreibung nicht berücksichtigt werden müssen.

»Die Bahnen der Planeten sind Ellipsen«, sagte Johannes Kepler. Genaugenommen stimmt dies nur, wenn sich bloß ein einziger Himmelskörper um sein Zentralgestirn bewegt (wenn es also weder andere Planeten noch Meteoriten oder Gaswolken, weder Monde noch andere Sterne und Milchstraßen gibt). Und selbst dann ist es nur richtig, wenn sowohl die Sonne als auch der Planet exakte Kugelgestalt haben (wenn es also weder Berge noch Eruptionen und dergleichen gibt). Außerdem muß innerhalb einer Kugelschale sowohl in der Sonne als auch im Planeten eine gleichförmige Massenverteilung gegeben sein (es darf also weder Erzvorkommen noch Höhlen und keine Sonnenflecken geben).

Daraus wird deutlich, daß die Kenntnisse der Neuen Wissenschaft tatsächlich schlicht falsch sind, denn sie treffen in der Realität niemals zu. Und doch gelten die Keplerschen Gesetze mit Recht als richtige Beschreibung der Planetenbewegung. Erneut stoßen wir hier auf eine Aporie (eine Ausweglosigkeit), die von der Naturwissenschaft seit Galilei allerdings bewältigt werden konnte. Die Realität ist zu kompliziert, um sie einer Beschreibung zugänglich zu machen. Wenn wir aber darauf verzichten und uns ganz einfache Modelle unserer Wirklichkeit machen, die jedem Menschen in gleicher Weise einleuchten können (weil sie alles Individuelle, Emotionale und Qualitative ausschließen), dann kommen wir zu Kenntnissen, die in unserer Wirklichkeit nützlich und verwendbar sind.

Wir können die Lösung dieser Aporie ganz scharf und widersprüchlich charakterisieren, wenn wir behaupten: Die Physik kommt zu einer Beschreibung der Realität, indem sie auf eine Beschreibung der Realität verzichtet.

Naturwissenschaftliche Erkenntnisse sind also gewissermaßen schrittweise Annäherungen an eine Beschreibung der vollen Realität, wobei wir immer nur wenige Schritte eines langen Weges gehen können, sonst verlieren wir uns im Dickicht allzu komplizierter Zusammenhänge. Darum hat Owen Gingerich gesagt, das Wort »Modell« sei heute in Fachpublikationen am beliebtesten.

Das Experiment erfordert daher die *Analyse* der vorliegenden Phänomene und Vorgänge, um die einfachsten isolieren zu können. Nur dort haben wir begründete Aussicht, falsche Erklärungsansätze zu erkennen und auszuscheiden.

    Reproduzierbarkeit *(Intersubjektivität).*
    Quantifikation *(Messen).*
    Analyse *(Isolation einfachster Systeme).*

Das sind die drei »Axiome des Experimentes«, die im Denkrahmen der Naturwissenschaft den Axiomen der aristotelischen Logik gegenübergestellt werden. Erst dadurch wird es möglich, falsche Hypothesen auszuschließen und zu Erkenntnissen zu kommen, die für alle Menschen in gleicher Weise gelten und die daher neben der Wahrheit einen eigenen, abgegrenzten Platz beanspruchen können.

»Minus mal Minus gibt Plus« heißt es in der Mathematik. In der formalen Logik führt die Verneinung eines negativen Satzes zu seinem positiven Gegenteil. »Es ist nicht unmöglich« heißt, »es ist möglich«.

Im Denkrahmen der Naturwissenschaft spielt die »doppelte Negation« eine ganz andere Rolle. (Sie kann nicht durch direkte Bejahung ersetzt werden.) Zweifel als Methode der Annäherung an die Realität haben wir schon im ersten Kapitel kennengelernt: Da sich die Realität überhaupt erst durch Widersprüche bemerkbar macht, können wir uns ihr nur dadurch nähern, daß wir Fehler eliminieren. Das Experiment ist das geeignete Werkzeug dazu.

Die drei Axiome des Experimentes und die drei Axiome der aristotelischen Logik genügen aber noch nicht, den neuen Denkrahmen zu vollenden. Denn wenn wir uns nur Kenntnisse über die Natur verschaffen, wenn wir etwa nur wissen, *daß* die Bahnen der Planeten Ellipsen sind, wissen wir noch nicht, *warum* das so ist. Bloßes Hinnehmen von Tatsachen, auch wenn sie nützlich sein sollten, ist der westlichen Zivilisation zu wenig. Sowohl die Philippus-Frage als auch die Angst vor dem Nichts drängen uns dazu, den Grund (in des Wortes doppelter Bedeutung als Ursache und Fundament) zu finden.

Der Satz vom zureichenden Grunde

Wenn wir bei einem Spaziergang in einsamer Gegend auf ein Häuschen treffen und uns fragen, warum es hier steht, dann ist wohl die erste Antwort: Weil es jemand da haben wollte.

Aber der Wunsch nach dem Haus allein genügt noch nicht. Erst muß ein Plan erstellt werden, der die zukünftige Form des Hauses erkennen läßt. Dann bedarf es des Baumaterials in ausreichender Menge, und schließlich müssen die Ziegel und andere Bauteile in der richtigen Reihenfolge an die richtigen Orte geschafft werden.

Dies ist ein klassisches Beispiel für die vier Gründe, die nach Aristoteles *jedes* Geschehen bewirken. Mit unterschiedlicher Gewichtung spielen immer alle vier mit:

Die Zielursache *(causa finalis)*
Die Formursache *(causa formalis)*
Die Materialursache *(causa materialis)*
Die Wirkursache *(causa efficiens)*

In seinen Vorlesungen zur Entwicklungsgeschichte der Mechanik führt der Physiker Markus Fierz aus, daß Aristoteles die vier Gründe logisch erfassen wollte. Die Mathematik könne lediglich die Formursache darstellen, was für die Physik zu wenig sei. Die Physik habe sich daher der Logik zu bedienen, um alle vier Ursachen zu erfassen.

Wir wissen aber schon, daß logische Deduktion allgemeine Wahrheiten voraussetzt, die nicht anders begründet werden können, als durch die Autorität ihres Urhebers. Logik allein reicht eben nicht aus, wenn wir die Natur erfassen wollen.

Von der Aristotelischen Physik sagt Markus Fierz, »daß es sich um eine geschlossene, nicht ohne innere Logik aufgebaute Theorie handelt. In ihr findet jede Erscheinung eine einleuchtende Erklärung, wobei ein erbauliches Bild des wohlgeordneten Kosmos entsteht. Es ist deshalb kein Wunder, daß der Aristotelischen Theorie ein ungeheurer Erfolg beschieden war. Auf ihrer Grundlage ist es aber sehr schwierig, wenn nicht unmöglich, eine mathematische Naturbeschreibung aufzubauen, da ihre Grundkategorien sich dazu gar nicht eignen. Diese sind ja ›das Natürliche‹, das ›logisch Geordnete‹. Die Theorie ist allzu empirisch, denn sie möchte das, was man täglich beobachtet und erlebt und darum als naturgemäß empfindet, systematisch darstellen. Eine mathematisch-physikalische Theorie dagegen wird immer eine ideale Situation zugrundelegen müssen, die, wie jedes Ideal, empirisch gar nie angetroffen wird. Sie muß also Züge enthalten, *die nicht der Erfahrung, sondern der Vorstellungskraft des mathematischen Physikers entspringen.*«

Die aristotelische Theorie ist allzu empirisch, sie verzichtet nicht auf eine Beschreibung der Realität und kann daher auch nicht wirklich zu einer solchen kommen. Was wir als naturgemäß empfinden, ist nicht von unseren Emotionen frei zu halten. Es spielt daher im neuen Denkrahmen der Naturwissenschaft überhaupt keine Rolle mehr. Aristoteles hatte noch vorwiegend das Wollen (als Zielursache) für Erklärungen verwendet. Schwere Körper »wollen« nach unten, weil dort ihr natürlicher Ort ist. So selbstverständlich schien dies als Grund, daß noch Meister Eckhart das Beispiel in seinem *Buch der göttlichen Tröstung* benutzt, um Analogien zur Tugend daran zu knüpfen:

»Für diese Lehre haben wir ein anschauliches Zeugnis am Steine: dessen äußeres Werk ist es, daß er niederfällt und auf der Erde aufliegt. *Dieses* Werk kann gehindert werden, und er fällt nicht jederzeit noch ohne Unterlaß. Ein anderes Werk aber ist dem Stein noch inniger: das ist die Neigung niederwärts, und dies ist ihm angeboren; das kann ihm weder Gott noch Kreatur noch irgendwer benehmen. Dies Werk wirkt der Stein ohne Unterlaß Tag und Nacht. Und wenn er tausend Jahre da oben läge, er würde nicht weniger noch mehr niederwärts neigen als am ersten Tage.«

Auch Johannes Kepler argumentierte noch mit dem Ziel des Schöpfers, mit der *causa finalis*. Wenn wir solche Gründe aber in einer »objektiven Beschreibung« zulassen, dann kommen sie leicht in Widerspruch zur Wirkursache. Denn der Wille ist ein »innerer Grund«, die Wirkursache aber »äußerlich«, sie erzwingt einen Vorgang, gleichgültig, ob er gewollt wird oder nicht. Wenn die Ellipsenform der Planetenbahnen als Folge der Schwerkraft berechnet werden kann, dann ist die Schwerkraft Wirkursache und nicht der Wunsch Gottes nach Sphärenharmonie. Dann kann Gott nicht die Ellipsen gewollt haben, sondern höchstens noch die Schwerkraft, damit sie zu Ellipsen führe.

Wenn dann aber auch die Schwerkraft aus noch »tiefer liegenden« Wirkursachen (etwa der Raumkrümmung nach Albert Einstein) abgeleitet werden kann, verlagert sich der Wille Gottes auf die Raumkrümmung; aus ihr folgt die Schwerkraft und aus dieser wiederum die Ellipsenform. So zieht sich sogar göttliche Zielursache immer mehr aus der Naturbeschreibung zurück, bis schließlich die Wirkursache allein und unwidersprochen als Erklärung anerkannt bleibt. (Der Enzyklopäde Bawink beschreibt dies mit dem schönen Bild, wonach Gott in einem mechanistischen Universum zunächst arbeitslos, dann aber auch wohnungslos wird.)

Vielleicht wird der Widerspruch noch deutlicher, wenn wir die Zielursache als Beziehung von Motiv und Handlung betrachten; sie steht dann der Ursache-Wirkung-Relation direkt entgegen. Das Motiv einer Handlung können wir unmittelbar verstehen, ohne daß es einer »äußeren« Begründung bedürfte.

Wenn jemand gereizt wird und in Zorn ausbricht, etwa gar zuschlägt, dann können wir das vielleicht verstehen (auch wenn wir es nicht gutheißen). Nur wenn uns das Verhalten eines Menschen unverständlich bleibt, suchen wir nach »äußeren« Gründen, nach Ursachen. Darum hat ja Meister Eckhart die »Motive« des Steines als Beispiel angeführt, weil sie als solche den Menschen seiner Zeit ohne weitere Begründung einleuchteten.

Wirkungen als Folge von Ursachen entziehen sich dem unmittelbaren Verständnis. Wenn die Schwerkraft einen Stein zu Boden zieht, dann können wir das *erklären*, aber nicht unmittelbar *verstehen*. Diese Erklärungen sind aber immer Hypothesen und daher nicht unmittelbar einsichtig; sie bedürfen daher eines experimentellen Tests, der Bestätigung durch emotionslose, reproduzierbare Einzelversuche.

Mathematische Gleichungen können niemals Motive oder den Willen ausdrücken. Wohl aber können sie Beziehungen herstellen zwischen aufeinanderfolgenden Zuständen, von denen wir einen als Ursache, den anderen als deren Wirkung ansehen. Diese Zustände werden ja gemäß den Axiomen des Experimentes durch Zahlenangaben beschrieben (etwa Ort und Geschwindigkeit eines Wurfkörpers zu einem gegebenen Zeitpunkt).

Eine Beschreibung von Naturvorgängen mit Hilfe der Mathematik wird also erst möglich, wenn keine Zielursachen als Gründe für beobachtetes Geschehen zugelassen werden. Der Wurfkörper befindet sich an einem bestimmten Punkt seiner Bahn, weil dies aus der vorhergehenden Lage und Geschwindigkeit zwingend folgt, nicht weil er nach diesem Punkt (oder gar nach einem Ziel) strebt. Es ist heute schwer, sich klar zu machen, daß dies eine Forderung an unser Denken ist und nicht etwa aus Beobachtungen abgeleitet werden kann.

Von den drei anderen Mitstreitern als wahrer Grund jeden Geschehens befreit, wurde damit die Wirkursache als »Kausalität« zur »Mutter aller Wissenschaften«, wie Arthur Schopenhauer in seiner Dissertation *Über die vierfache Wurzel des Satzes vom zureichenden Grunde* so treffend ausdrückte.

In seiner widerspruchsfreien Form als Ursache-Wirkung Beziehung ist der »Satz vom zureichenden Grunde« ein wesentliches Prinzip des neuen Denkrahmens. Nicht mehr Gegenstand logischen Denkens (wie bei Aristoteles), sondern nunmehr selbst (viertes) Axiom der Logik sollte er sein. In der Generation nach Galileo Galilei stellte diese Forderung Gottfried Wilhelm Leibniz auf, der in der Philosophie ebenso zuhause war wie in der Mathematik und in den Neuen Wissenschaften. Schopenhauer hat die Bedeutung dieses Schrittes für den neuen Denkrahmen etwas unterschätzt, denn er sagt in seiner polemischen Sprache:

»Leibniz hat zuerst den Satz vom Grunde als einen Hauptgrundsatz aller Erkenntnis und Wissenschaft förmlich aufgestellt. Er proklamiert ihn an vielen Stellen seiner Werke sehr pomphaft, thut gar wichtig damit, und stellt sich, als ob er ihn erst erfunden hätte; jedoch weiß er von demselben nichts weiter zu sagen, als nur immer, daß Alles und Jedes einen zureichenden Grund haben müsse, warum es so und nicht anders sei; was die Welt denn doch wohl auch vor ihm gewußt haben wird.«

Aber haben wir nicht (im zweiten Kapitel) gesehen, daß der Denkrahmen des Abendlandes in der ersten Achsenzeit aus der Abwehr des Nichts entwickelt wurde? Wenn nun ein weiteres Axiom der Logik angefügt wird, entstammt es etwa auch derselben Angst?

Wenn wir den Satz in der üblichen Formulierung lesen, werden wir das wohl kaum vermuten:

»Alles hat seinen Grund, warum es so ist, wie es ist.«
Aber in der Form, die Martin Heidegger wegen ihrer doppelten Bedeutung vorzieht, scheint dies plötzlich nahezuliegen: »Nichts ist ohne Grund.«

In seinen schon zitierten Berliner Vorlesungen meint Klaus Heinrich, wer diesen Satz mehrfach vor sich hinsagt, höre einen anderen Akzent; nicht mehr: »Nichts *ist* ohne *Grund*«, sondern »*Nichts* ist *ohne* Grund«. Damit werde vom Nichts gesagt, daß es selber keinen Grund *hat*, weil es selbst der Grund *ist*.

Und Hans Waldenfels erinnert daran, daß für Heidegger die Angst das Nichts offenbart: »Dieses Nichts, das nicht das Seiende ist und das es gleichwohl *gibt*.«

So erscheint unser Drang, für alles eine Ursache zu finden und angeben zu können, einerseits als neue Form der alten Abwehr des Nichts, andererseits als Versuch, die Philippus-Frage doch noch zu beantworten. Ein Versuch, der freilich unbefriedigend bleiben muß, weil wir erst dann, wenn wir beim letzten Grund anlangen, wirklich vor dem »Vater«, vor dem Schöpfer und vor dem absoluten Nichts stehen. So lange wir aber emsig bemüht sind, inmitten unserer Welt, im Diesseits der Materie in Raum und Zeit, alle möglichen Ursachen zu analysieren und zu katalogisieren, so lange merken wir nichts davon, daß diese Tätigkeit irgendwo an ihre Grenzen stößt; so lange können wir dann auch die eigentliche Frage nach der Einheit von Diesseits und Jenseits, von Zeit und Ewigkeit, verdrängen und uns vorgaukeln, wir wären nun auf dem rechten Weg, der schließlich auch einmal diese Fragen einer Antwort zuführen wird.

Wegen der Grenze zwischen Wahrheit und Erkenntnis, die durch den neuen Denkrahmen eingeführt worden war, kann nun der Bereich der Naturbeschreibung sogar von alten Ängsten entlastet werden. Die Frage nach dem Nichts, nach dem Jenseits, nach der Ewigkeit gehört in den Bereich der Wahrheit und darf im Bereich der Naturbeschreibung gar nicht gestellt werden. Damit war auch der alte Schrecken vor dem Vakuum (der *horror vacui*) entschärft, er behinderte das neue Denken nicht mehr.

Also konnte Galileo Galilei seine Fallgesetze im Sinne des neuen Denkrahmens studieren: So einfach mußten die Hypothesen sein, daß sie durch Experimente getestet werden konnten. Daher war nicht mehr der Fall eines realen Gegenstandes in unserer Welt zu beschreiben, sondern der Fall eines vereinfacht gedachten (eines »idealen Massenpunktes«) im Vakuum. Die neuen Hypothesen gaben gar nicht mehr vor, unsere erfahrbare Welt zu beschreiben, sondern eine bloß erfundene Welt ohne Luft, ein Vakuum, das durch die neue Grenzziehung seinen Schrecken verloren hatte.

Die Möglichkeit, durch Weglassen bestimmter Aspekte zu nützlichen Kenntnissen über Teile der Welt zu gelangen, sollte später eine Versuchung der Menschen zum Größenwahn werden. Am Anfang der zweiten Achsenzeit machte sie noch demütig. So sagte Galileo Galilei:

»Die eitle Einbildung, man verstehe alles, kann ja nur daher kommen, daß man nie etwas verstanden hat. Denn wer nur ein einziges Mal das Verständnis einer Sache erlebt hat, wer wirklich geschmeckt hat, wie man zum Wissen gelangt, der weiß auch, daß er von der Unendlichkeit der übrigen Wahrheiten nichts weiß.«

Mathematik

Für Aristoteles waren geometrische Größen und Zahlen wesensverschieden und durften auch begrifflich nicht identifiziert werden. Die Griechen hatten ja schon die »irrationalen« Größen in der Geometrie (etwa die Diagonale des Quadrates) entdeckt, denen – nach ihrer Auffassung – keine Zahlen entsprechen.

Wenn die Physik über die Logik hinaus einer Hilfswissenschaft bedurfte, dann war dafür die Geometrie am besten geeignet. (Wir kennen schon das Ringen Keplers um die richtige geometrische Form der Planetenbahnen.) Von dem 1687 erschienenen großen Werk Newtons, der *Philosophia Naturalis Principia Mathematica,* sagt Markus Fierz:

»Den drei Büchern sind Einleitung, Definitionen und ihre Erklärung sowie die allgemeinen Bewegungsgesetze als Axiome vorangestellt. Das entspricht dem klassischen Aufbau der griechischen Mathematiker, der für Newton Ideal und Vorbild war. Die Darstellung ist darum, wo irgend möglich, geometrisch.«

Die Kunst der Zahlen (die Arithmetik) war zu Beginn der zweiten Achsenzeit noch wenig entwickelt. Man brauchte sie vorwiegend für praktische Zwecke, etwa für Handel und Warentausch. So mußte man zum Beispiel wissen, wieviel Wein ein Faß enthielt, um den Preis festsetzen zu können. Kein Geringerer als Johannes Kepler hat sich dieses Problems angenommen; die nach ihm benannte »Faßregel« dient noch heute als Formel zur numerischen Integration.

Wieder können wir feststellen, daß die Abwehr des Nichts den Abendländern sogar die Entwicklung einer vernünftigen Arithmetik versperrte. Denn wenn es das Nichts gar nicht gibt, wenn wir es in keiner Weise in unser Denken einbeziehen dürfen, dann können wir auch kein mathematisches Symbol dafür erfinden. Und wirklich mußte die abendländische Mathematik zunächst ohne die eigentlich unentbehrliche »Null« auskommen.

Die »Null« ist zugleich etwas und nichts. Sie steht nur für eine Stelle, an der nichts steht, gewissermaßen als Platzhalter, um eigentliche Ziffern dort einsetzen zu können. Die »Null« kam aus Indien über die Araber zu uns, und Hans Waldenfels bemerkt, »daß das mathematische Zeichen für Null ursprünglich nichts anderes als das Symbol für ›sunyata‹ (Leere, Nichts) war.«

Den Arabern verdanken wir in der Mathematik aber nicht nur die Null, was schon aus den vielen Begriffen zu entnehmen ist, die mit dem arabischen Artikel »al« beginnen: Algebra, Algorithmus und so weiter.

Der neue Denkrahmen verlangt das Messen, die Quantifikation. Zahlen und numerische Angaben erhalten damit plötzlich viel größere Bedeutung. Auch Bahnen von Planeten oder anderen Körpern sollten »meßbar« sein, das heißt nicht nur geometrisch, sondern auch durch Gleichungen beschrieben werden. (Die darstellende Geometrie tritt gegenüber der analytischen Geometrie in den Hintergrund.)

Begründer der analytischen Geometrie war Galileis kongenialer Zeitgenosse René Descartes, den wir schon im ersten Kapitel als Philosoph des methodischen Zweifels kennengelernt haben. Die von ihm eingeführte Spaltung der Welt in ausgedehntes Sein *(res extensa)* und denkendes Sein *(res cogitans)* zielte aus anderer Quelle auf dieselbe Grenze, die Galilei zwischen Wahrheit und Erkenntnis zog.

Die Algebra, die Lehre von den Gleichungen und ihren Lösungen, war zu Beginn der zweiten Achsenzeit in lebhafter Entwicklung, zu der Descartes wesentliche Beiträge lieferte. Mit der analytischen Geometrie hat er die Beziehung zwischen geometrischen Kurven und algebraischen Gleichungen hergestellt, hat sie als verschiedene Ausdrucksweisen desselben Sachverhaltes erkannt.

»Die so verstandene analytische Geometrie ist ein Modell der Auffassung vom Wesen der Mathematik«, sagt Carl Friedrich von Weizsäcker und meint, für Descartes sei diese Mathematik die Lehre von Ordnung und Maß. »Mir scheint, daß diese Begriffe einen neuen, spezifisch modernen Gedanken ausdrücken, der auch in Descartes' Zeit noch nicht voll gedacht werden konnte, aber jetzt in unser eigenes Jahrhundert paßt (...). Ich möchte meinen, daß Descartes hier gleichsam eine Vision der abstrakten Auffassung der Mathematik gehabt hat.«

Aber die Vereinigung von Geometrie und Algebra reicht noch nicht aus, um physikalische Vorgänge meßbar zu machen. Zwar können wir nun die Bahnen von Körpern durch Gleichungen beschreiben, aber noch nicht ihre Geschwindigkeit in einem bestimmten Punkt dieser Bahn. Daß der Begriff der momentanen Geschwindigkeit eines Körpers besonders schwierig zu fassen ist, hat schon Zeno mit seinen Aporien vom fliegenden Pfeil und vom Achilleus mit der Schildkröte angedeutet. Erst in der Generation nach Galilei und Descartes haben Newton und Leibniz unabhängig voneinander eine neue Disziplin der Mathematik für diese Zwecke geschaffen: die Differentialrechnung.

Die Differentialrechnung erlaubt uns, die sogenannten Bewegungsgleichungen, die grundlegenden Gleichungen für jedes Teilgebiet der Physik, zu formulieren. Denn diese Gleichungen geben an, wie sich ein physikalisches System (etwa ein im Schwerefeld der Erde hochgeworfener Stein) im Laufe der Zeit verändert. Aus dem Zustand des Systems in einem gegebenen Zeitpunkt wird der Zustand im folgenden Zeitpunkt bestimmt. (Wir sehen schon die Nähe zu den Aporien des Zeno, der auf Widersprüche stieß, als er den kontinuierlich fliegenden Pfeil von Punkt zu Punkt weiterreichen wollte.) Ein derartiges Vorhaben fordert den mathematischen Umgang mit »unendlich kleinen« Intervallen (der Mathematiker sagt lieber »Grenzübergängen«), um tatsächlich von einem Zeitpunkt zum nächsten zu kommen.

Genau das aber leistet die Differentialrechnung, und die Bewegungsgleichungen sind Differentialgleichungen. Ohne Differentialrechnung wäre die gesamte moderne Mathematik und Physik mit ihren Errungenschaften bis hin zum Mondflug nicht möglich geworden.

Aber selbst die Differentialrechnung reichte nicht aus, die Entwicklung führte noch weiter, so fruchtbar sollte sich der neue Ansatz der zweiten Achsenzeit erweisen. Zwar konnte nun die Geschwindigkeit eines Körpers entlang seiner Bahn berechnet werden, zwar konnten die Bewegungsgleichungen formuliert werden, aber es war noch nicht möglich, die Bahnkurve zwischen zwei gegebenen Punkten unterschiedlicher Höhe zu berechnen, längs derer ein Körper unter dem Einfluß der Schwerkraft in der kürzesten Zeit vom oberen zum unteren Punkt gelangt. (Abfahrtsläufer sprechen analog vom »Aufspüren der Ideallinie«.) Um dieses Problem zu lösen, bedurfte es der Variationsrechnung.

Wir verdanken die Variationsrechnung einem Konkurrenzkampf der Brüder Johann und Jacob Bernoulli. Johann, der den höheren Rang vor der Geschichte der Mathematik beanspruchen wollte, schickte zu Neujahr 1697 den »scharfsinnigsten Mathematikern, die auf dem gesamten Erdkreis blühen«, ein Programm, in dem er das beschriebene Problem als Preisaufgabe formulierte. Dazu verkündete er:

»Wer es vermag, der soll den Preis erringen, den wir dem Auflöser bereitet haben; keinen Preis von Gold, keine Summe Silbers, durch die nur verworfene und feile Geister geworben werden, von denen wir, wie nichts Lobenswertes, so auch nichts für die Wissenschaft Fruchtbares erwarten; vielmehr, da die Tugend sich selbst der schönste Lohn ist, und der Ruhm einen unermeßlichen Ansporn in sich birgt, bieten wir einen Preis, wie er einem Mann von edlem Geblüt gebührt, verbunden zu einem Gebinde aus Ehre, Lob und Beifall; mit ihm werden wir den durchdringenden Scharfsinn unseres großen Apolls, in der Öffentlichkeit wie im häuslichen Kreis, mit Schriften und Worten krönen, schmücken und rühmen.«

Nun, da in so kurzer Zeit so viel Neues und Fruchtbares entstanden war, konnten die Menschen des Abendlandes der Versuchung nicht mehr widerstehen: Größenwahn begann sich auszubreiten. Aber kein persönlicher, egoistischer Größenwahn, vielmehr eine Euphorie der Allmacht und des Allwissens, die höchstens anerkennen wollte, daß etwas *noch nicht* möglich ist, die aber keine grundsätzlichen Grenzen mehr zulassen konnte. Damit geriet aber die soeben erst geschaffene Grenze zwischen der Wahrheit des Glaubens und den Kenntnissen über die Natur ins Wanken. Galilei mußte sich gegen Grenzüberschreitungen durch die Theologie wehren – nun begannen solche in umgekehrter Richtung. Wahrheit, ja sogar eine eigentümliche neue Art der Religiosität wurde der neuen Wissenschaft, der Naturwissenschaft, zugesprochen.

Dies wird ganz deutlich aus einem Brief Voltaires (vom 15. November 1732) an den Physiker Maupertuis, der ihm die Gravitationstheorie Newtons erklärt hatte. Darin heißt es:

»Ihr erster Brief hat mich auf die neue Newtonsche Religion getauft, Ihr zweiter hat mir die Firmung gegeben. Ich bleibe voller Dank für Ihre Sakramente. Verbrennen Sie, bitte, meine lächerlichen Einwürfe. Sie stammen von einem Ungläubigen. Ich werde auf ewig Ihre Briefe bewahren, sie kommen von einem großen Apostel Newtons, des Lichts zur Erleuchtung der Heiden.«

Bis zur Überheblichkeit des Determinismus, den wir am Beispiel des Laplaceschen Dämons im ersten Kapitel kennengelernt haben, ist dann nur mehr ein kurzer, konsequenter Weg. Die Schöpfung war ein riesiges Uhrwerk, mechanisch ablaufend. Für Glaube, für den »Vater«, für Ewigkeit, für Jenseitiges gab es keinen Platz mehr in diesem Modell. Die Philippus-Frage war entweder ganz unnötig geworden, oder sie konnte durch den Hinweis auf die Gesetze der sichtbaren Welt beantwortet werden.

Freilich müssen wir zugeben, daß mit dieser einseitigen Haltung nicht nur das Ringen um die Wahrheit des Glaubens, sondern auch alle falschen Anmaßungen verschwanden. Vor allem die schrecklichen Hexenprozesse und die Verbrennungen durch die Inquisition fanden ein Ende.

So ist die »zweite Achsenzeit« zu einem großen Aufbruch der Menschheit geworden. Der neue Denkrahmen sollte sie in vorher nicht vorstellbare, weite Dimensionen führen. Der Rausch und die Begeisterung waren groß. Zunächst bemerkten nur wenige, daß mit dem Gewinn des Neuen auch ein Verlust unersetzlicher, alter Werte drohte.

Die gemeinsame Wirklichkeit

Nur was für alle Menschen in gleicher Weise gültig ist, wird im neuen Denkrahmen als Erkenntnis zugelassen. Die Logik (mit der Kausalität als viertes Axiom) sichert eine allgemein verbindliche, theoretische Beschreibung; das Experiment sichert die Auswahl des von jedem Nachvollziehbaren. Wenn Widersprüche dennoch auftreten, sind sie Fehler und müssen eliminiert werden. (Mit der bisher einzigen Ausnahme in der Quantenmechanik.)

Wir können den neuen Denkrahmen auch als Zielrichtung jeder menschlichen Tätigkeit auffassen, wobei dann gilt:

Reproduzierbares geht vor Einmaligem.
Quantität geht vor Qualität.
Analyse geht vor Zusammenschau.
Eindeutigkeit geht vor Offenheit.
Kausalität geht vor Vernetzung und gegenseitiger
   Abhängigkeit.
Widerspruchsfreiheit geht vor Leben.

Statt »geht vor« könnten wir auch sagen »ist besser als« oder »verdrängt«.

Vielleicht ist nicht sogleich einsichtig, wieso Widerspruchsfreiheit das Leben verdrängt. »Leben« ist hier so gemeint wie das »Te« im *Tao-Te-King*, von dem Dschuangdsi sagt: »Mit einem Fachmann kann man nicht vom *Leben* reden, er ist gebunden durch seine Lehre.« Oder so, wie es im ersten Brief des Johannes *(3,14)* heißt: »Wir wissen, daß wir aus dem Tode zum Leben gekommen sind, weil wir die Brüder lieben. Wer keine Liebe hat, bleibt im Tode.«

Der Philosoph Hegel, Meister des Widerspruchs, sagte es am deutlichsten: »Etwas ist also lebendig, nur insofern es den Widerspruch in sich enthält, und zwar diese Kraft ist, den Widerspruch in sich zu fassen und auszuhalten.«

Daß Widersprüche und Liebe verwandt sind, sagte auch der persische Mystiker Mohammed Schams Ed-Din Hafis (im 14. Jahrhundert) in einem *Ruba'i*, einem jener Vierzeiler, in denen sich erste, zweite und vierte Zeile reimen, während die dritte für sich alleine steht. Durch die Wiederkehr des Reimes in der vierten Zeile wird gewissermaßen eine Schlußkadenz gesetzt und die innere Spannung zugleich erhöht und aufgelöst. (Im vorliegenden *Ruba'i* sind die vier Zeilen jeweils durch einen Satz geschmückt, der ebenfalls dreimal gleich und in der dritten Zeilen abweichend lautet.)

> *Nicht wundre Dich das noch so Wunderliche*
> *Im Reich der Liebe!*
> *Das Denksystem, es gehet in die Brüche*
> *Im Reich der Liebe!*
> *Der Logiker pflegt hier nur immer rügend*
> *Das Haupt zu schütteln*
> *Wie göttlich aber sind die Widersprüche*
> *Im Reich der Liebe!*

Wenn wir das Leben (und die Liebe) aus der Schöpfung verdrängen, dann wird daraus ein gewaltiges, mechanisches Uhrwerk. Dann werden alle Teile, auch die Pflanzen, Tiere, ja selbst die Menschen zu Dingen, die wir »erklären« können. »Verstehen« ist dann nicht mehr gefragt, denn es bezieht sich ja auf Motive, die es ebensowenig »wirklich« gibt wie Geist, Leben und Freiheit.

Aber wir haben dann endlich eine Gemeinsamkeit erreicht, die durch Konflikte und Widersprüche nur gestört werden kann: die materielle Wirklichkeit. So sehr haben wir alles Einmalige, alles Individuelle, alles Subjektive aus der Welt geschafft, daß wir nun wagen können, von der Existenz einer Realität zu sprechen.

Die Wirklichkeit, die für jeden in gleicher Weise gültig ist, können wir von allen Subjekten befreien und zur Realität erklären. Alle anderen Wirklichkeiten sind dann bloßer Schein, Einbildung, Träume oder Privatangelegenheiten.

Und als diese vermessene Antwort auf die Phillipus-Frage fast vollendet war, da traten um die Wende zum 20. Jahrhundert in diesem schönen Gebäude erste Risse auf. Mit der Relativitätstheorie hatte Einstein gezeigt, daß von einem »gewaltigen Uhrwerk« keine Rede sein kann, weil es keine absolute Zeit gibt, die unabhängig vom Bewegungszustand eines Beobachters festgelegt werden kann. Die »Uhr der Schöpfung« oder die »Schöpfung als Uhr« hat keine eigene, unabhängige Zeit zugemessen erhalten.

Wie schnell die Zeit vergeht, hängt vom Bewegungszustand des Beobachters ab. »Bewegte Uhren gehen langsamer als ruhende«, so lautet ein Merksatz der speziellen Relativitätstheorie. Ein Teilchen der kosmischen Strahlung, das im Ruhezustand etwa eine Mikrosekunde (eine Millionstel Sekunde!) »lebt«, ehe es zerfällt, kann die gesamte Atmosphäre bis in die Tiefen des Ozeans durchlaufen, wenn es mit genügend hoher Geschwindigkeit auf die Erde trifft. Selbst bei Lichtgeschwindigkeit (die nie ganz erreicht werden kann) käme es nach klassischen Vorstellungen nur etwa 300 Meter weit; die Relativitätstheorie weist dem bewegten Teilchen eine eigene Zeit zu, die »langsamer« vergeht und ihm daher erlaubt, eine vielfach größere Wegstrecke zu durchmessen. Diese »Zeit-Verlängerung« («Zeit-Dilatation«, wie der Physiker sagt) wurde nicht nur in der kosmischen Strahlung, sondern auch in Experimenten an Teilchen-Beschleunigern nachgewiesen.

Und mit der Quantenmechanik löste sich der Begriff einer real existierenden Materie völlig auf, wie wir im ersten Kapitel gesehen haben. An dieser Stelle wundert es uns vielleicht weniger, warum sich die bedeutendsten Physiker auf dem Weg zur Quantenmechanik jeweils von ihrem selbst vollzogenen Schritt verabschiedet haben und umkehren wollten. Zu stark war die Faszination und die Versuchung der materiellen Realität, die uns alle Konflikte und Widersprüche als unnötige Scheingefechte betrachten läßt.

Harmonie, Einheit, Ganzheit durch Elimination aller Widersprüche – so hatte die Devise gelautet. Wahrlich ein großes Ziel für den logischen Verstand. Vielleicht hat uns seine Unerreichbarkeit davor bewahrt, die Grundwidersprüche des Glaubens endgültig zu begraben und uns Menschen wirklich zu Dingen werden zu lassen. Aber ohne Umwege trat die von Galilei gezogene Grenze nicht wieder ins Blickfeld. Denn die neuen Grenzen, die der physikalischen Erkenntnis durch Relativitätstheorie und Quantenmechanik gesetzt worden waren, stammen aus dem Ansatz ihrer Methode, nicht aus dem Unterschied von Wahrheit und Kenntnis. Auch die moderne Physik kann – trotz ihrer bewiesenen Kraft zur Selbstreinigung – nichts über Freiheit, Geist oder gar Gott aussagen.

Wenn wir versuchen, zu einer Sicht des Einen Ganzen zu kommen, *ohne* auf notwendige Widersprüche verzichten zu wollen, müssen wir zunächst das Gebäude der Naturwissenschaft noch näher betrachten, wir müssen auch nach dem Stoff der Erkenntnis fragen, nach den Naturgesetzen.

4. Naturgesetze

Formal richtig

Als ich einmal mit meinem Sohn ein Würfelspiel spielte, da geschah es, daß er ohne Absicht einen Würfel, der auf »sechs« gefallen war, umwarf. Während er ihn wieder zurechtlegte, fragte er mich vergewissernd: »Du hast doch ohnehin gesehen, daß es ein Sechser war?«

Ich hatte es nicht gesehen, also wäre die *richtige* Antwort »nein!« gewesen. Mir wurde aber in diesem Augenblick klar, daß seine Frage gar nicht auf die formale Richtigkeit zielte, sondern eigentlich meinte, ob ich ihm wohl vertrauen könne. Also gab ich ihm eine formal falsche Antwort, die aber der Wahrheit dieser Situation entsprach: Ich sagte »ja«.

Wir können die Wahrheit mit formal falschen Sätzen ausdrücken, und wir können lügen, ohne etwas Falsches zu sagen, denn Wahrheit und formale Richtigkeit ist nicht dasselbe. Als Hitler im Rundfunk den Beginn des Zweiten Weltkrieges mit den Worten verkündete: *Seit heute morgen wird zurückgeschossen*, da sagte er keinen falschen Satz, aber auch nicht die Wahrheit.

Galilei hatte Naturerkenntnis von der Wahrheit des Glaubens getrennt. Nun stoßen wir auf eine weitere, wesentliche Unterscheidung: Richtig ist nicht immer wahr, und wahr nicht immer richtig.

Was einmal als richtig erkannt worden ist, bleibt für alle

Zeiten gültig. Wir können sogar aus überlieferten Dokumenten die Richtigkeit einer Aussage in der Vergangenheit überprüfen. Daß Ähnliches von der Wahrheit nicht behauptet werden kann, hat Hegel an einem Beispiel dargestellt:

»Auf die Frage: *was ist das Jetzt?* antworten wir also zum Beispiel: *das Jetzt ist die Nacht.* Um die Wahrheit dieser sinnlichen Gewißheit zu prüfen, ist ein einfacher Versuch hinreichend. Wir schreiben diese Wahrheit auf; eine Wahrheit kann durch Aufschreiben nicht verlieren; ebensowenig dadurch, daß wir sie aufbewahren. Sehen wir *jetzt, diesen Mittag*, die aufgeschriebene Wahrheit wieder an, so werden wir sagen müssen, daß sie schal geworden ist.«

Das Jetzt kann eben nicht aufbewahrt werden, meint Hegel. Man darf es nicht so behandeln wie irgendein anderes »Seiendes«. Gerade, wenn wir es als »Seiendes« ausgeben, erweist es sich als »Nichtseiendes«, es ist immer zugleich da und auch schon wieder weg.

Hegel sagt auch, daß »ein sogenannter Grundsatz oder Prinzip der Philosophie, wenn er wahr ist, schon darum auch falsch ist, weil er Grundsatz oder Prinzip ist. Es ist deswegen leicht, ihn zu widerlegen. Die Widerlegung besteht darin, daß sein Mangel aufgezeigt wird; mangelhaft aber ist er, weil er nur das Allgemeine oder Prinzip« ist.

Wir wissen ja schon, daß Athen die Widerspruchsfreiheit fordert, Jerusalem aber die Einheit des Unvereinbaren (Vater und Sohn) als Glaubenswahrheit anbietet. (»Ich bin der Weg und die Wahrheit und das Leben«; *Joh. 14,6.*) Darum sollten wir vorsichtig sein und nicht sogleich fordern, daß die Wahrheit widerspruchsfrei sein muß.

Was richtig ist, muß allgemein verbindlich feststellbar sein. Dabei ist die Logik mit Eindeutigkeit, Widerspruchsfreiheit und Ausschluß jeder dritten Möglichkeit (neben richtig und falsch) der geeignete Denkrahmen. Ja, wir wollen das Wort »richtig« gerade für all das vorbehalten, was mit den Axiomen der aristotelischen Logik vereinbart werden kann. Richtig ist das, was wir formal beweisen können, und ein Beweis ist der Nachweis der Widerspruchsfreiheit (bei Verwendung eindeutiger Begriffe).

Die Wissenschaft, die sich ausschließlich mit der Frage beschäftigt, was alles in Übereinstimmung mit den drei Axiomen der aristotelischen Logik gedacht werden kann, ist die Mathematik. Sie gehört zu den sogenannten Formalwissenschaften (Mathematik rechnet sich selbst niemals zu den Naturwissenschaften). Die Behauptungen der Mathematik (»Sätze« genannt) gelten dann als bewiesen, wenn entweder gezeigt werden kann, daß sie widerspruchsfrei aus den Annahmen folgen (direkter Beweis), oder wenn in ihrem vollständigen Gegenteil ein Widerspruch gefunden wird (indirekter Beweis). Nach dem dritten Axiom, dem Satz vom ausgeschlossenen Dritten, ist nämlich immer eine von zwei einander vollständig widersprechenden Behauptungen richtig. Wenn wir nun zeigen können, daß das vollständige Gegenteil unserer Behauptung auf einen Widerspruch führt, dann kann es nach dem zweiten Axiom nicht richtig sein und die Behauptung ist (indirekt) bewiesen.

Wollen wir etwa beweisen, daß es unendlich viele Primzahlen gibt, dann nehmen wir zum Zwecke der Beweisführung an, es gäbe nur endlich viele, und zeigen, daß dies auf einen Widerspruch führt. Mehr brauchen wir im Denkrahmen der Logik nicht zu tun – die Behauptung ist bewiesen, sie gilt für immer als richtig.

Hegel sagt dazu: »Eine Kritik jener Beweise würde ebenso merkwürdig als belehrend sein, um die Mathematik teils von diesem falschen Putze zu reinigen, teils ihre Grenze zu zeigen und daraus die Notwendigkeit eines anderen Wissens.« Er meint nämlich, mathematisches Erkennen sei äußerlich, es verändere die wahre Sache. Zwar enthalten Beweise wohl wahre Sätze, »aber ebensosehr muß gesagt werden, daß der Inhalt falsch ist«.

Ich schlage vor, weder eine Rangordnung einzuführen

noch nach der Wahrheit mathematischer Sätze zu fragen, sondern die auch von Hegel angesprochene Grenze zu beachten: Mathematische Sätze sind – wenn sie bewiesen wurden – richtig. Wahrheit ist für die Mathematik ebenso jenseits einer Grenze wie für die Naturerkenntnis seit Galilei.

Wenn jemand sich bei einer Rechnung irrt (und etwa 4 mal 6 gleich 26 statt 24 setzt), dann hat er schlicht einen Fehler gemacht. Es wäre wohl unsinnig, ihn deshalb als Lügner oder Hochstapler zu bezeichnen. Ein Hinweis auf den Irrtum ist auch keine Beleidigung oder Anklage, sondern einfach hilfreich.

Freilich müssen wir dazu die Mathematik ganz losgelöst von der Wirklichkeit betrachten. Denn wenn es bei der Rechnung etwa um die Bezahlung einer Schuld geht, dann kann ein formaler Fehler plötzlich zum Betrug werden. Die sogenannte »reine Mathematik« ist daher sorgfältig bemüht, sich von jeder Beziehung zu Wirklichem frei zu halten. In dieser Form ist sie allerdings dann völlig unbrauchbar, und Aristoteles hatte recht, wenn er sie auch nicht als Grundlage der Physik zulassen wollte.

Darum bezeichnen Physiker auch Galilei als ihren »Urvater« und nicht Descartes, obwohl dieser mathematisch sicher bedeutendere Leistungen erbracht hat. Aber Descartes wollte Mathematik nicht nur als Werkzeug der Naturerkenntnis benutzen, er meinte, Naturwissenschaft selbst müsse Mathematik sein. Er hat damit eine wesentliche Aporie nicht zur Kenntnis genommen, die wir etwa so formulieren können: Allgemeinverbindliche Aussagen über die Natur müssen richtig sein; wenn sie sich aber auf formale Richtigkeit beschränken, dann sagen sie nichts über die Natur aus, weil sie dann bloß gedankliche Konstruktionen bleiben.

Wir wissen schon, daß Galilei auch diese Aporie in seinem neuen Denkrahmen auflöste: Durch den Ausschluß falscher

Hypothesen mittels des Experimentes, nicht durch den formalen Beweis richtiger Behauptungen. Gerade das schien aber Descartes zu wenig. Carl Friedrich von Weizsäcker schreibt:

»Descartes wollte nicht nur diese oder jene schöne Entdeckung in der Naturwissenschaft machen. Er hat Galilei, der ein größerer Naturforscher war als er, dafür kritisiert, daß er nur einzelne Hypothesen aufgestellt und an der Erfahrung bewährt habe. Wahre Wissenschaft verlange eine sichere Herleitung aus ersten zweifellosen Prinzipien.«

Bis heute lebt die physikalische Forschung aus dieser Aporie: Naturgesetze werden in der Sprache der Mathematik gefaßt, dürfen sich aber nicht darauf beschränken. Formale Beweise sind für die Richtigkeit der Formulierungen zwar erwünscht, sagen aber überhaupt nichts darüber aus, ob sie in der physikalischen Wirklichkeit brauchbar sind, ob sie »stimmen«. Wie weit rein mathematische Methoden in die Physik eindringen sollen, ist ein ewiger Streitpunkt, der allerdings eher befruchtend als hemmend auf die Entwicklung der Physik wirkt.

Albert Einstein formulierte im Jahre 1930 diese Spannung ganz deutlich: »Insofern sich die Sätze der Mathematik auf die Wirklichkeit beziehen, sind sie nicht sicher, und insofern sie sicher sind, beziehen sie sich nicht auf die Wirklichkeit.«

Einstein sagt von den Sätzen der reinen Mathematik, sie seien »sicher«. Ich möchte dieses Wort lieber anders verwenden (im Sinne von »verläßlich«, Sicherheit gebend) und bei »formal beweisbar« oder eben »richtig« bleiben. Aber es geht mir – wie immer – nie um die Worte selbst, nur um die wesentlichen Unterscheidungen und darum, Mißverständnisse so weit wie möglich zu vermeiden.

Nun wäre es ein fataler Irrtum zu meinen, daß mit der bloßen Unterscheidung von Wahrheit und formaler Richtigkeit irgend etwas gelöst werden kann. Es geht vielmehr darum, einzusehen, daß diese Unterscheidung zugleich notwendig und letztlich unmöglich ist. Daß also zwischen *richtig* und *wahr* eine Spannung besteht, die ständig neu aufrechterhalten werden muß (daß es also um einen Widerspruch geht, der nicht im Sinne eines »Entweder – Oder« einfach eliminiert werden kann).

Im Extremfall entfernt sich nämlich das Streben nach formaler Richtigkeit von allem Wirklichen so sehr, daß es vollkommen sinnlos wird und sich damit selbst überflüssig macht. Reine Mathematik wäre dann ein bloßes Spiel mit abstrakten Symbolen ohne jegliche Beziehung zur Welt, in der wir leben. Um diesem Schicksal zu entgehen, orientiert sich auch die reine Mathematik an Problemen der Menschen, letztlich am Suchen nach dem Wahren. Aber es bleibt immer nur Ausgangspunkt. Das Ergebnis: Die bewiesenen »Sätze« sind formal und sagen nichts mehr über die Wirklichkeit aus. Weil sie sich aber auch der normalen Sprache bedienen müssen, entsteht nun eine neue Versuchung: die Grenzüberschreitung aus dem Bereich des formal Richtigen in den Bereich des Wahren.

Weil die Sätze der Mathematik nicht bezweifelt werden können (sie sind ja »bewiesen«), verlocken sie dazu, daraus eine neue »Wahrheit« zu konstruieren, die nun »wirklich« feststeht; die wie eine echte Realität für alle Menschen ewig gültig bleibt. Wie jeder Verlockung liegt auch dieser eine Täuschung zugrunde: Die Vorspiegelung der Sprache, daß ihren Worten auch in den mathematischen Sätzen jene Bedeutung gegeben werden könne, die sie im Alltag haben.

Deutlich – und zugleich gefährlich – wird dies freilich nur bei extremen Beispielen. So bewies der bekannte Mathematiker van der Waerden im Jahre 1927 einen Satz, den Hall und Maak 1935 erweiterten und der vom physikalisch interessierten Mathematiker Herman Weyl als *Heiratssatz* bezeichnet wurde. Es geht dabei um »Abbildungen von nichtleeren Mengen«. Aber diese Mengen werden mit H (für

Herren) und D (für Damen) bezeichnet, und »Heirat« nennt der Mathematiker jede »Abbildung von H in D«, die eindeutig ist und bei der »jedem Element aus H ein Element aus D zugeordnet ist«. Die erste Eigenschaft heißt dann auch »Monogamie«, und die zweite bedeutet, daß »die Gattin eines Herren stets eine seiner Freundinnen ist«.

Es ist wohl offensichtlich, daß das wahre Problem von Monogamie und Freundschaft nicht einmal im entferntesten von dieser abstrakten Beschreibung berührt wird. Trotzdem heißt es etwa in einem mathematischen Lehrbuch als Einleitung zu den formalen Überlegungen:

»Bekanntlich heiratet nicht jeder Herr die Dame, die er am liebsten hätte. Mancher muß zufrieden sein, seine Gattin wenigstens unter seinen Freundinnen im weiteren Sinne zu finden. Bei solchermaßen zurückgeschraubten Ansprüchen läßt sich für das Heiratsproblem ein mathematisches Modell finden, das eine Lösung liefert, falls nur die Herren nicht zu exklusiv in der Wahl ihrer Freundinnen sind. Der betreffende mathematische Satz ist unter dem Namen ›Heiratssatz‹ bekannt und hat auch Anwendungen innerhalb der Mathematik.«

Wie beliebig die Bezeichnungen der abstrakten Mengen wirklich sind, sehen wir auch daraus, daß es unmittelbar darauf in diesem Lehrbuch heißt:

»Wer sich durch die im folgenden Modell auftretende Asymmetrie bezüglich der Geschlechter gestört fühlt, kann sie zumindest durch Vertauschung der Bezeichnungen umdrehen.«

Im eigenen Leben vor dem Problem von Freundschaft oder Heirat stehend, wird wohl kaum jemand ein Lehrbuch der Mathematik zu Rate ziehen. Schlimmer aber ist es, wenn formal beweisbare Sätze vorgeben, Aussagen über das Zusammenleben vieler Menschen machen zu können.

Im Jahre 1972 hat Kenneth J. Arrow für sein bahnbrechendes Werk den Nobelpreis für Wirtschaftswissenschaften erhalten. Unter seinen Arbeiten findet sich ein formal beweisbares Theorem, der *Satz von Arrow*. Arrow hatte sich die Frage gestellt, welche Strukturen das Zusammenleben einer Gemeinschaft aufweisen müsse, um »kollektive Rationalität« bei Entscheidungen zu ermöglichen. Dazu mußte er allerdings eine formale Definition für »kollektive Rationalität« finden. Er stellte dazu fünf Forderungen auf, die plausibel erscheinen, vor allem aber den Axiomen der Logik entsprechen. Nun konnte er zeigen, daß diese Voraussetzungen nur erfüllbar sind, wenn alle Entscheidungsmacht in einer Hand konzentriert wird. Mit formal richtigen Schlüssen hatte er bewiesen, daß keine nicht-diktatorischen Methoden existieren, die alle gestellten Forderungen erfüllen.

Verständlich, daß sich seither viele Formalwissenschaftler bemüht haben, Arrows »Unmöglichkeits-Satz« zu umgehen oder gar zu widerlegen. Sie hatten keinen Erfolg. Zwei von ihnen, Douglas Blair und Robert Pollak, schreiben resigniert:

»Es gibt kaum Trost für die, welche Methoden der kollektiven Wahl ersinnen wollen. Und doch braucht jede Gesellschaft kollektive Wahlen und Abstimmverfahren, wie unvollkommen sie auch sein mögen. Axiomatische Analysen, die die Untersuchungen von Arrow fortsetzen, ergaben ein tieferes Verständnis bestehender Abstimmverfahren und könnten schließlich zu besseren führen. Sie zeigen aber auch, daß den Möglichkeiten einer Verbesserung enge Grenzen gesetzt sind. Weitgehende Kompromisse sind unvermeidlich.«

Die Grenzüberschreitung ist hier wohl deutlich zu spüren. So wie beim Heiratssatz (und bei *allen* mathematischen Sätzen) müssen zunächst die Begriffe exakt definiert werden. Sodann sind gewisse Annahmen festzulegen (der Mathematiker spricht von Voraussetzungen des Beweises), die selbstverständlich widerspruchsfrei sein müssen. Nur dann kommen wir zu richtigen Schlußfolgerungen.

Im Falle des Satzes von Arrow war eine der Voraussetzungen die sogenannte »kollektive Rationalität«. Dieser Begriff wird nun ganz formal definiert – damit löst er sich aber vom wirklichen Leben der Menschen, in dem die Wahlen stattfinden, vollkommen ab. Es wäre wohl vermessen, anzunehmen, daß beim Abstimmen Gefühle keine Rolle spielen und die kollektive Wahl als Summe rein rationaler Entscheidungen entsteht. Der Satz von Arrow gilt somit nur in einer erdachten Gemeinschaft rationaler Individuen, die wir im wirklichen Leben gar nicht herstellen können (und die viele von uns auch gar nicht wollen). Weil aber die Voraussetzungen eines mathematischen Satzes nicht immer mitgenannt werden, wird diese Tatsache oft verschleiert. Es entsteht dann der Eindruck, man könne gewisse Aussagen über die Wirklichkeit ein für allemal beweisen und jeder Zweifel an ihnen wäre sinnlos oder gar mutwillig zerstörerisch. Im Falle des Satzes von Arrow halte ich diesen Irrtum für gefährlich.

Wir müssen uns daher in aller Deutlichkeit klarmachen, daß die Sätze der Mathematik zwar formal richtig und daher unbezweifelbar sind, daß sie aber immer nur *relative* Aussagen machen, bezogen auf die angenommenen Voraussetzungen.

Ein letztes Beispiel möge dies verdeutlichen. Viele kennen die drei klassischen »Unmöglichkeitssätze« der Geometrie: Die Dreiteilung eines beliebigen Winkels, die Verdopplung des Würfelinhalts und die Quadratur des Kreises sind geometrisch nicht möglich. (Das dritte Beispiel wird ja sogar oft als Bild in der Alltagssprache verwendet, wenn es etwa vor schwierigen Budget-Verhandlungen heißt, der Finanzminister stehe vor der Quadratur des Kreises.)

Kaum jemand fügt aber dazu, daß dies nur für »Konstruktion mit Zirkel und Lineal« gilt. Läßt man diese einschränkende Voraussetzung fallen, dann gelten auch die Unmöglichkeitssätze nicht mehr. (Am besonders einfachen Fall der

Dreiteilung des Winkels habe ich dies in einem Eranos-Vortrag 1986 genau dargestellt.)

Richtig und *wahr* stehen also an entgegengesetzten Extremen eines Spannungsfeldes, in das wir alle unsere Aussagen und Behauptungen am jeweils treffenden Ort einfügen können. Die Mathematik mit ihren formal beweisbaren Sätzen steht am einen Extrem. Gibt es auch eine Methode, Wahrheit zu erlangen oder wenigstens anzustreben?

Wahrheit und Zweifel

Den methodischen Zweifel René Descartes haben wir schon im ersten Kapitel kennengelernt. Sein Ziel war das unbezweifelbar Feststehende, das Descartes schließlich im *cogito ergo sum* (ich denke, also bin ich) fand. Folgerichtig verlangte er daher auch mathematische Methoden als Grundlage der Naturerkenntnis, weil nur sie nicht bezweifelbare Sätze liefern. Wir wissen auch schon um das unvermeidliche Versagen dieses Anspruches.

Wenn wir nicht fordern dürfen, daß die Wahrheit widerspruchsfrei sein muß, können wir dann überhaupt etwas über sie aussagen? Weisen nicht die (im zweiten Kapitel erwähnten) Probleme mit dem festgehaltenen Wissen auf diese Schwierigkeit? (Das ausgesprochene *Tao* ist nicht das *Tao*.)

Aber wollen wir überhaupt etwas allgemein Verbindliches über Wahrheit aussagen? Genügt es uns nicht, selbst an der Wahrheit teilzuhaben oder sie zumindest anzustreben?

Wie aber können wir die Gewißheit erlangen, ihr nahe zu kommen? Sind wir dabei ganz auf uns allein gestellt, oder finden wir nicht wenigstens in der Wahrheit des Glaubens verbindliche Anhaltspunkte?

Gerade um dieser Wahrheit willen wurden doch im 16.

und 17. Jahrhundert die großen Religionskriege ausgefochten. Wie viele Menschen mußten qualvoll sterben, weil es eben nicht möglich war, objektive und für beide Seiten einsichtige Glaubenswahrheiten zu formulieren. Jede der Streitparteien beanspruchte aber diese Möglichkeit für sich selbst. Aus Scham und Abscheu vor soviel unmenschlicher Borniertheit könnten wir allzuleicht der Versuchung erliegen, die Sehnsucht nach Wahrheit als irregeleitetes Gefühl zu bezeichnen. Wenn es schon keine widerspruchsfreie Wahrheit gibt, dann erklären wir halt jede Meinung, die sich dafür ausgibt, zu einer Wahrheit.

Aber in korrupten Diktaturen haben Menschen auch ihr Leben hingegeben, weil sie nicht in der Lüge leben wollten. Also kann Wahrheit nicht einfach relativ sein, denn ihr Gegenteil ist als solches oft deutlich zu erkennen.

Könnte es sein, daß es mit der Wahrheit ähnlich steht wie mit der Realität? Daß wir sie zwar nicht direkt beschreiben können, wohl aber erkennen, wenn sie uns entschwindet?

Achten wir doch noch einmal auf den Unterschied zwischen *wahr* und *richtig*. Wenn ein Mensch zu mir sagt: »Ich liebe dich!«, und ich verlange nach Beweisen, dann habe ich die Bedeutung des Augenblickes vollständig mißverstanden. Denn dieser Satz beansprucht nicht, *richtig* zu sein, er versucht eine Wahrheit zu vermitteln – wenn er ehrlich gemeint ist. Er fordert von mir, die Ehrlichkeit der Aussage anzunehmen, obwohl ich dessen nicht sicher sein kann. Die Aussage wird gerade dadurch wahr, daß ich sie zwar bezweifeln könnte, im konkreten Falle aber nicht daran zweifle.

In einem Gespräch mit Eckermann sagte Johann Wolfgang von Goethe: »Ich ehre die Mathematik als die erhabenste und nützlichste Wissenschaft, so lange man sie da anwendet, wo sie am Platze ist; allein ich kann nicht loben, daß man sie bei Dingen mißbrauchen will, die gar nicht in ihrem Bereiche liegen, und wo die edle Wissenschaft sogleich als Unsinn erscheint. Und als ob alles nur dann existiere, wenn es sich mathematisch beweisen läßt! Es wäre doch töricht, wenn Jemand nicht an die Liebe seines Mädchens glauben wollte, weil sie ihm solche nicht mathematisch beweisen kann. Ihre Mitgift kann sie ihm mathematisch beweisen, aber nicht ihre Liebe!«

Während *richtig* (im Extrem) das ist, was formal bewiesen werden kann, ist *wahr* (im Extrem) gerade das, was grundsätzlich bezweifelt werden könnte. Wahrheit ist nie objektiv gegeben, sie entsteht erst dadurch, daß sich ein Mensch (oder eine Gemeinschaft) dazu bekennt.

Im zweiten Kapitel haben wir von der Schöpfung als *Zwei*-Machung gehört und von der Sehnsucht des Menschen, die *Ein*-heit wieder herzustellen. Als Ziel dieser Sehnsucht haben wir die Einheit von Diesseits und Jenseits, von Zeit und Ewigkeit, (von Vater und Sohn) betrachtet. Nun sehen wir in diesem Lichte die Bedeutung der Wahrheit als Wegweiser auf dieses Ziel. Sie ist ohne Wanken der Einheit, ohne *Zwei*fel, ja ohne Ver*zwei*flung nicht einmal denkbar, ohne in ihrem Spannungsfeld nach dem formal Richtigen abzugleiten. Wahrheit ist daher niemals statisch, nie festzuhalten, sie ist der Weg zu einem nie ganz zu erreichenden Ziel.

Hegel sagt von diesem Weg der Wahrheit: »Er kann deswegen als der Weg des *Zweifels* angesehen werden oder eigentlicher als der Weg der Verzweiflung; auf ihm geschieht nämlich nicht das, was unter Zweifeln verstanden zu werden pflegt, ein Rütteln an dieser oder jener vermeinten Wahrheit, auf welches ein gehöriges Wiederverschwinden des Zweifels und eine Rückkehr zu jener Wahrheit erfolgt, so daß am Ende die Sache genommen wird wie vorher. Sondern er ist die bewußte Einsicht in die Unwahrheit des erscheinenden Wissens.«

Wahrheit und Zweifel (oder Verzweiflung) gehören zusammen wie Jenseits und Diesseits, sie erscheinen nicht abwechselnd nacheinander. Darum ist dieser Zweifel, dessen Aufhebung zur Wahrheit führt, auch ein anderer als der methodische Zweifel des Descartes. Aus der Sicht eines Buddhisten hat dies der schon zitierte Philosoph Nishitani ganz deutlich gesagt:

»Zur Erklärung will ich versuchen, den sogenannten methodischen Zweifel, dessen sich Descartes bedient hat, um zu seinem *Ich denke, also bin ich* zu gelangen, mit *dem* Zweifel zu vergleichen, der in der Welt der Religion auftaucht. Im Vorhof der Religion tritt immer und immer wieder ein tiefer Zweifel auf. Da ist zum Beispiel das (...) Problem, das mit dem eigenen Leben und Tod zu tun hat sowie mit der Vergänglichkeit und Flüchtigkeit der Dinge dieser Welt. Der Qual beim Verlust eines geliebten Menschen liegt ein tiefer Zweifel an der Existenz selbst, der eigenen wie der alles anderen, zugrunde. Ein solcher Zweifel nimmt verschiedene Formen an und drückt sich verschieden aus. Im Zen zum Beispiel spricht man von der ›Selbstvergegenwärtigung‹ des Großen Zweifels. Das Wort ›groß‹ in diesem Ausdruck hängt wahrscheinlich zum einen mit dem Inhalt dieses Zweifels zusammen. Denn Sachverhalte, wie jene fundamentale Ungewißheit hinsichtlich der menschlichen Existenz in der Welt, der Existenz des Selbst und der anderer und das daraus herstammende Leid, sind große Gegenstände.«

Als Jesus von Nazareth vor Pilatus stand, da erklärte er ihm: »Ich bin dazu geboren und dazu in die Welt gekommen, daß ich für die Wahrheit Zeugnis gebe. Jeder, der aus der Wahrheit ist, hört auf meine Stimme.« *(Joh. 18, 37)*

Pilatus aber entgegnete ihm: »Was ist Wahrheit?« *(Joh. 18, 38)*

Jesus, »der Weg, die Wahrheit und das Leben«, nannte die dritte göttliche Person den »Geist der Wahrheit«: »Wenn aber jener, der Geist der Wahrheit, kommt, wird er euch in alle Wahrheit einführen.« *(Joh. 16, 13)*

Was *wahr* ist, sagt uns der Geist; was *richtig* ist, kann

bewiesen werden. In diesem Sinne stammen Versuche, Gottesbeweise zu finden, aus dem gleichen Verzagen im Geiste wie die Philippus-Frage.

Die Wahrheit des Glaubens und die Mathematik spannen den Rahmen von *wahr* bis *richtig*. In dieses Feld ordnen sich aber auch ganz persönliche Aussagen, die nur wenige Menschen betreffen (wie zum Beispiel die Liebeserklärung). Immer aber gilt, daß etwas nur wahr sein kann, wenn es zugleich auch bezweifelt werden könnte, weil Wahrheit ohne persönliches Bekennen nicht wirklich ist.

Wenn Naturerkenntnis von Wahrheit unterschieden ist, aber ihre Ergebnisse – die Naturgesetze – nicht formal bewiesen werden können, liegt sie dann auch in dem Spannungsfeld zwischen den Polen *wahr* und *richtig*? Von vielen Wissenschaftstheoretikern wird das tatsächlich angenommen, denn daß die Galileische Methode nicht auf Beweisen, sondern auf dem Ausschluß falscher Annahmen (der doppelten Negation) beruht, kann niemand bestreiten. Karl Popper hat das prägnant formuliert: »Nun wollen wir aber doch nur ein solches System als empirisch anerkennen, das einer Nachprüfung durch die ›Erfahrung‹ fähig ist (...). Wir fordern zwar nicht, daß das System auf empirisch-methodischem Wege endgültig positiv ausgezeichnet werden kann, aber wir fordern, daß es die logische Form des Systems ermöglicht, dieses auf dem Wege der methodischen Nachprüfung negativ auszuzeichnen: Ein empirisch-wissenschaftliches System muß an der Erfahrung scheitern können.«

Am Extrem des formal Richtigen in diesem Spannungsfeld finden wir die Naturgesetze also nicht. Wenn sie aber in Richtung *wahr* abgerückt sind, dann müssen sie doch wenigstens ein ganz klein wenig bezweifelbar sein. Tatsächlich wird auch diese Meinung manchmal geäußert. »Allerhöchste Wahrscheinlichkeit« wird ihnen dann wohl zugestanden, aber ein Rest von Zweifel bleibt nicht ausgeschlossen, weil es eben keine Beweise gibt.

Ich glaube nicht, daß diese Position der Wirklichkeit entspricht. Wenn wir es nämlich wagen, vom Grübeln des Verstandes abzurücken und uns das Handeln der Menschen in ihrer Welt ansehen, dann werden wir feststellen, daß auch Naturgesetze ein Extrem beanspruchen dürfen, allerdings nicht mehr im Spannungsfeld zwischen *richtig* und *wahr*. Es ist ein dritter Pol: Naturgesetze sind *absolut verläßlich*, sie sind *sicher*.

Technisches und menschliches Versagen

Am 6. Januar 1960, kurz vor Mitternacht, startete eine viermotorige Propellermaschine des bewährten Typs DC-6B von New York mit dem Ziel Miami in Florida. Über North Carolina – ungefähr auf dem halben Weg – riß der Funkkontakt zu diesem Flugzeug ab, und es gab Unfallalarm. Noch in derselben Nacht wurden die Trümmer des Wracks in einem sumpfigen Feld gefunden.

Die Suchmannschaft eines Hubschraubers entdeckte durch Zufall eine der Sitzbänke des Flugzeuges fast 30 Kilometer von den übrigen Wrackteilen entfernt. Damit war sofort klar, daß die Maschine in der Luft zerrissen worden sein mußte, denn keine Explosion beim Aufschlag konnte Teile so weit wegkatapultieren. Erinnerungen an die Katastrophen durch Metallermüdung kamen auf und ängstigten erneut alle Flugpassagiere. Sofort wurden Spezialisten zu Rate gezogen, und ein Heer von etwa dreißig Experten für alle Teile, die als Schwachstellen in Frage kamen, ging konzertiert an die Untersuchung aller möglichen Ursachen.

Drei Tage nach dem Absturz sah der Pilot einer kleinen Maschine eine Leiche nahe der Stelle, an der die Sitzbank gefunden worden war. Eine sofortige Untersuchung identifizierte den Toten als einen der Passagiere des Unglücksfluges. Als sich herausstellte, daß er eine Unfallversicherung über eine Million Dollar abgeschlossen hatte, nahm man das als eher ungewöhnlich zur Kenntnis, schöpfte aber nicht sofort Verdacht, denn Versicherungsbetrug durch Sprengen eines Flugzeuges war damals noch nicht bekannt. Seine Verletzungen, die von denen anderer Passagiere abwichen, veranlaßten das Untersuchungsteam aber, die sofortige Autopsie zu beantragen.

Die Ursache des Unglücks mußte möglichst schnell und zuverlässig gefunden werden, denn es war nicht auszuschließen, daß ähnliche unbekannte Fehlerquellen demnächst zu einer Wiederholung der Katastrophe führen konnten. Sämtliche Teile des Wracks wurden eingesammelt und auf einem hölzernen Rahmen so zusammengestellt, daß die ursprüngliche Form möglichst getreu zu erkennen war.

Zunächst galt es, die drei nächstliegenden Hypothesen zu prüfen und – wenn möglich – auszuschließen: Zusammenstoß in der Luft, Metallermüdung und Sabotage. Die erste Hypothese konnte schnell eliminiert werden: Weder war zum Zeitpunkt der Katastrophe ein anderes Flugzeug im Luftraum, noch gab es irgendwelche Abschüsse von einer nahegelegenen Raketenbasis.

Metallermüdung wurde im Laufe der Untersuchungen immer unwahrscheinlicher, da die Art und Größe der Bruchstellen jeweils anders geartet war, sie konnte aber nicht vollkommen ausgeschlossen werden. Schließlich ergab jedoch die Autopsie der herausgeschleuderten Leiche überraschende neue Anhaltspunkte: Tief im Fleisch dieses Mannes wurden Metallsplitter gefunden, die nicht vom Material des Flugzeugs stammten.

Die Vorgangsweise der Experten-Kommission entsprach genau dem neuen Denkrahmen, der doppelten Negation: Durch Ausschluß aller unzutreffenden Hypothesen blieb schließlich nur mehr eine mögliche Ursache übrig, und nur sie konnte die Katastrophe herbeigeführt haben. Obwohl sie damals ganz überraschend und unvorhersehbar war, wurde sie als Untersuchungsergebnis veröffentlicht: Der Mann hatte mit einer Trockenbatterie eine Dynamitladung zur Explosion gebracht, offensichtlich im Zusammenhang mit der kurz vorher abgeschlossenen, hohen Unfallversicherung.

Um ganz sicher zu sein, wurden alle Teile des Wracks aus der Nähe der Sitzbank und der gegenüberliegenden Seite des Rumpfes einer chemischen Analyse unterzogen und mit Röntgenstrahlen durchleuchtet. Weitere Indizien bestärkten die Kommission in ihrer Annahme.

Ich habe hier einen besonders spektakulären Fall beschrieben, der zur Aufklärung eines scheinbar »perfekten Verbrechens« geführt hat. Aber ähnliche Verfahren werden nach jeder Flugzeugkatastrophe in Gang gesetzt, wobei mit größter Sorgfalt jedes kleinste Indiz vermerkt und auf mögliche Folgen überprüft wird. Wenn zum Beispiel auf einem Wrackteil eine Kratzspur gefunden wird, die bis zum Rand reicht, dann wird das ursprünglich dort anschließende Stück gesucht. Setzt sich die Kratzspur fort, dann ist sie schon vor dem Zerreißen der beiden Teile entstanden, andernfalls käme das Auseinanderbrechen zeitlich vorher. Schließlich geht es ja darum, die Ursache für eine Katastrophe zu finden, um sie in zukünftigen Fällen ausschließen zu können. Wenn möglich, werden nach jeder abgeschlossenen Untersuchung eines Flugunfalles Verfahrensänderungen eingeführt, um eine Wiederholung zu vermeiden.

Die zweifellos großartige Sicherheit, die der Flugverkehr heute bietet, ist Folge einer geistigen Haltung, die immer mit möglichen Fehlern rechnet, um sie konsequent eliminieren zu können. Man arbeitet nach dem bekannten »Gesetz von Murphy«, das zum Beispiel so formuliert wird: Alles, was falsch gemacht werden *kann*, wird mit Sicherheit irgendwo und irgendwann einmal falsch gemacht werden und vielleicht zur Katastrophe führen.

Wesentliche Teile eines Flugzeuges sind daher so konstruiert, daß sie gar nicht falsch eingebaut werden können. Wiederum erleben wir dabei die Folgen der doppelten Negation: Es ist zwar nicht möglich, immer alles richtig zu machen und Katastrophen völlig zu vermeiden, aber es ist möglich, immer mehr falsche Handlungen und fehlerhafte Bauteile auszuschließen und damit ein akzeptables, wenn nicht gar beruhigendes Maß an Sicherheit zu erzielen.

Die Flugunfall-Kommission ist Schlüsselstelle für das Aufsuchen noch verborgener Fehlerquellen. Ihre Mitglieder müssen daher alle erdenklichen Ursachen in Betracht ziehen, sie müssen kreativ genug sein, auch das eigentlich Unmögliche nicht außer acht zu lassen. Nur eines bleibt strikt jenseits des Denkbaren: daß einmal für einen Augenblick ein Naturgesetz nicht gegolten haben könnte!

Wer etwa imstande ist, anzunehmen, daß das Gesetz über den Auftrieb an der Tragfläche (das Bernoullische Gesetz oder die Formel von Kutta-Joukovski) nicht *immer* zuverlässig gültig ist, der muß seinen Platz in der Flugunfall-Kommission räumen, denn er hat die Grenzen des Vernünftigen übertreten. Damit würde nämlich gerade verhindert, daß ein zu vermeidender Fehler gefunden wird.

Auch gibt es unter dem ganzen Spektrum möglicher Flugängste eine einzige nicht: Die Angst, die Gesetze der Physik könnten einmal nicht funktionieren.

Wir können das Gesetz von Murphy daher auch so formulieren: Es gibt kein technisches Versagen.

Dies scheint zunächst unglaubwürdig, unterscheiden wir doch etwa bei Verkehrsunfällen stets zwischen technischem und menschlichem Versagen: War ein Bremsdefekt die Ursache, dann handelt es sich um ersteres, war der Fahrer übermüdet (oder gar betrunken), um letzteres.

Bei genauerer Betrachtung gilt dies aber nur für die *unmittelbare* Ursache. Denn auch ein Bremsdefekt tritt nur auf, wenn die fällige Überprüfung nicht ausgeführt oder ein

Materialfehler übersehen worden ist. Was immer der letzte Grund sein mag, irgendwo muß ein Mensch seine Sorgfaltspflicht mißachtet haben, vielleicht sogar bei bestem Wissen und Gewissen.

Auf die Naturgesetze können wir uns verlassen, sie gelten ohne Ausnahmen, sie sind absolut sicher. Das können wir aus dem Erfolg menschlichen Handelns schließen, obwohl wir dafür keine Beweise haben. Aber gerade darum gelten Naturgesetze *absolut*, während die beweisbaren Sätze der Mathematik immer nur in Relation zu gewissen Voraussetzungen richtig sind. Vielleicht sollten wir sagen, wir wissen zwar, *daß* die Naturgesetze sicher sind, aber wir wissen nicht, *warum* sie es sind.

Aus dem Spannungsfeld zwischen *formal richtig* und *wahr* ist nun ein Spannungsdreieck mit dem dritten Extrempunkt *sicher* geworden. Die Sicherheit der Naturgesetze entstammt der Methode der doppelten Negation; Naturgesetze können zwar nicht bewiesen werden, aber sie sind durch Experimente als falsch zu erkennen. Diejenigen, die bei diesem Prozeß übrigbleiben (die zwar prinzipiell falsifizierbar, aber in unserer Wirklichkeit nicht falsifiziert sind), gelten mit absoluter Sicherheit. Wir können daher das Spannungsdreieck schematisch so andeuten:

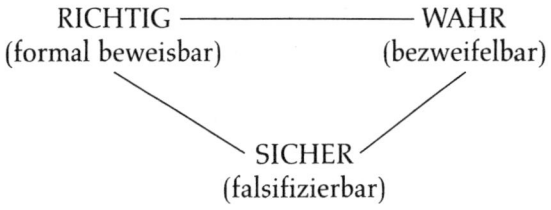

Paradigmenwechsel

Die Sicherheit der Naturgesetze unterscheidet sich von der Wahrheit des Glaubens und der formalen Richtigkeit mathematischer Sätze gerade dadurch, daß sie weder bezweifelbar noch beweisbar ist. Sie stellt demnach gerade jenes »Dritte« dar, das nach dem Axiom der Logik eigentlich ausgeschlossen sein sollte, das es aber im wirklichen Leben doch offenbar gibt. Es ist daher kaum verwunderlich, daß es rationalem Denken schwerfällt, Naturgesetze im Schema menschlicher Erkenntnis einzuordnen. Offensichtlich haben wir es wieder mit einer Aporie (einer logischen Auswegslosigkeit) zu tun, die nicht einfach eliminiert werden kann, ohne daß die Einsicht selbst verlorengeht.

Wer dennoch versucht, den Widerspruch logisch aufzulösen, muß sich auf eine von zwei entgegengesetzten Seiten schlagen und die andere als falsch erklären: Er muß entweder die Sicherheit der Naturgesetze bestreiten und bloß Wahrscheinlichkeiten annehmen, oder er muß eine neue Logik konstruieren, aus der doch noch so etwas wie ein »Beweis« für Naturgesetze folgt. Dafür bietet sich am besten der Induktionsschluß an, den wir im zweiten Kapitel besprochen haben. Induktionslogik geht zwar über die aristotelische Logik hinaus, betritt aber nicht den vielen bedrohlich erscheinenden Boden der Widersprüche (in Form von Aporien).

Beide Seiten dieses Streitpunktes werden ernsthaft vertreten, woraus freilich ein dauernder wissenschaftlicher Konflikt erwachsen ist, der weder beizulegen ist noch irgendwelche Früchte für die menschliche Entwicklung bringt. (Getreu dem neuen Denkrahmen folgend, entstand daraus eine eigene Disziplin, die Wissenschaftstheorie, die aber nur dann sinnvoll ist, wenn sie sich nicht nur mit sich selbst beschäftigt.)

Eine recht interessante Alternative, die nicht einer der

beiden Streitparteien zuzuordnen ist, hat der Wissenschaftstheoretiker Thomas Kuhn vorgeschlagen. Er meint, daß es in Zeiten sogenannter normaler Wissenschaft einen Konsens aller Forscher jeder Einzeldisziplin gibt, den Grundstock der Naturgesetze nicht anzuzweifeln. Damit braucht die Frage nach deren Sicherheit nicht beantwortet zu werden, weil sie gar nicht gestellt wird.

Diesen festen Grundstock an Naturgesetzen nennt Thomas Kuhn das Paradigma jeder Disziplin. Er sagt von solchen Paradigmen: »Von diesen glaube ich, daß sie allgemein anerkannte wissenschaftliche Leistungen sind, die für eine gewisse Zeit einer Gemeinschaft von Fachleuten Modelle und Lösungen liefern.«

Verständlich, daß sich ein Paradigma erst nach einiger Zeit des Kampfes, gewissermaßen erst nach den Geburtswehen eines neuen Faches einstellt. Thomas Kuhn meint: »Die Erwerbung eines Paradigmas und der damit möglichen esoterischen Art der Forschung ist ein Zeichen der Reife in der Entwicklung jedes besonderen wissenschaftlichen Fachgebietes.«

Vorher liegen verschiedene Hypothesen oder Theorien miteinander in Konkurrenz. Vertreter einer bestimmten Ansicht versuchen alle anderen zu widerlegen und damit auszuschalten. Die schließlich übrigbleibende Theorie wird zum Paradigma. Wie wir schon wissen, hat sie sich dadurch bewährt, daß sie nicht widerlegt werden konnte; nur dadurch und nicht durch direkte Konfrontation ist sie allen anderen überlegen. Auch darauf hat Thomas Kuhn deutlich hingewiesen:

»Um als Paradigma angenommen zu werden, muß eine Theorie besser erscheinen als die mit ihr im Wettstreit liegende, sie braucht aber nicht – und tut es tatsächlich auch niemals – alle Tatsachen, mit denen sie konfrontiert wird, zu erklären.«

Wenn nun im Laufe der Entwicklung zu viele Tatsachen

unerklärt bleiben oder wenn zu viele störende Widersprüche auftauchen, dann kommt es zur »wissenschaftlichen Revolution«, zu einem Wechsel des Paradigmas. Hat sich ein neues Paradigma herausgebildet, dann tritt wieder Beruhigung ein, eine neue Phase »normaler Wissenschaft« beginnt. Einen der spektakulärsten Paradigmenwechsel, den Übergang von der klassischen Physik zur Quantenmechanik, haben wir im ersten Kapitel ausführlich kennengelernt.

»Der fortlaufende Übergang von einem Paradigma zu einem anderen auf dem Wege der Revolution ist das übliche Entwicklungsschema einer reifen Wissenschaft«, sagt Thomas Kuhn. Ein Paradigmenwechsel bedeutet eine Neufassung der außer Frage gestellten Naturgesetze. Wie können wir dann aber von »sicheren« Kenntnissen sprechen, wenn sie bei jeder wissenschaftlichen Revolution abgeändert werden?

Um diese subtilen Zusammenhänge zu verstehen, ist es nützlich, sich an das Verhältnis von Realität und Wirklichkeit zu erinnern. Die Realität ist uns verschlossen, wir können sie nicht direkt erreichen. Aber sie macht sich sofort bemerkbar, wenn sie in Widerspruch zu unserer Wirklichkeit steht. Die Wirklichkeit ist daher kein direktes Bild der Realität, sie ist von uns geschaffen, aber doch nicht beliebig. Denn sie muß ja Widersprüche vermeiden! Daher können verschiedene Wirklichkeiten dieselbe Realität beschreiben. (Es ist auch nicht sinnvoll, von größerer Nähe oder Ferne zur Realität zu sprechen, denn diese ist uns eben verschlossen.)

Was sich bei einem Paradigmenwechsel ändern kann, ist die Form, ja sogar der Inhalt der Naturgesetze, niemals aber ihre Aussage in bezug auf unser Handeln. Um es ganz deutlich zu sagen: Wenn ich meiner Phantasie keine Grenzen setze, dann kann ich mir vorstellen, daß es vielleicht einmal eine Physik gibt, die den Begriff des Atomkernes nicht mehr verwendet, da in ihrem Paradigma völlig andere

Vorstellungen und Modelle benützt werden. Alle unsere sprachlichen und mathematischen Beschreibungen könnten anders werden. Es ist aber mit Sicherheit auszuschließen, daß jene bestimmte Folge von Handlungen, die wir heute Isotopentrennung nennen, an einem Material, das wir heute Uranerz nennen, bei Anhäufung des heute Uran 235 genannten Teiles nicht zu jener furchtbaren Katastrophe führt, die wir heute Kernexplosion nennen.

Die Wissenschaftstheorie spricht auch davon, daß eine neue Theorie die alte immer als Grenzfall enthalten muß, um Chancen zu haben, als Paradigma angenommen zu werden. So enthält die spezielle Relativitätstheorie die klassische Physik im Grenzfall von Geschwindigkeiten, die im Vergleich zur Lichtgeschwindigkeit klein sind. Und die Quantenmechanik enthält die klassische Mechanik im Grenzfall großer Wirkungen, obwohl der Übergang in diesem Falle manchmal gar nicht einfach zu vollziehen ist.

Es handelt sich dabei um die lebendige Entwicklung der Physik, aus der Widersprüche nicht ausgeschlossen werden können. Eine rein logische Beschreibung ergäbe ein totes Bild, das der Wirklichkeit nicht gerecht werden könnte. Also gibt es wiederum zwei Lager in der Wissenschaftstheorie, die jeweils eine der Seiten des Widerspruches vertritt und die andere für falsch hält. Die einen lassen nur den *Wechsel* des Paradigmas gelten und übersehen die Kontinuität der sicheren Aussagen über das Handeln. Die anderen sehen nur, daß die neue Theorie die alte enthält, und wollen dem Wandel der Anschauungen und Begriffe keine Bedeutung zumessen. Etwas herabwürdigend, aber nicht ganz zu Unrecht spricht der kritische Wissenschaftstheoretiker Paul Feyerabend vom »Kuhn-Popperschen Froschmäusekrieg«. Freilich darf man diesen Vorwurf nicht den beiden Vorreitern Thomas Kuhn und Karl Popper, wohl aber deren weniger aufgeschlossenen Nachdenkern und Epigonen anlasten.

Wenn wir uns in diesen fruchtlosen Streit nicht einmischen wollen, müssen wir uns aber nun der Frage stellen, ob wir jenes ausgeschlossene »Dritte«, die Sicherheit der Naturgesetze, nicht doch etwas näher beschreiben können.

Wissenschaft und Mythos

Vor der Achsenzeit lebten alle Menschen im »mythischen Zeitalter, das durch Ruhe und Selbstverständlichkeit geprägt war«, wie Karl Jaspers es ausdrückte. Die Unterscheidung von *wahr* und *richtig* war noch kein Problem. Grundsätzlich unbeantwortbare Fragen (wie etwa die nach der Herkunft der Welt) wurden mit Bildern umschrieben, die zugleich eine mögliche Antwort und den Hinweis auf die Unbeantwortbarkeit darstellten.

Seit der Achsenzeit müssen wir zwischen bildlichen und direkten Aussagen unterscheiden. Damit entsteht auch die Spannung zwischen *wahr* und *richtig*.

Die zweite Achsenzeit brachte uns das Dritte: Einsichten, die weder wahr noch richtig, dafür aber *sicher* sind. Daß wir die Sicherheit der Naturgesetze nicht sinnvollerweise bezweifeln können, sehen wir aus dem Handeln der Menschen. Wie aber steht es mit der Induktionslogik? Sie behauptet ja, daß aus vielen Einzelereignissen eine allgemeine Aussage erschlossen werden kann. Im Falle der Physik sind die Einzelereignisse experimentelle Ergebnisse eines bestimmten Gebietes, für das ein Naturgesetz gesucht wird.

Eine solche Situation lag in der zweiten Hälfte der fünfziger Jahre vor, als man nach dem Gesetz suchte, das den radioaktiven Beta-Zerfall von Atomkernen und Elementarteilchen beschreiben sollte. Viele Physiker waren emsig bemüht, aus den zahlreich vorliegenden Experimenten ein allgemeines Gesetz abzuleiten, aber es wollte nicht gelingen.

Und es *konnte* auch nicht gelingen!
Experimente sind ja nicht – wie wir schon wissen – etwa exakt formulierte Beobachtungen. Es sind gezielte Fragen an die Natur, zu deren präziser Beantwortung die Wirklichkeit erst vereinfacht werden muß. Auf dem Wege dieser Vereinfachung (der Experimentator spricht gerne von Korrekturen) kann und wird immer wieder ein Fehler unentdeckt bleiben. Von den zahlreichen vorliegenden Ergebnissen sind daher fast immer einige falsch. Ohne Kenntnis des zugrundeliegenden Naturgesetzes (der Theorie) kann aber nicht festgestellt werden, welche Experimente falsch sind, und ohne dieses Wissen kann kein gültiges Naturgesetz abgeleitet werden.
Wir befinden uns also in einem Zirkel, der Induktionsschlüsse in einer experimentellen Wissenschaft grundsätzlich unmöglich macht. (In der Mathematik gibt es freilich sogenannte Beweise durch vollständige Induktion, was den wesentlichen Unterschied zwischen *richtig* und *sicher* erneut verdeutlicht.) Ein derartiger Zirkel kann nur von außen durchbrochen werden; tatsächlich waren es im Jahre 1958 sogenannte Prinzipien, die von einigen Theoretikern ersonnen worden waren, weil sie ihnen plausibel, einfach und nützlich erschienen, die das Problem schließlich lösten.
Zwei Physiker-Paare fanden etwa gleichzeitig das neue Naturgesetz (die sogenannte V-A-Theorie der Schwachen Wechselwirkung): Marshak und Sudarshan sowie Feynman und Gell-Mann. In der Originalarbeit der beiden letzteren wird auf die Prinzipien des physikalischen Denkens, die die Lösung nahegelegt haben, deutlich hingewiesen, und dann heißt es:
»Diese theoretischen Argumente erscheinen den Autoren stark genug, um vorzuschlagen, daß die Nichtübereinstimmung mit dem Helium-6-Rückstoßexperiment und mit einigen anderen, weniger genauen Experimenten bedeutet, daß diese Experimente falsch sind.«

In ihrer klassischen Arbeit haben die Autoren also zugleich mit der neuen Theorie bestimmte Experimente für falsch erklären müssen. Ohne diese Auswahl mittels gedanklicher Kriterien (den Prinzipien) ist das Auffinden eines neuen Naturgesetzes unmöglich. Es kann daher niemals auf dem Wege der Induktion aus empirischem Material »herausgeholt« werden.

Sobald ein allgemeines Gesetz formuliert ist, reicht aber die klassische Deduktion aus, um alle möglichen Konsequenzen daraus abzuleiten und mit den Experimenten zu vergleichen. Der Weg der Bewährung des Gesetzes kann damit beginnen. Aber selbst so mutige Autoren wie Feynman und Gell-Mann wagten nicht, *alle* Experimente, die mit ihrer Theorie im Widerspruch standen, als falsch zu erklären. Es gab noch ein weiteres Experiment (der Zerfall des sogenannten Pi-Mesons in Elektron und Neutrino), das mit der neuen Theorie nicht übereinstimmte, das aber allgemein als gutes Experiment galt. In der zitierten Arbeit heißt es daher, dieses »Problem könnte eine subtilere Lösung haben«.

Es stellte sich jedoch heraus, daß auch dieses Experiment schlicht falsch war.

Beim Auffinden eines Naturgesetzes ist es sehr häufig so, daß einige der neuen Voraussagen auch von den kühnsten Forschern nicht für möglich gehalten werden, sich aber dann doch am Experiment bewähren. So zeigt ein Blick auf die Geschichte der Physik, daß regelmäßig theoretische Arbeiten, für die später der Nobelpreis vergeben wird, von den großen wissenschaftlichen Zeitschriften als Unsinn zurückgewiesen werden. (Dies war unter anderem beim ersten japanischen Nobelpreisträger, Hideki Yukawa, der Fall.) Oder die Autoren sind selbst nicht kühn genug, die neue Theorie bis zur letzten Konsequenz ernstzunehmen. Ein schönes Beispiel dafür ist die Gleichung von Paul Adrien Maurice Dirac, welche spezielle Relativitätstheorie und

Quantenmechanik vereinigte. Mit ihr wagte Dirac einen Weg tief ins unbekannte Neuland der theoretischen Physik. Aber beim allerletzten Schritt verließ auch ihn der Mut: Aus der Gleichung folgte nämlich zwingend die Voraussage von Anti-Teilchen, die aber damals (1930) noch nicht entdeckt worden waren. Ihre aus der Theorie deduzierten Eigenschaften waren so unglaublich, daß Dirac in seiner Originalarbeit nicht wagte, diese Konsequenz auszusprechen. Er versuchte, sie wegzudiskutieren. Erst nachdem dieser Versuch als widersprüchlich verworfen werden mußte, blieb nichts anderes übrig, als die Gültigkeit der neuen Theorie von der Existenz der Anti-Teilchen abhängig zu machen. Ohne die theoretische Entwicklung zu kennen, entdeckte Anderson bald darauf wirklich ein positives Elektron mit allen unglaublichen, aber vorhergesagten Eigenschaften des Diracschen Anti-Teilchens. Damit war die neue Theorie in glänzender Weise bestätigt.

Wir können ganz allgemein festhalten: Je unerwarteter, ja unglaublicher die Vorhersagen eines neuen Naturgesetzes sind, um so gesicherter ist die gewonnene Erkenntnis, wenn die Vorhersagen experimentell bestätigt werden können. Trotzdem wissen wir nicht, *warum* dies so ist und wieso die Einfälle einiger Naturwissenschaftler, die Prinzipien, zu absolut sicheren Erkenntnissen führen.

Albert Einstein, der meinte, das Unbegreiflichste an der Welt sei ihre Begreiflichkeit, sagte dies ganz deutlich:

»Höchste Aufgabe des Physikers ist also das Aufsuchen jener allgemeinsten elementaren Gesetze, aus denen durch reine Deduktion das Weltbild zu gewinnen ist. Zu diesen elementaren Gesetzen führt kein logischer Weg, sondern nur die auf Einfühlung und Erfahrung sich stützende Intuition. Bei dieser Unsicherheit der Methodik könnte man denken, daß beliebig viele, an sich gleichberechtigte Systeme der theoretischen Physik möglich wären: diese Meinung ist auch prinzipiell gewiß zutreffend. Aber die Entwicklung hat gezeigt, daß von allen denkbaren Konstruktionen eine einzige jeweils sich als unbedingt überlegen über alle anderen erwies.«

Die Entwicklung hat Einstein recht gegeben: Es gibt weder logische Beweise, noch ist die Erkenntnis vernünftigerweise anzuzweifeln.

Vielleicht können wir das Wechselspiel von theoretischer Vorhersage und Bewährung am Experiment mit Frage und Antwort charakterisieren:
So könnte es sein?
Es ist so!

Die Antwort ist in diesem Fall nicht als Bejahung zu verstehen, sondern im Sinne der doppelten Negation: Weil es nicht anders sein kann, muß es so sein!

Nur dort, wo sich das Wechselspiel von Theorie und Experiment vollkommen entfalten kann, sind die gewonnenen Erkenntnisse sicher. Damit haben wir aber erstmalig in der Geschichte der Menschheit eine Möglichkeit geschaffen, Handlungsvorschriften mit absolut verläßlichem Ergebnis anzusammeln. Verständlich, daß nun wieder eine Grenzüberschreitung droht: Die Methode der Naturwissenschaft nämlich auch dort anzuwenden, wo sie nicht mehr greift, weil kein Wechselspiel von Theorie und Experiment möglich ist und daher die doppelte Negation ihre Kraft verliert.

Ein Beispiel dafür ist die Frage nach dem Ursprung der Welt, die nun nicht mehr mit Bildern oder Gleichnissen beantwortet wird, sondern mittels der Naturgesetze der Physik. Während innerhalb des Bereiches sicherer Erkenntnis von theoretischen Modellen gefordert wird, daß sie Ergebnisse von Testexperimenten vorhersagen, um sich daran bewähren zu können (oder um daran zu scheitern), wird außerhalb dieses Bereiches nur die logische Konsistenz verlangt. Die theoretischen Modelle über die Entstehung des Kosmos müssen aus wohldefinierten Begriffen erstellt sein, sie dürfen nirgends im Widerspruch zu einem gesicherten

Naturgesetz stehen, und sie haben sich auf die Ursache-Wirkungs-Beziehung (auf die Kausalität) zu beschränken. Die Modelle dürfen also keine Zielgründe (keine *causa finalis*) enthalten. (Wie streng die letzte Forderung zu gelten hat, wird gerade in der Kosmologie am Beispiel des sogenannten »anthropischen Prinzips« heftig diskutiert.)

Es hilft vielleicht, zwischen Theorien mit Voraussagekraft (prediktiven Theorien) und Theorien mit bloßer Konsistenzforderung (konsistenten Theorien) zu unterscheiden. *Nur* bei den ersteren dürfen wir allerdings von der Sicherheit der Erkenntnis sprechen. Die letzteren sind tatsächlich einem historischen Wechsel unterworfen, der sie immer wieder zur Gänze durch andere ersetzen läßt. Wiederum wird dies durch einen Blick auf die Geschichte der Physik deutlich; zwei typische Beispiele mögen es unterstreichen: Sowohl Isaac Newton als auch Ludwig Boltzmann trugen Bedeutendes zu unserem gesicherten Wissen bei. Ihre Gleichungen und Gesetze werden noch heute in jeder Kursvorlesung über theoretische Physik vorgetragen, und kein Kandidat, der sie nicht beherrscht, kann einen akademischen Grad in Physik beanspruchen.

Beide großen Physiker haben aber auch ihre Modelle für die Kosmologie erstellt. Sie sind aber lediglich von historischem Interesse und werden höchstens in Vorlesungen über die Geschichte der Physik erwähnt. Kein Kandidat, der eines dieser Modelle heute noch ernsthaft vertritt, dürfte einen akademischen Grad in Physik beanspruchen. Wenn wir diese Einsicht in die Zukunft extrapolieren, dann dürfen wir getrost annehmen, daß zwar unsere im Labor getesteten Theorien (wie etwa die sogenannte Eichtheorie der elektroschwachen Wechselwirkungen) in hundert Jahren in ihren wesentlichen Aussagen noch immer zum festen Bestand der physikalischen Erkenntnis gehören, daß aber unsere Modelle über die Entstehung des Universums dann nur mehr von historischem Interesse sein werden.

Warum wird dann doch so emsig an solchen Fragen gearbeitet? Ich möchte diese Tätigkeit weder kritisieren noch in ihrer Bedeutung schmälern. Ich möchte sie nur an den ihr gebührenden Platz im Felde menschlichen Interesses rücken. Wir haben festgestellt, daß es grundsätzlich unbeantwortbare Fragen gibt, für die jede Zeit und jede Kultur eigene Antworten sucht. Die Bilder und Symbole des mythischen Zeitalters sind uns nicht mehr zugänglich. Seit der zweiten Achsenzeit haben wir einen Denkrahmen, der uns vorher ungeahnte Möglichkeiten eröffnet hat. Daher ist es nicht nur legitim, sondern auch vernünftig, mit diesem Denkrahmen auch an jene Probleme heranzutreten, die wir nicht einfach offen lassen wollen. Allerdings nur unter der Voraussetzung, daß wir die damit geschaffene Wirklichkeit nicht mit der Realität verwechseln.

Niemand wird bestreiten können, daß die Modelle eines Urknalls vor ca. 15 Millionen Jahren ihre innere Schönheit haben. Ja, sie helfen uns sogar, die Aporie von der »Zeit vor dem Anfang«, die wir im zweiten Kapitel erläutert haben, formal aufzulösen. In diesen Modellen entsteht nämlich das, was wir dort »Zeit« nennen, tatsächlich erst zusammen mit dem, was wir dort »Raum« nennen, und die Frage nach dem »Vorher« verbietet sich selbst. Es wäre aber trotzdem sehr einfältig, zu glauben, daß es damals »wirklich« so war.

Vielleicht können wir nun auch die konsistenten Theorien mit einer Wechselrede charakterisieren:

So könnte es gewesen sein!
War es so?

Frage und Behauptung haben nun ihren Platz getauscht. Wenn wir dies im Auge behalten, sollten wir uns getrost über die Schönheit von solchen Modellen freuen und nicht durch ihre Vergänglichkeit stören lassen.

Sichere Erkenntnis liefert nur das Wechselspiel von Theorie und Experiment. Die Grenze zu bloß konsistenten Modellen und Beschreibungen darf nicht übersehen werden. Vielleicht dürfen wir die letzteren als wissenschaftlichen Mythos oder Mythos des naturwissenschaftlichen Zeitalters bezeichnen?

Das schöpferische Element

Logisches Denken allein reicht nicht aus, um der Sicherheit der Naturgesetze erfolgreich nachzuspüren. Albert Einstein sprach von der »auf Einfühlung und Erfahrung sich stützenden Intuition«. Ein anderer ganz Großer der theoretischen Physik, der schon öfters zitierte Richard Feynman, gebrauchte ganz ähnliche Worte. In der Autobiographie beschreibt er seine oft bewunderte Fähigkeit, komplizierten Erklärungen so zu folgen, daß er Fehlschlüsse jederzeit aufdecken konnte, und stellt dann richtig: »Man glaubt, ich folge den einzelnen Schritten mathematisch, aber das tue ich gerade nicht. Ich nehme das spezifisch physikalische Beispiel, das man zu analysieren versucht, und ich kenne seine Eigenschaften aus Instinkt und Erfahrung.«

Instinkt und Intuition, gestützt auf Erfahrung, führen also zu den Naturgesetzen. Um ein Bild zu gebrauchen, könnten wir auch hier von Athen und Jerusalem sprechen. Athen wäre dabei die logische Deduktion der Voraussagen, die mit dem Experiment zu konfrontieren sind. Jerusalem aber der Weg, der zu den Gesetzen führt. Wenn es nämlich Ideen, Prinzipien oder Einfälle, also geistige Elemente sind, die dabei behilflich sind, dann ist das Bild von der jenseitigen Quelle diesseitiger Ergebnisse nicht neu.

Vielleicht kommen wir weiter, wenn wir schöpferische Menschen befragen, deren geniale Kreativität völlig außer Zweifel steht. Ludwig van Beethoven schrieb an den dreißig Jahre jüngeren Louis Schlösser:

»Sie werden mich fragen, woher ich meine Ideen nehme?

Das vermag ich mit Zuverlässigkeit nicht zu sagen; sie kommen ungerufen, mittelbar, unmittelbar, ich könnte sie mit Händen greifen, in der freien Natur, im Walde, auf Spaziergängen, in der Stille der Nacht, am frühen Morgen, angeregt durch Stimmungen, die sich bei dem Dichter in Worte, bei mir in Töne umsetzen, klingen, brausen, stürmen, bis sie endlich in Noten vor mir stehen.«

Und in dem berühmten Brief an einen komponierenden Baron schreibt Wolfgang Amadeus Mozart:

»Wenn ich recht für mich bin und guter Dinge, etwa auf Reisen im Wagen, oder nach guter Mahlzeit beym Spazieren, und in der Nacht, wenn ich nicht schlafen kann, da kommen mir die Gedanken stromweise und am besten. Woher und wie, das weiß ich nicht, kann auch nichts dazu. Die mir nun gefallen, die behalte ich im Kopfe, und summe sie wohl auch vor mich hin, wie mir andere wenigstens gesagt haben (...). Das erhitzt mir nun die Seele, wenn ich nämlich nicht gestört werde; da wird es immer größer und ich breite es immer weiter und heller aus; und das Ding wird im Kopfe wahrlich fast fertig, wenn es auch lang ist, sodaß ichs hernach mit Einem Blick, gleichsam wie ein schönes Bild oder einen hübschen Menschen, im Geiste übersehe, und es auch gar nicht nacheinander, wie es hernach kommen muß, in der Einbildung höre, sondern wie gleich alles zusammen. Das ist nun ein Schmauß. Alles das Finden und Machen gehet in mir nur, wie in einem schönstarken Traume vor: aber das Überhören, so alles zusammen, ist doch das Beste. Was nun so geworden ist, das vergesse ich nicht leicht wieder; und das ist vielleicht die beste Gabe, die mir unser Herrgott geschenkt hat (...). Wie nun aber über dem Arbeiten meine Sachen überhaupt die Gestalt und Manier annehmen, daß sie mozartisch sind, und nicht in der Manier irgend eines Andern: das wird halt ebenso zugehen, wie, daß meine Nase eben so groß und herausgebogen, daß sie mozartisch und nicht wie bey andern Leuten geworden ist. Denn ich lege es nicht auf Besonderheit an, wüßte die meine auch nicht einmal näher zu beschreiben; es ist ja aber wohl blos natürlich, daß die Leute, die wirklich ein Aussehen haben, auch verschieden voneinander aussehen, wie von außen so von innen. Wenigstens weiß ich, daß ich mir das Eine so wenig wie das andere selbst gegeben habe.«

Johann Wolfgang von Goethe hatte diesen Brief zu Gesicht bekommen und war davon begeistert. Er schrieb an Eckermann: »Ist das nicht himmlisch? Und gilt dieses große Wort, was Mozart von der Musik sagt, nicht von allen übrigen Künsten?«

Gilt es nicht vielleicht für jede echte schöpferische Gestaltung? Inwieweit gilt es auch für das Schaffen oder Aufspüren von Naturgesetzen?

Im Briefwechsel Goethes über Mozarts Beschreibung seiner Kreativität wird besonders die Stelle über das Zusammenhören des Ganzen herausgestellt. Zelter schrieb dazu an Goethe: »Mozart unterscheidet das ›Überhören‹ deutlich vom Gedächtnis, das sozusagen selbsttätig arbeitet. Das Überhören kommt aus einer ganz anderen Quelle, es ist die geheimnisvolle Fähigkeit, zu einer Gleichzeitigkeit zusammenzurücken, was in der Musik zu einem Ablauf im Nacheinander bestimmt ist. Daß in einem solchen Zusammenrücken das Organische eines musikalischen Kunstwerkes begründet ist, daß dieses Zusammenrücken nur durch einen begnadeten Blick möglich ist, der die äußersten Pole des Werdens und Gewordenseins verbindet, ist klar, unmöglich ist aber, sich einen solchen Blick abzuringen.«

Wenn Kreativität Jenseitiges im Diesseits entstehen läßt, wenn im Akt des Schöpferischen also die widersprüchliche Einheit von Diesseits und Jenseits erscheint, dann erstaunt es uns nicht mehr, wenn auch Zeit und Ewigkeit als Nacheinander und All-Gegenwart zusammenfallen. Was bei der Aufführung durch materielle Instrumente nacheinander sein muß, kann Mozarts Geist zugleich »überhören«.

Daß nicht nur Kreativität, sondern schon das einfache Erlernen von etwas Neuem nicht ohne Widersprüche (als Aporien) gedacht werden kann, wurde den Menschen schon in der ersten Achsenzeit bewußt. In einem seiner Dialoge läßt Platon seinen Sokrates mit Menon über die Tugend diskutieren. Dabei kommt Menon sehr in Verwirrung: »Wiewohl ich schon tausendmal über die Tugend gar vielerlei Reden gehalten habe vor vielen, und sehr gut, wie mich dünkt. Jetzt aber weiß ich nicht einmal, was sie überhaupt ist, zu sagen.«

Aber auch Sokrates geht es nicht besser:

»Denn keineswegs bin ich etwa selbst in Ordnung, wenn ich die anderen in Verwirrung bringe, sondern auf alle Weise bin ich selbst auch in Verwirrung und ziehe nur so die anderen mit hinein.«

Dadurch kommen die beiden zur Frage des Lernens, des Neuen, des Schöpferischen. Denn nun wollen sie ja etwas suchen, was sie beide nicht kennen. Auf den resignierenden Hinweis Menons antwortet Sokrates:

»Ich verstehe, was du sagen willst, Menon! Siehst du, was für einen streitsüchtigen Satz du uns herbringst? Daß nämlich ein Mensch unmöglich suchen kann, weder was er weiß, noch was er nicht weiß. Nämlich weder was er weiß, kann er suchen, denn er weiß es ja, und es bedarf dafür keines Suchens weiter; noch was er nicht weiß, denn er weiß ja dann auch nicht, was er suchen soll.«

Deutlicher läßt sich die Aporie der Kreativität wirklich nicht formulieren.

Plato bietet die Lösung im Sinne seiner Erinnerungslehre an: Was wir nicht schon wissen, können wir auch nicht lernen. Also wissen wir schon alles, aber wir wissen nicht, daß wir es wissen. Lernen – so wie jeder schöpferische Akt – ist also Erinnerung an unbewußt Gewußtes. In dem Wort »Erfindung« (Er-*Find*ung) kommt dies auch schön zum Ausdruck.

Mit den Worten von Platos Sokrates heißt es: »Denn da die ganze Natur unter sich verwandt ist und die Seele alles innegehabt hat: so hindert nichts, daß, wer nur an ein einziges erinnert wird, was bei den Menschen Lernen heißt, alles übrige selbst auffinde, wenn er nur tapfer ist und nicht ermüdet im Suchen. Denn das Suchen und Lernen ist demnach ganz und gar Erinnerung.«

Um Menon von dieser paradox erscheinenden Ansicht zu überzeugen, ruft Sokrates nun einen Sklaven herbei. Nur durch Befragen bringt er ihn dazu, einzusehen, daß der Diagonale eines Quadrates (mit der Seitenlänge »eins«) keine (rationale) Zahl entspricht. Dabei legt Sokrates größten Wert darauf, daß er selbst nicht belehrt:

»Siehst du wohl, Menon, wie ich diesen nichts lehre, sondern alles nur frage? (...) wie weit er schon fortgeht im Erinnern? (...) er glaubte damals, es zu wissen, und antwortete dreist fort als ein Wissender und glaubte nicht, in Verlegenheit zu kommen. Nun aber glaubt er schon in Verlegenheit zu sein (...). Sieh nun aber auch zu, was er von dieser Verlegenheit aus mit mir suchend auch finden wird, indem ich ihn immer nur frage und niemals lehre. Und gib wohl acht, ob du mich je darauf betriffst, daß ich ihn belehre und ihm vortrage und nicht seine eigenen Gedanken nur ihm abfrage.«

Der Dialog über das Schöpferische ist selbst ein schöpferischer Akt – auch darüber gibt es keine Belehrung, sondern nur Erinnerung. Als Menon um eine Belehrung bittet, antwortet Sokrates daher:

»Schon eben sagte ich, daß du schlau bist, Menon; auch jetzt fragst du, ob ich dich lehren kann, der ich doch behaupte, es gebe keine Belehrung, sondern nur Erinnerung, damit ich nur gleich mit mir selbst im Widerspruch erscheine.«

Wir haben nach dem Schöpferischen beim Aufspüren von Naturgesetzen gefragt und sind über die künstlerische Kreativität wieder zu einem Dritten gelangt: Zur philosophischen Schaffenskraft. Der Gegenstand war immer derselbe, aber die Unterschiede dürfen nicht übersehen werden: Während die Kunst gerade das Einmalige, Unvergleichliche und Individuelle schafft, zielt die Wissenschaft auf das Erkennen des Allgemeingültigen. Philosophie aber bemüht sich um die Aporien und Widersprüche, die jedem lebendigen Geschehen zugrunde liegen.

So können wir ganz ähnlich dem Dreipol *richtig-wahr-sicher* wieder ein Spannungsfeld mit drei Extrempunkten erstellen:

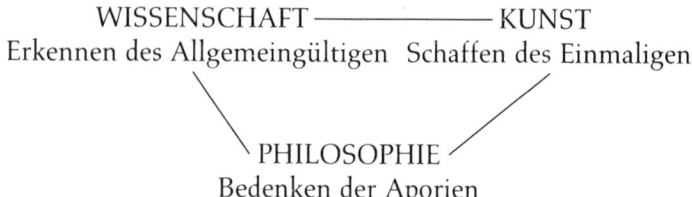

Wissenschaft gibt es seit der Achsenzeit. Mit der Naturwissenschaft ist in der zweiten Achsenzeit als neues Element die doppelte Negation hinzugekommen, die erst zur gesicherten Erkenntnis führt. Dem Wechselspiel von Theorie und Experiment entspricht ein Wechselspiel von schöpferischem Akt und logischer Deduktion. Denn im Gegensatz zum Künstler ist der Naturforscher nicht frei in seinem Gestalten, er muß auf mögliche Widersprüche zur Realität achten, um sie beim Schaffen neuer Wirklichkeiten zu vermeiden.

Bei unserer Suche nach dem Grunde der Sicherheit von Naturgesetzen mag uns wieder ein Blick von außen helfen. Der japanische Philosoph Ryosuke Ohashi vergleicht die doppelte Negation mit dem absoluten Nichts:

»Hegels Formel von der ›Negation der Negation‹ könnte hier als logische Analogie zur Struktur des absoluten Nichts angeführt werden, obwohl dieser Formel letztlich nicht die absolute Negativität, sondern die positive Selbstbejahung zugrundeliegt.«

Wenn wir uns an die Analogie von absolutem Nichts und Gott erinnern, die wir im zweiten Kapitel gewagt haben, dann ahnen wir vielleicht einen Zusammenhang: Das Absolute ist niemals Menschenwerk. Da aber »Menschheit und Gottheit nie mehr getrennt werden kann«, können Menschen Absolutes schauen und in dieser Welt erstehen lassen. Das ist offenbar bei jedem kreativen Akt der Fall und führt zu dem von Beethoven und Mozart dargestellten Gefühl, daß die Quelle ihrer Werke nicht ausgesprochen oder gar »bezeichnet« werden kann. Die Einheit von Vater und Sohn als Einheit von Jenseits und Diesseits wäre also die zeugende Kraft.

Im Falle der Naturgesetze reicht dies aber nicht aus, denn nur das Aller-allgemeinste, was für alle Menschen ohne Ausnahme gilt, darf das Ziel sein. Individuelle Kreativität bedarf gewissermaßen noch eines Siebes, das alles ausscheidet, was an diesem Anspruch scheitert. Dieses Sieb ist die Bewährung am Experiment, die Methode der doppelten Negation.

Wenn logisches Denken nicht ausreicht, solche Zusammenhänge zu verstehen, sei noch ein anderes Bild gestattet. Absolut sichere Naturgesetze sind weder von Menschen geschaffen, noch ohne Menschen denkbar. Sie sind menschliche Beschreibung der kosmischen Realität und setzen eine Entsprechung von Bild und Urbild voraus. Eine solche Entsprechung hat Goethe in seiner Farbenlehre aus ganz ähnlichen Gründen zwischen Auge und Licht postuliert. Ich möchte diese Textstelle hier wiedergeben und meine Leserinnen und Leser bitten, sie zweimal zu lesen. Das erste Mal zum Kennenlernen und beim zweiten Mal mit einer kleinen Änderung. Ersetzen Sie doch das Wort *Auge* durch *Mensch* und das Wort *Licht* je nach persönlicher Einstellung durch *Kosmos, Schöpfung* oder vielleicht *Gott*:

»Das Auge hat sein Dasein dem Lichte zu danken. Aus gleichgültigen tierischen Hilfsorganen ruft sich das Licht ein Organ hervor, das seines Gleichen werde; und so bildet sich das Auge am Lichte fürs Licht, damit das innere Licht dem äußeren entgegentrete.

Hierbei erinnern wir uns der alten ionischen Schule, welche mit so großer Bedeutsamkeit immer wiederholte: nur von Gleichem werde Gleiches erkannt; wie auch der Worte eines alten Mystikers, die wir in deutschen Reimen folgendermaßen ausdrücken möchten:

> *Wär' nicht das Auge sonnenhaft,*
> *Wir könnten wir das Licht erblicken?*
> *Lebt' nicht in uns des Gottes eigne Kraft,*
> *Wie könnt' uns Göttliches entzücken?*

Jene unmittelbare Verwandtschaft des Lichtes und des Auges wird niemand leugnen, aber sich beide zugleich als ein und dasselbe zu denken, macht mehr Schwierigkeit. Indessen wird es faßlicher, wenn man behauptet, im Auge wohne ein ruhendes Licht, das bei der mindesten Veranlassung von innen oder außen erregt werde.«

Schon in der Achsenzeit wurde auf diese Entsprechung hingewiesen. So heißt es etwa im Chândogya-Upanishad *(VIII,1,3)*:

»Wahrlich, so groß dieser Weltraum ist, so groß ist dieser Raum inwendig im Herzen; in ihm sind beide, der Himmel und die Erde, beschlossen; beide, Feuer und Wind, beide, Sonne und Mond, der Blitz und die Sterne, und was einer hienieden besitzt und was er nicht besitzt, das alles ist darin beschlossen.«

Wer das Diesseits übersteigen will, um es mit Jenseitigem zu vereinen, kann dies nur in seinem Inneren vollziehen. *Inscende et transcende te* forderte der heilige Augustinus, und die Leere des absoluten Nichts finden wir in uns selbst.

Wenn Du Dich leer machst, kehrt Gott bei Dir ein, riet Meister Eckhart.

So können wir jedes kreative Werk auch als Offenbarung bezeichnen. Bei den Meisterwerken unserer Genies wird dies keine Widerstände hervorrufen. Bei den Naturgesetzen stimmt es nur dann, wenn wir zugleich das erwähnte Sieb mitdenken. Wahrheit ist nicht das Ziel. Dafür aber absolute Gültigkeit. Von allem Einmaligen, Lebendigen und Spontanen muß dabei abgesehen werden. Vielleicht sollten wir sagen: Naturgesetze sind säkularisierte Offenbarung.

Verstand und Gefühl: Der Erlkönig

Das Gemeinsame jeder schöpferischen Tätigkeit hat Albert Einstein in seiner Rede zum sechzigsten Geburtstag von Max Planck unterstrichen:

»Der Mensch sucht in ihm irgendwie adäquater Weise ein vereinfachtes und übersichtliches Bild der Welt zu gestalten und so die Welt des Erlebens zu überwinden, indem er sie bis zu einem gewissen Grade durch dies Bild zu ersetzen strebt. Dies tut der Maler, der Dichter, der spekulative Philosoph und der Naturforscher, jeder in seiner Weise.«

Das Besondere der Naturwissenschaft in diesem größeren Ganzen ist der Verzicht auf Wahrheit zugunsten der Allgemeingültigkeit. Der schöpferische Naturforscher muß sich von seinen Gefühlen und persönlichen Vorstellungen so weit lösen, daß sie ihn bei seiner Suche nach dem Allgemeinen nicht behindern. Einstein meinte daher, daß eines der stärksten Motive, die zur Wissenschaft hinführen, eine Flucht sei, »aus dem Alltagsleben mit seiner schmerzlichen Rauheit und trostlosen Öde, aus den Fesseln der ewig wechselnden eigenen Wünsche«. Er verlege in die Gestaltung des Bildes der Welt »den Schwerpunkt seines Gefühlslebens, um so Ruhe und Festigkeit zu suchen, die er im allzu engen Kreise des wirbelnden und persönlichen Erlebens nicht finden kann.«

Wenn eigene Wünsche oder Träume die Gestaltung eines neuen Naturgesetzes (einer Theorie) beeinflussen, dann wird es die Bewährung am Experiment nicht überstehen, es bleibt ein vorübergehender Einfall, der vielleicht schön, elegant und befriedigend sein mag, der aber wieder untergehen wird, weil er nicht stimmt. Die Trennung von Gefühl und Verstand ist Voraussetzung beim Entstehen neuer Erkenntnisse. Das bedeutet zwar zunächst noch keine Minderbewertung oder gar Unterdrückung der Gefühlswelt, es hat sich aber herausgestellt, daß diejenigen am erfolgreichsten waren, die dem Verstand eindeutig Vorrang einräumten.

Diese Verdrängung hatte auch eine positive Seite: Zu Beginn der zweiten Achsenzeit lebten die Menschen in beständiger Angst vor den Schrecken der Natur. Im 17. Jahrhundert war es Sitte, daß sich vor dem Schlafengehen die Familie versammelte und Nachtgebete sprach oder sang. Viele Lieder handelten von den Schrecken der Finsternis:

Da der Nacht Gefahr und Schrecken
Uns will Furcht und Angst erwecken...

oder:

Die schwarze, düstere Nacht,
Die alles furchtsam macht...

Der Tiefenpsychologe Wolfgang Giegerich meint dazu:
»Was uns hier begegnet, ist die Nachtangst früherer Zeiten. Es ist eine wirkliche Angst im Unterschied zur Furcht vor konkret faßbaren Gefahren (...). Die Nachtangst ist nur eine Form, in der sich die Angst jener Zeiten als eine Grund-

gestimmtheit des Menschen bemerkbar macht. Eine zweite Form ist die Angst vor Gewittern. Die Hausbewohner pflegten während eines Gewitters auf den Knien betend in einem Raum zusammen zu verweilen.«

Als drittes kam schließlich die Gebirgsangst hinzu. Selbst Goethe schrieb noch am 5. Oktober 1779 aus der Schweiz über seinen Weg zur Furka: »Ich bin überzeugt, daß einer, über den auf diesem Weg seine Einbildungskraft nur einigermaßen Herr würde, hier ohne anscheinende Gefahr vor Angst und Furcht vergehen müßte.«

Die Abtrennung, Unterdrückung und schließlich Ausklammerung der Gefühle aus der Wirklichkeit war also der Preis für die Befreiung von tiefliegenden Ängsten. Die Sicherheit der Naturgesetze vermittelte Geborgenheit in einer rational erklärbaren Welt, die allerdings mit dem Schrecken auch viel von ihrer Lebendigkeit von verloren hatte.

Ich sehe in der Ballade *Der Erlkönig* von Johann Wolfgang von Goethe auch ein wunderbares Gleichnis für diesen historischen Prozeß. Vater und Sohn stehen für Verstand und Gefühl, die im ganzen Menschen eine harmonische Einheit bilden, hineingestellt in die Schrecken der Natur:

Wer reitet so spät durch Nacht und Wind?
Es ist der Vater mit seinem Kind.
Er hat den Knaben wohl in dem Arm,
Er faßt ihn sicher, er hält ihn warm.

Aber die Natur macht Angst, die Gefühle der Furcht erzeugen Phantasien und veranlassen den Verstand, mit rationalen Erklärungen zu beruhigen:

Mein Sohn, was birgst du so bang dein Gesicht?
Siehst, Vater, du den Erlkönig nicht?
Den Erlenkönig mit Kron und Schweif?
Mein Sohn, es ist ein Nebelstreif.

Die Rationalisierung wirkt aber nicht, denn die Gefühle sind ambivalent. Mit der Angst treten Neugier und Verlockung auf:

> »*Du liebes Kind, komm, geh mit mir!*
> *Gar schöne Spiele spiel ich mit dir,*
> *Manch bunte Blumen sind an dem Strand,*
> *Meine Mutter hat manch gülden Gewand.*«

Die Angst vor den Schrecken der Natur schlägt um in die Angst vor dem eigenen Ich, das sich nicht zwischen kaltrationaler Distanz und emotionalem Aufgehen entscheiden kann:

> *Mein Vater, mein Vater, und hörst du nicht,*
> *Was Erlenkönig mir leise verspricht?*
> *Sei ruhig, bleibe ruhig, mein Kind;*
> *In dürren Blättern säuselt der Wind.*

Ehe der Verstand obsiegt, kommt die Verlockung mit ihrer stärksten Waffe, der Erotik:

> »*Willst, feiner Knabe, du mit mir gehn?*
> *Meine Töchter sollen dich warten schön;*
> *Meine Töchter führen den nächtlichen Reihn,*
> *Und wiegen und tanzen und singen dich ein.*«

Ein letzter Appell des Gefühles, eine letzte Zurückweisung durch Rationalisieren:

> *Mein Vater, mein Vater, und siehst du nicht dort*
> *Erlkönigs Töchter am düsteren Ort?*
> *Mein Sohn, mein Sohn, ich seh es genau;*
> *Es scheinen die alten Weiden so grau.*

Es geht nicht nur um Verstand oder Gefühl, es geht auch um das Heiligste dieser Welt, um die Liebe, und erst sie ergreift den Menschen wirklich:

> *»Ich liebe dich, mich reizt deine schöne Gestalt;*
> *Und bist du nicht willig, so brauch ich Gewalt.«*
> *Mein Vater, mein Vater, jetzt faßt er mich an!*
> *Erlkönig hat mir ein Leids getan!*

Ohne Emotionen ist der Verstand schnell und zielstrebig, aber kalt. Zwar erhält er seinen Lohn, die Sicherheit im umzäunten Hof –

> *Dem Vater grauset's, er reitet geschwind,*
> *Er hält in Armen das ächzende Kind,*
> *Erreicht den Hof mit Mühe und Not;*

aber

> *In seinen Armen das Kind war tot.*

5. Naturnotwendigkeit, Ordnung und Freiheit

Die zwei Wurzeln der Naturwissenschaft

Die Trennung von Wahrheit des Glaubens und Natur-Erkenntnis brachte einen neuen Denkrahmen in der zweiten Achsenzeit. Konkrete Beispiele waren die Planetengesetze und die Fallgesetze (Himmelsmechanik und irdische Schwerkraft). Gesprächspartner Galileis waren Päpste, Kardinäle und die Philosophie.

Wir haben im dritten Kapitel gesehen, wie aus der Entwicklung der klassischen Mechanik eine neue Art von »Religiosität« erwuchs. (Noch heute finden sich in allen einschlägigen Lehrbüchern so verräterische Begriffe wie »kanonische Transformationen« und dergleichen.) Diese erste Wurzel der Naturwissenschaft befriedigte die Sehnsucht nach Sinn und Jenseits, allerdings in einer vollständig diesseitigen Weise.

Erst um die Wende des 18. Jahrhunderts entstand die zweite Wurzel.

Hatte die französische Revolution mit der Einführung des metrischen Maßsystems »für alle Zeiten und alle Völker« der Forderung nach Quantifizierung die materielle Basis gegeben, so wollte man nun die neuen, sicheren Erkenntnisse auch nutzbringend anwenden. Wollen wir Galileo Galilei an den Ursprung der ersten Wurzel stellen, so steht am Ursprung der zweiten Sadi Carnot.

Jeder Student, jede Studentin der Physik muß in den

ersten Semestern den *Carnotschen Kreisprozeß* studieren. Es ist jener ideale Prozeß einer beliebigen Wärmekraftmaschine, bei dem (unter gegebenen Bedingungen) die größtmögliche Arbeit geleistet wird. S. S. Wilson, Professor für Maschinenbau an der Universität Oxford und Fachmann für Thermodynamik, weist darauf hin, daß dies gar nicht das eigentliche Ziel Carnots war: »Vielmehr ging es Carnot um praktische, allgemein verständliche Vorschläge, wie Dampfmaschinen und andere Wärmekraftmaschinen verbessert und im breiten Umfang in Frankreich eingesetzt werden könnten.«

Die zweite Wurzel der Naturwissenschaft befriedigte das natürliche Verlangen nach Erleichterung der täglichen Plakkerei, nach Verbesserung und Nutzanwendung von Maschinen.

Während die erste Wurzel untrennbar mit der Religion verbunden scheint, kann sich die zweite nicht aus dem Griff der Kriegsmacht und der Waffen befreien. Sadi Carnots Vater war hochangesehener General und Kriegsminister unter Napoleon. Sein jüngerer Bruder Hippolyte engagierte sich als radikaler Politiker. Als Napoleon seinen Rußlandfeldzug begann, als sich fast alle europäischen Armeen gegen Frankreich verbündeten, wandte sich Sadi Carnot mit einem Brief direkt an Napoleon:

»Sire: Das Land braucht all seine Kräfte zur Verteidigung. Die Studenten der Ecole Polytechnique bitten, ihrem Leitspruch folgend, um die Erlaubnis, unverzüglich an die Front zu dürfen, um am Ruhm der tapferen Männer teilzuhaben, die sich für die Sicherheit Frankreichs aufopfern. Nach der Schlacht wird das Bataillon, stolz auf seinen Beitrag zur Vertreibung der Feinde, an die Ecole zurückkehren, um wieder Wissenschaft zu treiben und sich auf neue Aufgaben vorzubereiten.«

Napoleon bewilligte das Gesuch. Nach Beendigung seines Studiums diente Sadi Carnot als Ingenieur und Offizier bis

1820 in der Armee. 1828 arbeitete er für kurze Zeit als Militärtechniker in Lyon und Auxonne. 1832 starb er im Alter von 36 Jahren an Cholera, so daß wegen der Infektionsgefahr fast alle seine Papiere und Schriften vernichtet wurden. 1824 hatte Carnot sein bahnbrechendes Werk veröffentlicht: *Betrachtungen über die bewegende Kraft des Feuers und die zur Entwicklung dieser Kraft geeigneten Maschinen.* Es gab damals weder einen Begriff der absoluten Temperatur, noch waren Wärme und Arbeit als gleichwertige Formen der Energie erkannt. Zunächst blieben die beiden Wurzeln der Naturwissenschaft getrennt, lediglich durch die gemeinsame Methode, den neuen Denkrahmen, verbunden. Obwohl erst ihre Vereinigung die wahre Mächtigkeit der neuen Methode erweisen sollte, konnte die Phantasie Carnots die Veränderungen erahnen:

»Das Studium dieser Maschine ist vom höchsten Interesse, denn ihre Wichtigkeit ist ungeheuer, und ihre Anwendung steigert sich von Tag zu Tag. Sie scheinen bestimmt zu sein, eine große Umwälzung in der Kulturwelt zu bewirken (...). Die Wärmemaschine scheint eines Tages der allgemeine Motor werden zu sollen, welcher den Vorzug über die Kräfte der Tiere, den Fall des Wassers und die Ströme der Luft erhält. Dem erstgenannten Motor gegenüber hat sie den Vorzug der Wohlfeilheit, den anderen gegenüber den unschätzbaren Vorzug, immer und überall anwendbar zu sein und niemals ihre Arbeit zu unterbrechen.«

Etwa zur gleichen Zeit erkannte Lavoisier die gewaltigen Möglichkeiten des neuen Denkrahmens. Er gliederte die Chemie in die Naturwissenschaften ein, indem er die Methode des reproduzierbaren Quantifizierens übernahm. Wärmelehre und Chemie waren praktische Wissenschaften, ihnen ging es um die Nutzanwendung und nicht um die Frage »wie die Himmel sich bewegen«. Die beiden Wurzeln der Naturwissenschaft entwickelten sich zunächst unabhängig. Wenn wir die Begriffe vergleichen, die dabei gebraucht wurden, sehen wir deutlich die verschiedenen Zielansprüche:

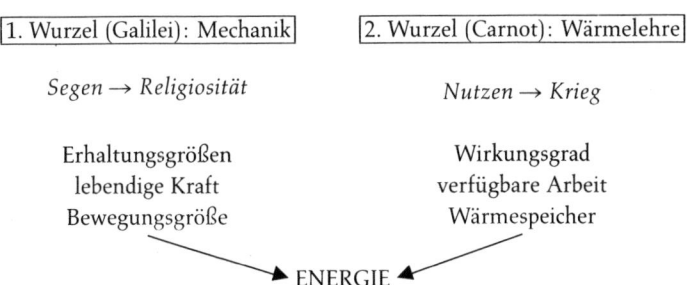

Es war der Begriff Energie, der in beiden Wurzeln steckte, ohne daß dies gleich bemerkt worden war. Während es in der Mechanik um die lebendige Kraft, die Energie als erhaltene Größe ging (bei der immer wieder Ewigkeitsphantasien durchschimmerten), ging es in der Thermodynamik um die maximale Ausnutzung vorhandener Energie in Form von geleisteter Arbeit einer Maschine.

Oft wird darauf hingewiesen, daß einer der ersten und schärfsten Vertreter eines einheitlichen Energie-Begriffes kein Physiker war, sondern der Schiffsarzt Robert Mayer. Seine Originalarbeit wurde aber ebenso wie die des (universell interessierten) Physikers Helmholtz von der damals bedeutendsten physikalischen Zeitschrift, von Poggendorf's *Annalen*, als unseriös zurückgewiesen.

Bei der 80. Versammlung der Gesellschaft Deutscher Naturforscher und Ärzte in Köln schloß der Physiker Adolf E. Haas seinen Vortrag zum Thema *Die historische Analyse des Energieprinzips* mit den Worten:

»Wer aber als der eigentliche Schöpfer der neueren Energetik anzusehen ist, ob insbesondere Mayer, Joule oder Helmholtz, das ist eine zwar viel diskutierte, trotzdem aber recht überflüssige Frage. Denn wie das Energieprinzip bestimmt ist, als oberstes Gesetz sämtliche physikalischen Erscheinungen zu beherrschen und wie es daher auch die wichtigsten Motive der Naturforschung in sich vereinigen muß, so vermochte es auch eine klare und bleibende Gestalt nur unter dem Einflusse *aller drei Methoden* zu gewinnen, denen die Physik ihre Entwicklung verdankt. Die Begründung der modernen Energetik konnte nur das gemeinsame Werk des spekulierenden Naturphilosophen, des experimentierenden Empirikers und des analysierenden Theoretikers sein.«

Fest steht jedenfalls, daß es der Überwindung einiger Widerstände bedurfte, um den Energie-Begriff in seiner gültigen Form einzuführen und durchzusetzen. Allzu schillernd, allzu »lebendig« ist ja auch sein Inhalt.

Während die Idee der Erhaltungsgröße aus mechanischen Überlegungen stammt, erlangt sie ihre volle Gültigkeit erst unter Einschluß der Energieform der Wärmelehre. Und während die Wärmelehre an der Umwandlung und Ausnutzung der Energie interessiert ist, führte erst sie auf die volle Bedeutung des Satzes von der Erhaltung der Energie.

Dieser zentralste Satz der Naturwissenschaft hat darum auch zwei äquivalente Formen. Wir können entweder sagen: »In einem abgeschlossenen System bleibt die Summe aller Formen der Energie stets gleich«, oder: »Es gibt kein Perpetuum Mobile« – das heißt, es ist unmöglich, eine Maschine zu bauen, die Arbeit verrichtet, ohne daß ihr eine äquivalente Menge von Energie zugeführt wird.

Carnots Leistung ging aber noch darüber hinaus. Er zeigte, daß es auch unmöglich sei, eine Maschine zu konstruieren, die nichts anderes tut, als Wärme aus einem Speicher in Arbeit zu verwandeln. Neben dem Energiesatz ist dies der sogenannte Zweite Hauptsatz der Wärmelehre (manchmal auch Entropiesatz genannt). Eine solche Maschine (ein sogenanntes Perpetuum Mobile zweiter Art) würde zwar nicht den Satz von der Erhaltung der Energie verletzen, sie ist aber trotzdem unmöglich, weil bei jedem Prozeß der Arbeitsgewinnung aus einem Wärmespeicher notwendigerweise »Abwärme« entsteht, die an die Umwelt oder einen anderen Wärmespeicher tieferer Temperatur abgegeben werden muß. Ziel der Carnotschen Überlegungen ist es ja gerade, die »nutzlos« abgegebene Wärmemenge möglichst gering zu halten, wenn sie schon nicht ganz zu vermeiden ist.

Die zwei Wurzeln der Physik erscheinen aber nicht nur im Satz von der Erhaltung der Energie. Die Naturwissenschaft als Ganzes kann sich von ihrer Doppelgesichtigkeit nicht mehr lösen. Wenn es Leute gibt, die behaupten, Naturwissenschaft sei ein Teil des Geisteslebens und sie trage keine Schuld, daß daraus immer wieder furchtbare Vernichtungswaffen entstehen, dann muß man ihnen entgegnen, auch dieses Element sei schon in ihr selbst angelegt. Und wenn es Leute gibt, die die Naturwissenschaft für all das Leid der Kriege verantwortlich machen wollen, dann bedarf es des deutlichen Hinweises, daß sie ursprünglich aus dem Ringen um Wahrheit entstanden ist und daß dieselbe Sehnsucht auch heute noch eine ihrer Triebfedern bleibt.

Segen und Nutzen

Das Verhältnis der beiden Wurzeln der Physik wurde schon in der Achsenzeit in ganz modern anmutender Weise diskutiert. Dschuang-dsi läßt einen »fortschrittsgläubigen« Wanderer einen alten Taoisten beobachten, der in seinem Gemüsegarten Gräben zur Bewässerung zog. Der jüngere Mann schlägt dem Alten vor, doch einen Ziehbrunnen zu benutzen, um »mit wenig Mühe viel zu erreichen«.

Bis heute können wir als einen legitimen Anspruch aller Menschen gelten lassen, »mit wenig Mühe viel zu erreichen«. Optimieren des Nutzeffektes, maximaler Nutzen, höchstmöglicher Wirkungsgrad würden wir vielleicht sagen und beschreiben damit sowohl das Anliegen Carnots als auch das der seither entwickelten Technik.

Aber Dschuang-dsi läßt den Alten zugleich verärgert und lachend sagen:

»Wenn einer Maschinen benützt, so betreibt er alle seine Geschäfte maschinenmäßig; wer seine Geschäfte maschinenmäßig betreibt, der bekommt ein Maschinenherz. Wenn einer aber ein Maschinenherz in der Brust hat, dem geht die reine Einfalt verloren. Bei wem die reine Einfalt hin ist, der wird ungewiß in den Regungen seines Geistes. Ungewißheit in den Regungen des Geistes ist etwas, das sich mit dem wahren Tao nicht verträgt. Nicht daß ich solche Dinge nicht kennte: ich schäme mich, sie anzuwenden.«

Der Alte drückt den entgegengesetzten, aber ebenso legitimen Anspruch aller Menschen aus: auf ihrem Lebensweg den Sinn nicht zu verlieren, Diesseits nicht ohne Jenseits, Zeit nicht ohne Ewigkeit wirklich werden zu lassen.

Die beiden Ansprüche können aber im Widerspruch stehen, und dann gilt es, in jedem einzelnen Fall eine eigene Synthese zu finden. Die Lösung des Alten, auf Maschinen (und damit den Nutzen) ganz zu verzichten, ist seit der zweiten Achsenzeit jedenfalls nicht mehr gangbar. Denn mit ihr ist etwas geschehen, was sich zum großen Problem und zur großen Aufgabe unserer Zeit entfaltet hat.

Hegel spricht von dem »sonderbaren Schauspiel« der Neuzeit, »ein gebildetes Volk ohne Metaphysik zu sehen – wie einen sonst mannigfaltig ausgeschmückten Tempel ohne Allerheiligstes«. Die »Kontemplation des Ewigen« sei einigen Einsamen überlassen, die »von ihrem Volke aufgeopfert und aus der Welt ausgeschieden« werden; sie tun es trotzdem, »nicht um eines Nutzens, sondern um des Segens willen«.

Wir haben die Begriffe Segen und Nutzen schon zur

Charakterisierung der beiden Wurzeln der Naturwissenschaft gebraucht (S. 181). Wie das Beispiel Dschuang-dsis darstellt, kommen die beiden legitimen Ansprüche häufig in Konflikt und Widerspruch. Mit dem neuen Denkrahmen war es jedoch möglich, den Begriff Segen zu spalten in einen quantifizierbaren, intersubjektiven Teil und den »anderen Rest«, der bald aus der öffentlichen Diskussion verdrängt werden konnte. Der so geschaffene Teilbegriff steht aber nicht mehr im Widerspruch zum Nutzen, und der Unterschied konnte vergessen werden, so lange damit wirklich ein wesentlicher Teil menschlicher Bedürfnisse und Sehnsüchte erfaßt wurde.

Wolfgang Giegerich sagt darum ganz klar: »Wir haben die Unterscheidung von Nutzen und Segen verloren. Wenn wir von den ›Segnungen der Technik‹ sprechen, dann meinen wir gerade den menschlichen Nutzen, den sie gebracht hat.«

Und am Anfang jener atemberaubenden Um- und Neugestaltung unserer Welt durch Naturwissenschaft und Technik war die Unterscheidung wirklich nicht mehr deutlich. Denken wir an Angst und Schrecken, die die Natur dem Menschen einjagten, denken wir an Hunger und Kälte, an Krankheiten und Epidemien, an die elementaren Kräfte der Natur wie Blitz, Orkan, Sturmflut und dergleichen.

Eine Mutter, deren Kind nur deshalb sterben mußte, weil in finsterer Nacht keine Hilfe geholt werden konnte, *mußte* das elektrische Licht eines Nachbardorfes als Segen (und nicht bloß Nutzen) betrachten. Die Bauarbeiter der Elektrizitätsgesellschaften wurden als Lichtengel gefeiert, noch wenige Jahre bevor sie jäh als Betonierer verteufelt werden sollten.

Wenn Wolfgang Giegerich meint, »Hegels Unterscheidung zwischen Segen und Nutzen mutet uns (...) eine kopernikanische Wende zu«, dann müssen wir ihm wohl zustimmen, denn das Problem unserer Zeit ist doch nicht, daß die Technik keinen Nutzen mehr bringt, wohl aber, daß dieser Nutzen nicht automatisch auch Segen bedeutet. Im Gegenteil! Es kann geschehen, daß der übergroße Nutzen den Segen vertreibt und uns statt zu beglücken ins Unglück führt. Die kopernikanische Wende ist deshalb gefordert, weil der hier gemeinte Segen eben nicht mehr mit dem abgespaltenen, quantifizierbar-intersubjektiven Teilbegriff zusammenfällt – es ist der »andere Rest«, den unsere Sehnsucht heute wieder zu suchen beginnt, der aber mit dem Denkrahmen der Naturwissenschaft gerade nicht vernünftig erfaßt werden kann.

Und damit finden wir uns in einer ausweglosen Situation (einer Aporie): Wir können weder den Weg wie bisher weitergehen, weil Nutzen nicht mehr mit Segen gekoppelt ist, ja unter Umständen Verderben bringen kann. Wir können aber auch nicht auf Nutzen einfach verzichten, weil wir ihn – wie bisher – auch in Zukunft brauchen werden. Die Diskussion wird meist nicht mit dem allgemeineren Begriff des Nutzens geführt, sondern um den technischen Fortschritt.

Brauchen wir auch in Zukunft technischen Fortschritt oder nicht?

Diese Frage sollte gar nicht gestellt, auf keinen Fall aber beantwortet werden, denn sie geht am eigentlichen Problem vorbei. Jede mögliche Antwort behindert die Sicht auf Lösungen mehr als sie klären könnte. Denn Fortschritt ist (wie Nutzen) dabei immer im Denkrahmen der Naturwissenschaft definiert: quantitativ, intersubjektiv, auf einzelnes bezogen, eindeutig, widerspruchsfrei und kausal.

Was wir in Zukunft brauchen werden, weil Menschen zu allen Zeiten und an allen Orten sich danach sehnen, möchte ich lieber Verbesserung nennen. (Fortschritt und Verbesserung verhalten sich zueinander wie Nutzen und Segen.) Wenn unsere historische Situation sich dadurch auszeichnet, daß Nutzen nicht mehr automatisch Segen bringt, dann können wir auch Verbesserungen nicht mehr erhoffen, wenn wir uns im Denkrahmen der Naturwissenschaft gefangen halten. Was eine Gemeinschaft von Menschen (von der Familie über Ortsgemeinden, Länder, Staaten bis zu großen Staatenbünden) für eine Verbesserung hält, kann weder von Fachleuten erarbeitet noch von außen vorgegeben werden. Es bedarf eines inneren Prozesses der klärenden Diskussion, in dem alle Glieder der Gemeinschaft sich ihrer Wünsche bewußt werden und zugleich aus diesen meist widersprüchlichen Bedürfnissen eine gemeinsame Synthese erarbeiten. Dies kann nur durch eine leider meist mühsame und langwierige öffentliche Diskussion geschehen, in denen die Widersprüche dargelegt (nicht eliminiert) werden, wobei auf keine noch so abwegig erscheinende Meinung sofort verzichtet werden darf.

Erst wenn unter Berücksichtigung aller Betroffenen geklärt ist, was eine Verbesserung sein soll, ist zu untersuchen, welche Art von Fortschritt dieser Verbesserung dient und wo unter Umständen auf Fortschritt verzichtet werden muß, weil er die Verbesserung behindert. Diese Untersuchung kann nun tatsächlich an Experten delegiert werden, die sich allerdings der Diskussion und gegenseitigen Beratung mit den Betroffenen stellen müssen.

Was ich hier zu entwerfen versucht habe, ist keine Utopie, sondern ein Weg, den wir in manchen Fällen schon beschritten haben. Allgemeiner Flugverkehr mit Überschallmaschinen und die Kernenergie sind zwei Beispiele, an denen wir diesen neuen Weg üben mußten, auch wenn es einige vielleicht nicht gerne wollten. Entscheidungen durch Machthaber oder Experten ohne Befragung der Betroffenen sind freilich weniger zeitraubend, ökonomischer und effektiver – allerdings nur, wenn wir im Denkrahmen der zweiten Achsenzeit befangen bleiben. Und für eine lange Zeit waren sie daher auch die besten, denn eine „kopernikanische Wende« ist ja nicht deshalb gefordert, weil das Überlieferte an sich schlecht ist, sondern weil es ab einem bestimmten historischen Zeitpunkt nicht mehr das geeignete Werkzeug für die Weiterentwicklung einer menschlichen Gemeinschaft darstellt.

Ehe wir uns nun ganz diesen Problemen zuwenden, wollen wir aber noch einmal zurückblicken auf den Anfang der Entwicklung, die der neue Denkrahmen der zweiten Achsenzeit ausgelöst hat.

Einsicht der Notwendigkeit

Das legitime Bedürfnis, mit wenig Mühe viel zu erreichen, versuchten die Menschen des Abendlandes durch lange Zeiten mit einem Perpetuum Mobile zu befriedigen, mit einer Maschine, die ständig lief, ohne daß ihr irgendwelche »Nahrung« zugeführt werden mußte. In vielen technischen Museen können solche Geräte betrachtet werden, die allerdings nie funktionierten, denn wir wissen ja schon, daß der »Satz von der Erhaltung der Energie« das nicht erlaubt. Aber wie jedes andere Naturgesetz, kann auch dieser Satz nicht bewiesen werden (er ist *sicher*, aber nicht *formal richtig*). Darum konnte ideenreichen Erfindern auch nicht schlüssig gezeigt werden, daß ihre Einfälle falsch sind. In jedem einzelnen Fall mußte der Fehler gesucht und aufgezeigt werden, und das war oft gar nicht so einfach.

Die Pariser Akademie der Wissenschaften wurde dieser Plage müde und verkündete daher im Jahre 1775 einen grundsätzlichen Beschluß: Sie werde in Hinkunft Vorlagen, die behaupten, das Problem der Konstruktion eines Perpetuum Mobile gelöst zu haben, nicht mehr prüfen. In der Begründung findet sich der Satz: »Die Konstruktion einer Perpetuum Mobile Maschine ist absolut unmöglich.«

Der Energiesatz erhielt seine absolute Sicherheit also

nicht – wie mathematische Sätze – durch Beweis, sondern durch Beschluß. Dadurch wurde vielen Naturwissenschaftlern unsinnige Arbeit erspart. Diejenigen, die diesen Beschluß nicht zur Kenntnis nehmen wollten, wurden zu Außenseitern, die mit der anerkannten Wissenschaft keine Gesprächsbasis mehr fanden. Die Vorgehensweise mag an die Dogmengeschichte der Kirche und an die Inquisition erinnern; es gibt sicherlich unübersehbare Ähnlichkeiten. Ebenso wichtig ist aber der wesentliche Unterschied: Hier geht es ja nicht mehr um Wahrheit (auch wenn einige von diesem Anspruch nicht lassen können), sondern um die Sicherheit der neuen Kenntnisse über die Natur. Nicht um Glauben, sondern um das zielführende Handeln. Man hätte statt des Beschlusses ebensogut verlangen können, daß Vorschläge für ein Perpetuum Mobile ausgeführt werden müssen, ehe sie begutachtet werden, denn am Handeln wären sie von selbst gescheitert.

Nach der Vereinigung der beiden Wurzeln der Physik wurde der Energiesatz zu einem der wichtigsten Grundpfeiler der Naturwissenschaft. Um so tiefer war die Verwirrung, um so erschreckender die Verunsicherung, als im Jahre 1896 dann doch noch ein Perpetuum Mobile gefunden wurde.

Antoine Henry Becquerel, Professor der Ecole Polytechnique in Paris, hatte die natürliche Radioaktivität einiger chemischer Elemente entdeckt. Die geheimnisvolle, neue Strahlung bot an sich genügend Stoff für Fragen und Hypothesen, sie führte schließlich zu einem Umbruch des Gebäudes der klassischen Physik. Das Unglaublichste war, daß radioaktive Elemente mit ihrer Strahlung beständig Wärme abgaben, mit der ohne Schwierigkeiten eine Dampfmaschine beliebig lange betrieben werden konnte. So findet sich etwa in *Meyers Großem Konversations-Lexikon* des Jahres 1906 unter dem Stichwort *Perpetuum Mobile* zunächst eine etwas geringschätzige Beschreibung älterer Versuche:

»Die Konstruktion eines Perpetuum Mobile hat seit den ältesten Zeiten stets solche Leute beschäftigt, die von Kraft und Materie falsche Vorstellungen hatten; (...) man vergaß, daß, wie keine Energie verlorengehen, so auch keine Energie ohne Aufwand einer gleichen Energiemenge erzeugt werden kann.«

Dann aber heißt es kleinlaut: »Noch unaufgeklärt ist die Quelle der Energie bei der beständigen Strahlung von Radium, Radiotellur und andern radioaktiven Substanzen, die beständig elektrische Partikelchen aussenden und außerdem sich selbst erwärmen, derart, daß 1 kg Radium stündlich 1 kg Wasser von Zimmertemperatur bis zum Sieden erhitzen könnte.«

Sollte es doch möglich sein, daß ein gesichertes Naturgesetz wie der Energiesatz sich durch neue Erkenntnisse als falsch herausstellt? Tatsächlich gingen einige berühmte Physiker in ihren Hypothesen soweit. Es gibt eben keine Beweise, nur gesichertes Wissen, von dem wir nicht wissen, woher die Sicherheit stammt. Zehn Jahre dauerte die Verzweiflung, bis Albert Einstein 1906 aus seiner im Jahr zuvor gefundenen Relativitätstheorie die berühmte Formel $E=mc^2$ ableitete. Zu den Energieformen der Mechanik, Thermodynamik (und das Elektromagnetismus) kam damit die Masse als eine weitere Form der Energie dazu, so daß die Summe *aller* Energien wieder den Erhaltungssatz erfüllte. Die Wärmeabgabe radioaktiver Elemente stammt aus dem riesigen Speicher, den jede Materie darstellt. Ein klein wenig »leichter« wurden die Elemente beim radioaktiven Zerfall, und die fehlende Masse konnte sich gemäß der Einsteinschen Formel in Wärmeenergie verwandeln.

Zugleich war damit ein anderes Rätsel gelöst: Woher die ungeheure Energiemenge stammt, die die Sonne und andere Fixsterne beständig in den Weltraum abstrahlen. Auch sie entspricht genau jenem Verlust an Masse, den die Einsteinsche Formel dafür voraussagt.

So groß war die Erleichterung, daß Max Planck im folgenden Jahr die Neuauflage seines grundlegenden Werkes *Das Prinzip der Erhaltung der Energie* mit einem erweiterten Vorwort versah und darin betonte:

»Aber jede neue Entdeckung und jede neue Begriffsbildung hat immer wieder nur dazu geführt, das Prinzip der Erhaltung der Energie in seiner zentralen Stellung zu behaupten und zu befestigen. Einzelne Zweifel und Bedenken gegen die allgemeine Gültigkeit des Energieprinzips, welche durch gewisse Tatsachen, wie z. B. durch die beständige Wärmeabgabe radioaktiver Substanzen, hier und da geäußert wurden, haben sich leicht als Mißverständnisse erweisen lassen, und nie ist meines Wissens ernstlich auch nur der Versuch gemacht worden, eine physikalische Theorie aufzubauen, in deren Fundament das Prinzip der Erhaltung der Energie keinen Platz fände.«

Wenn Max Planck ein zehnjähriges Suchen, das schließlich mit Relativitätstheorie und $E=mc^2$ beendet wurde, als »leichten« Nachweis von Mißverständnissen bezeichnet, ist das wohl Ausdruck seiner Freude über das Ende der tiefen Ratlosigkeit. Richtig aber ist, daß sich einmal mehr ein gesichertes Prinzip als unumstößlich erwiesen hat.

Die Einsicht in die Unumgänglichkeit des Energiesatzes öffnete den Menschen eine völlig neue Dimension des Handelns. Sie machte ihnen die Energie der Materie verfügbar und führte ins Atomzeitalter, das am 6. August 1945 um 8 Uhr 15 mit dem grauenvollen Vernichtungsschlag von Hiroshima eingeläutet wurde. Mit dieser Stunde ist die Wirklichkeit verändert worden, denn damit hat die Erkenntnismethode des neuen Denkrahmens, die einst antrat, die Schrecken der Natur zu beseitigen, zu neuen Schrecken geführt – von Menschen gemacht, können sie nicht mehr von Menschen beseitigt werden. Denn jeder Vertrag, jedes Verbot, jede Regel oder Norm, die versuchte, Kernwaffen zu beseitigen, führt unweigerlich zu verstärktem Ansporn für

Außenseiter, sich ihrer zum Zwecke der Erpressung zu bemächtigen.

Wir können nicht mehr zurück, wir müssen einen Weg suchen, der uns *mit* dieser unvermeidbar gewordenen Gefahr leben läßt. Gelingt uns dies, dann hat die menschliche Existenz auf diesem Planeten wirklich eine neue Qualität erhalten: Wir leben dann aus Einsicht, gerade weil wir die möglich gewordene Totalausrottung nicht wirklich werden ließen. (Wolfgang Giegerich spricht von der »Großen Initiation«.)

An diesem Beispiel können wir die Wirkung der doppelten Negation deutlich erkennen. Der Energiesatz hat ja auch die negative Form: Es gibt kein Perpetuum Mobile. Er sagt uns, daß es unsinnig ist, auf diesem Wege »mit wenig Mühe viel erreichen« zu wollen. Durch die Einsicht in die Unmöglichkeit öffnen sich uns neue Wege, neue Möglichkeiten, die zur Dampfmaschine, dann zum Verbrennungsmotor und schließlich zur Kernenergie geführt haben.

Hätte man im 17. Jahrhundert jemanden gefragt, ob er eine Maschine als Perpetuum Mobile anerkennt, bei der alle paar Tage ein klein wenig Öl zuzusetzen sei, er hätte ohne Zweifel freudig bejaht. Denn alle wesentlichen Wünsche sind damit befriedigt: Mit wenig Mühe wird viel erreicht! Schmierstoffe wären wohl auch beim Perpetuum Mobile erlaubt, und die Unterscheidung zwischen Schmieröl und Dieselöl (als Treibstoff) erfordert schon eine spitzfindige Theorie, die erst viel später zustande kommen konnte. Wir dürfen es zwar im Denkrahmen der Naturwissenschaft nicht tun (denn die Eindeutigkeit der Begriffe wird dabei verletzt), aber sinngemäß können wir doch festhalten, daß unsere heutigen Motoren alle wesentlichen Ansprüche an ein Perpetuum Mobile erfüllen, auch wenn sie keines sind. Und einen Schritt weiter gewagt, dürfen wir sagen, die Einsicht in die Unmöglichkeit eines Perpetuum Mobile eröffnete die Möglichkeit seiner Erfindung.

Ganz ähnlich sehen wir an der Wurzel jedes großen Paradigmenwechsels eine neue Einsicht, die negativ formuliert werden kann. Die spezielle Relativitätstheorie Einsteins beruht auf der Erkenntnis: »Es gibt keine absolute Zeit.« Ein wesentlicher Baustein der Quantenmechanik ist die Heisenbergsche Unschärferelation, die so gefaßt werden kann: »Es ist unmöglich, Ort und Geschwindigkeit eines Teilchens gleichzeitig mit beliebiger Genauigkeit zu messen!«

Wenn wir einsehen, was *nicht* möglich ist, was wir *nicht* können, öffnen sich neue Wege zur weiteren Entwicklung. Die Naturgesetze beschränken unsere Freiheit. Unsere Einsicht in die Naturnotwendigkeit aber schenkt uns neue Freiheit. Durch Beschränkung der Freiheit erlangen wir Freiheit, so wie wir durch die Einsicht in die Unmöglichkeit des Perpetuum Mobile den Weg für die modernen Kraftmaschinen frei machten.

Freiheit hat im strengen Denkrahmen der Naturwissenschaft keinen Platz. Wir mußten ihn verlassen, um ihn – gewissermaßen von außen – samt seiner Grenzen bedenken und verstehen zu lernen. Die gegenseitige Befruchtung von Notwendigkeit und Freiheit (und damit ihr widersprüchliches Verhältnis) sprach Hegel an, als er sagte: »Die Weltgeschichte ist der Fortschritt im Bewußtsein der Freiheit – ein Fortschritt, den wir in seiner Notwendigkeit zu erkennen haben.«

Materie und Freiheit

Innerhalb des Denkrahmens der Naturwissenschaft ist das Gegenteil von Notwendigkeit der Zufall. Wenn wir darin gefangen bleiben, dann sind unsere Entscheidungen nicht frei, sondern willkürlich. Freiheit erreichen wir erst mit der Einsicht, nicht nur in die Naturnotwendigkeit, sondern auch in die notwendige Widersprüchlichkeit der Freiheit: sie ist immer zugleich höchste Unfreiheit durch den Zwang, entscheiden zu müssen. Wer frei ist, muß entscheiden. Denn auch ein Entschluß, nicht zu entscheiden, entstammt der Freiheit.

Naturgesetze zeigen uns die Grenzen möglicher Selbstbestimmung. Sie bestimmen die Vorgänge lebloser Materie. Ihre Sicherheit haben wir erst erreicht, als wir nicht mehr in Zielursachen dachten: Der Stein »will« nicht nach unten, er wird auch nicht von der Schwerkraft »gezwungen«, er fällt ganz einfach mit absoluter Sicherheit gemäß einem Gesetz, das auch seine Fallzeit vorherberechnen läßt.

Wenn die Gesetze der Materie allein aus der Wirkursache (der Kausalität) gefolgert werden, heißt das aber noch nicht, daß es keine Zielursache gibt. Sie fällt nur nicht in den Bereich der Materie; der andere Bereich wurde meist dem Geiste zugeordnet, wie wir schon im ersten Kapitel gesehen haben. Ausgedehntes und denkendes Sein *(res extensa* und *res cogitans)* unterschied Descartes, und Physiker wie Schrödinger, Eddington oder Jeans rangen um ein mögliches Weltbild, in dem der Geist vor der Materie die Realität darstellt.

Dem Anspruch der englischen Empiristen, es sei nichts im Geiste, was nicht vorher in der Erfahrung war, hielt Leibniz entgegen: Nichts ist im Geiste, was nicht vorher in der Erfahrung war – außer der Geist.

Wir müssen wohl beiden zustimmen, darum aber besonders vorsichtig sein. Denn tatsächlich stammt alles, was wir je beobachten oder mit unseren Sinnen erfahren, aus Materie. Wenn wir denken, denken wir augenblicklich an materielle Gegenstände, obwohl wir wissen, daß das Denken selbst nicht materiell ist. Darum können wir auch nicht vermeiden, beim Begriff »Geist« doch etwas Feinstoffliches, Ätherisches, Schwingungen oder was auch immer zu meinen. Wir denken Geist als etwas Materielles, aus dem wir die Materie wieder wegdenken, und allzu leicht wird daraus ein Gespenst.

So wie wir uns das Jenseits meist als ein anderes Diesseits ohne bestimmten Ort vorstellen, wird damit auch der Geist zu einer anderen Art Körper ohne echte Materie. Wenn der Anspruch aber sein soll, Diesseits und Jenseits zu unterscheiden, aber nicht getrennt zu erleben, dann muß derselbe Anspruch heißen, Geist und Materie zu unterscheiden, aber nicht zu trennen.

Um diese Denkfalle zu vermeiden, gehe ich lieber von einer anderen Spannung aus und spreche nicht von Materie und Geist, sondern lieber von Materie und Freiheit. Vielleicht wäre die abendländische Entwicklung anders gelaufen, hätten Descartes und seine Jünger nicht ausgedehntes und denkendes Sein unterschieden, sondern Materie, die der Naturnotwendigkeit unterworfen ist, und freie Materie (ich muß wiederholen, daß dies alles innerhalb des Denkrahmens der Naturwissenschaft sinnlos ist, aber der Denkrahmen selbst ist ja *Folge*, nicht Ursprung der abendländischen Entwicklung).

Wer im Denkrahmen der Naturwissenschaft gefangen bleibt, kann seine eigene Freiheit nicht verstehen. Freiheit verlangt Selbstbestimmung, und Selbstbestimmung ist wahr erst durch die Liebe. Darum ist Freiheit untrennbar verbunden mit der Frage nach dem Guten, sonst bleibt sie bloße Willkür.

Der große Widerspruch der Freiheit besteht durch den Zwang zu entscheiden, der mit ihr einhergeht. Entscheidungen sind aber nur dann wahre Weichenstellungen, wenn sie zu unwiderruflichen Folgen führen. Wenn eine Entscheidung ohne Konsequenzen jederzeit wieder rückgängig gemacht werden kann, ist sie keine wahre Entscheidung und stammt nicht aus der Freiheit, denn eigentlich ist ja dann alles beliebig. Entscheidungen, die wir bloß bei uns oder gar im Traume fällen, sind nur Spielereien und keine wahren

Entscheidungen. Etwas muß durch unser Handeln entschieden (entschieden!) und festgelegt werden, nur dann müssen wir die Entscheidung verantworten, und nur dann können und müssen wir alle Folgen auf uns nehmen.

Unwiderruflich festgelegt wird aber nicht im Geist, sondern in der Materie.

Aus diesem Grunde gibt es keine Freiheit ohne Materie, ihre Naturnotwendigkeit ist Voraussetzung für Freiheit.

Wenn wir auch nicht wissen, wieso die Naturgesetze sicher sind, können wir jetzt doch den Sinn dieser Gewißheit erahnen.

Liebe gibt es nicht ohne Selbstbestimmung.
Selbstbestimmung gibt es nicht ohne Freiheit.
Freiheit gibt es nicht ohne Materie.
Materie gibt es nicht ohne Naturgesetze.
Raphael Schulte, Professor für Theologie an der Universität Wien, sagt darum:

»Materie ist die von Gott schöpferisch erschaffene Voraussetzung für geistig-personale Freiheit. Und noch mehr: Damit Freiheitsentscheidungen überhaupt so getroffen werden können, daß sie gelten und in Geltung bleiben, muß der vorausgesetzten Materie notwendigerweise eine determinierte Gesetzlichkeit vorauseingegeben sein (...). Freiheit setzt also immer schon Materie *und* Gesetze (Naturgesetze) voraus.«

Wahre Selbstbestimmung in Freiheit verlangt darum nach Sicherheit des Entschiedenen ohne Rücksicht auf die Folgen. Wenn *ich* entscheide, von einem Berg zu springen, dann habe ich ein Recht darauf, mich zu verletzen, und wäre enttäuscht, würde ein sanfter Engel die Fallgesetze für einen Augenblick außer Kraft setzen. Denn ebenso darf ich darauf vertrauen, daß die Gesetze halten, was sie versprechen, wenn ich sie zum Besten anwende (etwa beim Bau eines Hauses oder Fahrzeuges), und das eine ohne das andere wäre eine neue Beschränkung meiner Selbstbestimmung. Ver-

trauen auf ein Gesetz kann ich aber nur, wenn sein Urheber es nicht aufhebt, wenn er ihm die Treue hält. Darum sagt Raphael Schulte:
»Was Naturwissenschaften als unumstößliche *Naturgesetze* erfassen, wird auf diese Weise tiefer erkannt als *Folge göttlicher Treue zu seinem Schöpfungswort.*«
Wenn wir gesagt haben, die Sicherheit der Naturgesetze verstehen wir als »säkularisierte Offenbarung«, dann ergänzt der Theologe Schulte: »Die feststehende Gültigkeit und Determiniertheit der Naturgesetze gründet in der Treue des Schöpfers, der nicht nur die Natur, sondern auch den Menschen und sich selbst frei in sie hineinbindet.«
Aber diese Aussagen beanspruchen nicht, richtig oder sicher zu sein. Sie entstammen dem Ringen um Wahrheit und sind daher nur für den sinnvoll, der sie nicht durch Zweifel zu Fall bringt. »Sie meinen Offenbarungsinhalte, die, *falls* sie glaubend angenommen und im Leben vollzogen werden, *auch* wissenschaftlicher Erkenntnisnahme zugänglich sind«, sagte Schulte.
Wir brauchen diese tiefgehenden Aussagen jedoch nicht, um festzustellen, daß wir Menschen weder ohne Materie noch ohne Freiheit denken können. Immanuel Kant sagt daher, daß ein vernünftiges Wesen sich als Intelligenz nicht als zur Sinnen-, sondern zur Verstandeswelt gehörig ansehen muß: »Mithin hat es zwei Standpunkte, daraus es sich selbst betrachten und Gesetze des Gebrauchs seiner Kräfte, folglich aller seiner Handlungen erkennen kann: *einmal*, sofern es zur Sinnenwelt gehört, unter Naturgesetzen (Heteronomie), *zweitens* als zur intelligiblen Welt gehörig, unter Gesetzen, die, von der Natur unabhängig, nicht empirisch, sondern bloß in der Vernunft gegründet sind (...). Unabhängigkeit von den bestimmenden Ursachen der Sinnenwelt ist Freiheit. Mit der Idee der Freiheit ist nun der Begriff der *Autonomie* unzertrennlich verbunden, mit diesem aber das allgemeine Prinzip der Sittlichkeit.«

Wir sollten nun versuchen, die beiden Bereiche einander vergleichend gegenüberzustellen:

Autonomie	Heteronomie
Freiheit	Naturnotwendigkeit
Selbstbestimmung	Fremdbestimmung
Zielursache (Finalität)	Wirkursache (Kausalität)
Verantwortung	Sorgfaltspflicht
Ethik	Naturwissenschaft

Dem Begriff der Verantwortung im Bereich der Freiheit haben wir die Sorgfaltspflicht im Bereich der Naturnotwendigkeit entgegengestellt. In diesem Bereich sind die Naturgesetze sorgfältig zu beachten, aber niemand trägt dafür Verantwortung. Wer von einem hohen Platz in die Tiefe stürzt, ist verantwortlich für seine Unachtsamkeit oder eine Fehlentscheidung, nicht aber dafür, daß er hinunterfällt und mit welcher Geschwindigkeit er aufschlägt. Wenn es auch im wirklichen Leben nicht leicht sein mag, die Grenze zwischen den beiden Bereichen in jedem Fall zu finden, ist die Unterscheidung doch besonders wichtig. Denn im Bereich der Naturnotwendigkeit ist Selbstbestimmung einfach dumm. Wer beim Aufleuchten einer Warnlampe eines technischen Gerätes meint, dies aus Freiheit und Selbstbestimmung ignorieren zu dürfen, handelt nicht verantwortungsbewußt, sondern dumm.

Wer aber bei einer fälligen Entscheidung in seinem Leben immer glaubt, sich nach vermeintlichen Autoritäten (und sei es ein heiliges Moralgesetz) richten zu müssen, entscheidet nicht sorgfältig, sondern feige.

Selbstbestimmung im Bereich der Naturnotwendigkeit ist Dummheit!

Fremdbestimmung im Bereich der Freiheit ist Feigheit!

Zwischen Dummheit und Feigheit führt der schmale Grat des reifen Lebens, und in jedem Fall ist er neu zu suchen, denn es gibt keine allgemeine Regel. Es ist daher verständlich, wenn auch nicht entschuldbar, daß immer wieder versucht wird, die Freiheit einfach abzuleugnen. Da sie innerhalb des Denkrahmens der Naturwissenschaft ohnehin nicht zu finden ist, genügt dabei die Reduktion auf die naturwissenschaftliche Methode. Wer aber behauptet, es gäbe keine freien Entscheidungen, übersieht dabei, daß diese Behauptung einer freien Entscheidung entstammt, so lange sie nicht alle Menschen ohne Ausnahme annehmen und damit zur Wahrheit werden lassen. Ein einziger Mensch, der widerspricht und sagt: »*Ich* bin frei in meinen Entscheidungen«, macht *allen* anderen bewußt, daß sie ihre Freiheit aus freien Stücken abgelegt haben. Die Beispielswirkung *jedes* selbstbestimmten Lebens ist Trost und Lohn für die Mühen und die Einsamkeit, die dabei auch angenommen werden müssen.

Darum sagte Immanuel Kant:

»Ob nun gleich hieraus eine Dialektik der Vernunft entspringt, da in Ansehung des Willens die ihm beigelegte Freiheit mit der Naturnotwendigkeit im Widerspruch zu stehen scheint, und bei dieser Wegescheidung die Vernunft in *spekulativer Absicht* den Weg der Naturnotwendigkeit viel gebahnter und brauchbarer findet als den der Freiheit: so ist doch in *praktischer Absicht* der Fußsteig der Freiheit der einzige, auf welchem es möglich ist, von seiner Vernunft bei unserem Tun und Lassen Gebrauch zu machen; daher wird es der subtilsten Philosophie ebenso unmöglich wie der gemeinsten Menschenvernunft, die Freiheit wegzuvernünfteln.«

Aber Kant lebte noch zu tief im naturwissenschaftlichen Zeitalter, um dessen Denkrahmen verlassen zu wollen. Er meinte daher, »daß kein wahrer Widerspruch zwischen Freiheit und Naturnotwendigkeit (...) angetroffen werde; denn sie (die Vernunft) kann ebensowenig den Begriff der Natur als den der Freiheit aufgeben«.

Vom Sinn des Widerspruches

In der Achsenzeit endete für viele Kulturen das Zeitalter des Mythos; die Einheit ging verloren durch das Auftauchen und Bewußtwerden des Widerspruches. Wir haben schon im zweiten Kapitel davon gesprochen, daß erst der Sündenfall wahre Liebe ermöglicht, weil nur zusammengeführt werden kann, was vorher auseinanderfiel. Nun sehen wir den Sinn des Widerspruches im Lichte von Freiheit und Naturnotwendigkeit noch klarer und deutlicher: Naturgesetze beschränken unsere Freiheit, aber die Einsicht in die Naturnotwendigkeit schafft neue Freiheit.

Die Einsicht in die Sicherheit der Naturgesetze haben wir durch den neuen Denkrahmen der zweiten Achsenzeit gewonnen. Widerspruchsfreiheit ist dabei eine zentrale Forderung. Dort, wo wir ein geschlossenes Gebäude (oder Netzwerk) von Naturgesetzen erstellen, die eindeutig, widerspruchsfrei und begründbar formuliert, reproduzierbar, quantitativ und analytisch in ihren Aussagen überprüft worden sind, dort finden wir den Bereich der Fremdbestimmung, Naturnotwendigkeit, Heteronomie; dort tragen wir keine Verantwortung, aber wir müssen unserer Sorgfaltspflicht gewissenhaft nachkommen.

Erst wenn wir uns mit Widersprüchen konfrontiert sehen, die nicht eliminiert werden können, ohne das Ganze zu zerstören, werden wir unserer Freiheit und zugleich des Entscheidungszwanges bewußt. Widersprüche lähmen, denn aufgrund eines Widerspruches läßt sich jede beliebige Konsequenz logisch ableiten, und wir sind daher ratlos. Aber zugleich machen sie frei, denn sie versichern uns, daß keine Autorität, kein Fachmann, kein Gelehrtenwissen anders als aus seiner eigenen Freiheit (wenn nicht gar Willkür) entscheiden kann. Verantwortliche Eigenentscheidung ist daher nicht nur notwendig und vernünftig, jede Delegation wäre Verzagen und Feigheit.

Das Auftreten eines wesentlichen Widerspruches ist also notwendige Voraussetzung unserer Freiheit; nur im Bereich der Widersprüche gibt es verantwortliche Entscheidungen. Nur dort gibt es wahre Liebe, denn sie fordert das eigene freie Bekennen ohne äußere Gründe. Nur im Bereich der Freiheit (und daher der wesentlichen Widersprüche) können wir uns entfalten und zur Reife des selbstbestimmten Menschen entwickeln, wenn wir die Folgen unserer freien Entscheidungen auf uns nehmen, ohne sie schon ganz abschätzen zu können.

Aus dieser notwendigen Ungewißheit erwächst eine tiefe Angst, die es auszuhalten gilt. Erst wenn wir dazu imstande sind, können wir beim Auftreten eines wesentlichen Widerspruches *frei* entscheiden und nicht nur *willkürlich!* Der Unterschied ist äußerlich gar nicht zu erkennen, denn die Materie ist dagegen gleichgültig, sie kennt ihn nicht.

Freiheit ist mehr als Willkür, und das Mehr entsteht aus dem wahren Streben nach Verwirklichen des Guten, nach der Liebe. Darum ruft der Apostel Paulus den keltischen Galatern zu: »Brüder, ihr seid zur Freiheit berufen. Aber mißbraucht die Freiheit nicht zum Dienst des Fleisches. Dient vielmehr einander in Liebe. Denn das ganze Gesetz wird in dem einen Wort erfüllt: Du sollst deinen Nächsten lieben wie dich selbst.« *(Gal. 5,13 f.)*

Statt »Fleisch« möchte ich lieber »Materie« sagen, denn in zwei Jahrtausenden ist das Wort allzuoft als Verbot der Erotik gedeutet worden, um heute noch vernünftig gelesen werden zu können. Mit der Erotik würde aber die Liebe selbst verboten, denn Liebe ist mehr, nicht aber etwas anderes als Erotik.

Paulus bezieht sich freilich nicht auf die Naturgesetze, sondern auf die »Zehn Worte«, deren Bedeutung wir im zweiten Kapitel schon ausführlich besprochen haben. Wenn sie aber als Offenbarung aus dem Jenseits aufgefaßt und logisch (das heißt eindeutig und widerspruchsfrei) interpretiert werden, dann haben sie auf unsere Freiheit dieselbe Wirkung.

»Dagegen stehen alle, die sich an die Gesetzeswerke halten, unter dem Fluche« *(Gal. 3,10)*. »Denn durch Gesetzeswerke wird kein Mensch gerechtfertigt« *(Gal. 2,16)*, und »Käme die Gerechtigkeit durch das Gesetz, dann wäre Christus umsonst gestorben« *(Gal. 2,21)*, sagt Paulus.

Wenn wir im dritten Kapitel mit Hegel festgestellt haben, etwas sei »lebendig, nur insofern es den Widerspruch in sich enthält«, dann ergänzt Paulus: »Ja, wenn ein Gesetz gegeben wäre mit der Kraft, das Leben zu spenden, dann käme in der Tat die Gerechtigkeit aus dem Gesetze.« *(Gal. 3,21)*

Leben kommt aber nicht aus dem Gesetz, sondern aus der Liebe.

»Wir wissen, daß wir aus dem Tode zum Leben gekommen sind, weil wir die Brüder lieben. Wer keine Liebe hat, bleibt im Tode.« *(1. Joh. 3,14)*

Liebe ist aber ohne Widerspruch nicht wirklich, weil sie Freiheit voraussetzt. Ja, Liebe ist selbst nur als Aporie denkbar: Sie will immer zugleich die Einheit mit dem anderen und die ungestörte Freiheit des anderen. Geht die Freiheit des anderen verloren, stirbt auch die Liebe. Wird die Freiheit des anderen nicht gestört, kann Einheit nicht einmal angestrebt werden.

Den nagenden und zugleich beglückenden Widerspruch der Liebe hat Meister Eckhart schön dargestellt:

»Die Liebe hat dies von Natur aus, daß sie von Zweien als Eines ausfließt und entspringt. Eins als Eins ergibt keine Liebe, Zwei als Zwei ergibt ebenfalls keine Liebe; Zwei als Eins dies ergibt notwendig naturgemäße, drangvolle, feurige Liebe.«

Und dann: »In der Liebe, die ein Mensch schenkt, gibt es keine Zwei, sondern nur Eins und Einung, und in der Liebe bin ich mehr Gott, als daß ich in mir selbst bin (...). Das klingt verwunderlich, daß der Mensch in solcher Weise Gott zu werden vermag in der Liebe; jedoch ist es wahr in der ewigen Wahrheit.«

Darum muß jeder Versuch, ein Moralgesetz zu formulieren, scheitern. Ich bedaure daher sehr, daß sich in unserem Bildungswesen immer wieder Halbheiten festsetzen. Viele Menschen unserer Kultur lernen nämlich den *kategorischen Imperativ* des Immanuel Kant: »Handle nur nach derjenigen Maxime, durch die du zugleich wollen kannst, daß sie ein allgemeines Gesetz werde.« Oder die noch stärkere Formulierung Kants: »Handle so, als ob die Maxime deiner Handlung durch deinen Willen zum *allgemeinen Naturgesetze* werden sollte.«

In einer gemeinverständlichen Einführung in das Philosophieren sagt Erich Heintel, daß Kant seinen Imperativ als formal und autonom charakterisiert hat. Nicht als Befehl oder gar Anweisung zur Fremdbestimmung darf er aufgefaßt werden.

»Da niemand für mich das Gewissen haben kann, bin ich in der Gewissensentscheidung auf mich selbst angewiesen, ich gebe mir selber den moralisch maßgebenden Befehl. In dieser Situation steht jedes menschliche Individuum«, sagt Erich Heintel. Und zur formalen Charakterisierung meint er: »Man kann aber einer bestimmten Handelnsentscheidung (...) nicht ansehen, ob sie im moralischen Sinn als gut oder böse zu qualifizieren ist.«

Darum dürfte der kategorische Imperativ meines Erachtens nach niemals gelehrt werden, ohne daß gleichzeitig seine notwendige Ergänzung betont wird – Kant hat sie aus guten Gründen den *praktischen Imperativ* genannt:

»Handle so, daß du die Menschheit, sowohl in deiner Person als in der Person eines jeden anderen, jederzeit zugleich als Zweck, niemals bloß als Mittel brauchst.«

Kant sagt nämlich, »die vernünftige Natur existiert als Zweck an sich selbst. So stellt sich notwendig der Mensch sein eigenes Dasein vor.« Jede Person auch als »Zweck«

anzusehen heißt also, sie als Mensch ernst zu nehmen (nicht nur zu benutzen), und das fordert der praktische Imperativ für alle Handlungen. Aber er fordert mehr: Nicht nur die Person will ernst genommen sein, gar die »Menschheit in jeder Person«. Er fordert also auch das Ernstnehmen des großen Widerspruches, daß jeder Mensch vollkommenes, vollständiges, abgeschlossenes Individuum ist und zugleich immer auch die ganze Menschheit darstellt und verkörpert.

Vor diesem großen Widerspruch können wir nur allzu leicht verzagen. Wir leben dann so, als ob die Menschheit, das unbegreifliche Geheimnis des Menschseins, nicht von *jedem* Individuum dargestellt würde, sondern nur von einem kleineren Teil der Menschheit, aus dem wenigstens die nagendsten Widersprüche eliminiert sind.

Dazu eignen sich dann alle möglichen Reduktionen: etwa zunächst auf die Männer (Frauen haben dann zum Beispiel keine Seele) oder auf die eigene Kultur (Vertreter anderer Kulturen sind dann fremde, unverständliche Wesen) oder auf die eigene Hautfarbe (anders pigmentierte sind dann oft Untermenschen) bis hinunter zu der engsten Gemeinschaft von Freunden, die dann alle anderen als Feinde (und damit als Nicht-Menschen) ansehen.

Tatsächlich ist die Spannung zwischen der Naturnotwendigkeit, die für alle Menschen gleich gültig (und daher auch gleichgültig) ist, und der individuellen Freiheit jeder Person zu groß, um immer ausgehalten zu werden. Individuum und Menschheit sind die äußersten Pole in diesem Spannungsfeld, einander zu fremd, um vereint werden zu können. Wir Menschen brauchen daher wiederum ein Drittes, das den großen Widerspruch auffächert und ihn bewältigen läßt: die eigene Ordnung.

Naturgesetze wirken nur über die doppelte Negation: Sie sagen uns, was wir *nicht* versuchen sollen, um unser Ziel *nicht* zu verfehlen. Was wir dann doch anstreben wollen, kann nicht ganz der Freiheit überlassen bleiben, denn es bedarf auch *gemeinsamer* Entscheidungen. Und auch diese sind nur dann wahre Ent-*scheid*ungen, wenn sie nicht beliebig geändert werden können oder ohne Folgen bleiben. Sie müssen daher festgehalten und durchgesetzt werden in einer jeweils entsprechenden Form: als Gesetze, Normen, Übereinkünfte, Verträge, als Standard oder insgesamt als jeweilige Ordnung.

Ohne jegliche Ordnung gibt es keine Freiheit, sondern Chaos. (Individuelle Entscheidungen können dann nur willkürlich sein.) Aber es gilt auch die Umkehrung: Ohne Freiheit gibt es keine Ordnung. Weil es unmöglich ist, die lebendig widersprüchliche Freiheit in einer toten Ordnung einzufangen, führt auch die Ordnung ohne Freiheit ins Chaos. Wir sehen das am deutlichsten daran, daß man eine gegebene Ordnung auf zwei entgegengesetzte Weisen zerstören kann: Entweder, indem man sie nicht einhält (etwa durch Streik), oder, indem man sie genau einhält (etwa durch Dienst nach Vorschrift).

Die Ordnung ist neben Naturnotwendigkeit und Freiheit jenes Dritte, das einerseits dem Denkrahmen der Logik gehorchen muß, um allgemein verbindlich sein zu können, andererseits aber selbst widersprüchlich (im obigen Sinne) erscheint, weil es Freiheit erst ermöglichen soll. Während im Bereich der Naturgesetze Sorgfaltspflicht von uns gefordert ist, während im Bereich der Freiheit Verantwortung im Handeln notwendig ist, brauchen wir im Bereich der Ordnung beides: Es liegt in unserer Verantwortung, ob wir uns bei einer konkreten Entscheidung an die gegebene Ordnung halten, und es erfordert Sorgfalt, sie richtig auszulegen und anzuwenden.

Naturnotwendigkeit wird von uns Menschen erkannt, die Ordnung aber wird von uns geschaffen. Die beiden stehen in einem ähnlichen Verhältnis wie Realität und Wirklichkeit. Ja, die Ordnung ist gerade ein wichtiges Mittel, um Wirklichkeiten aufzubauen. Wenn wir die Realität am Ende des dritten Kapitels als »allen gemeinsame Wirklichkeit« beschrieben haben, dann können wir nun von einem Schichtenbau der Wirklichkeiten sprechen. Ganz unten liegt die allen gemeinsame Wirklichkeit, die der Realität nirgends widersprechen soll und die sich in der Naturnotwendigkeit manifestiert. Darüber käme dann die einer ganzen Kultur gemeinsame Wirklichkeit, die aber den Wirklichkeiten anderer Kulturen meist irgendwo widerspricht oder zumindest nicht entspricht. Wieder darüber kämen die Wirklichkeiten, die aus Völkergemeinschaften, Sprachgruppen und dergleichen entstehen; dann die Wirklichkeiten von kleineren Gemeinschaften, Ländern, Städten und Orten bis zu den Familien und schließlich die Wirklichkeiten jedes einzelnen Menschen, die sich getreu dem *cogito, ergo sum* isoliert und frei aus dem einzelnen Bewußtsein entwickeln dürfen.

Es wäre aber völlig falsch, sich diesen Schichtenbau wohlgeordnet wie geologische Lagerungen oder die Lagen einer Torte vorzustellen. Denn jede einzelne Wirklichkeit findet ihre Grenze nicht dort, wo eine andere beginnt, sondern immer nur im Widerspruch, der auftritt, weil die Wirklichkeiten ineinandergreifen und überlappen. »Netzwerk« ist daher vielleicht der bessere Ausdruck als »Schichtenbau«, aber es verheimlicht ebenso den Widerspruch als tragendes Element und bringt die Sonderstellung der beiden Extreme, Realität und persönliche Freiheit, nicht zum Ausdruck. Unsere Sprache hat dafür kein geeignetes Wort, weil sie der Logik unterworfen bleibt und Widersprüche als wesentliche Stützpfeiler daher nicht kennt.

Wir kommen sofort zu einer völlig anderen Darstellung des Netzwerk-Schichtenbaus, wenn wir über der Realität statt nach Kulturen nach männlicher und weiblicher Wirklichkeit unterscheiden. Das Bild will also gar nicht Abbild sein, es will vielmehr daran erinnern, daß wir uns immer verstrickt sehen in einer vielfältigen Welt, die einerseits von uns selbst geschaffen ist, andererseits an der Realität scheitern kann und drittens dem Einfluß vieler bewußter und unbewußter Ordnungen unterliegt, die zwar von Menschen, aber nicht von uns selbst begründet worden sind.

Ein Spannungs-Dreifeld

Nach den Spannungsfeldern *richtig – wahr – sicher* und *Wissenschaft – Kunst – Philosophie* sind wir somit auf ein neues Dreifeld gestoßen, das wir wieder ähnlich darstellen wollen:

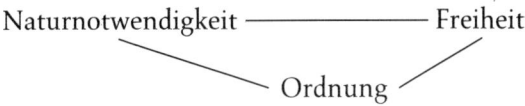

Die Spannung in diesem Feld entsteht dadurch, daß nirgends eine Grenze gefunden und festgehalten werden kann. Freiheit und Ordnung setzen einander jeweils voraus, keine kann ohne die andere bestehen und doch widerstreiten sie einander. Naturgesetze begrenzen zwar unsere Freiheit, aber die Einsicht in eben diese Gesetze vergrößert sie wieder, und schließlich stammt die Erkenntnis aus unserer Freiheit. Naturnotwendigkeit und Ordnung sind ebensowenig durch eine Grenze zu trennen, denn die Ordnung darf der Natur weder widersprechen, noch kann sie aus ihr folgen, und auch die jeweils anerkannte Formulierung der Naturgesetze ist eine Ordnung, die sich allerdings an der Natur orientiert.

Nur wenn alle drei Eckpfeiler des Dreifeldes – jeder in seiner ganz bestimmten Weise – ernstgenommen werden, kann sich eine menschliche Gemeinschaft entfalten und reifen. Weil aber von jedem Eckpfeiler aus gesehen zwei unvereinbare Gegenüber auftreten, sind wir im Falle von

Konflikten nur allzu schnell bereit, einen davon zu übersehen und das Dreifeld auf einen polaren Gegensatz zu reduzieren. Das bringt manchmal scheinbar Vorteile für eine der Streitparteien. Eine Ordnung, die sich hinter der Naturnotwendigkeit versteckt, ist nicht mehr so leicht angreifbar, denn für Naturgesetze sind wir ja nicht verantwortlich. Sie anzugreifen ist – wie wir sahen – einfach dumm und nicht mutig.

So hat etwa noch Max Planck dem aufkommenden weiblichen Freiheitsbewußtsein am Ende des 19. Jahrhunderts entgegnet, Amazonen seien auch auf geistigem Gebiet naturwidrig. Und er meinte, man könne nicht stark genug betonen, »daß die Natur selbst der Frau ihren Beruf als Mutter und als Hausfrau vorgeschrieben hat, und daß Naturgesetze unter keinen Umständen ohne schwere Schädigungen (...) ignoriert werden können«.

Immer wieder haben Menschen versucht, ihre Ordnung als natürlich zu begreifen, als gottgewollt, als naturgegeben, ja als naturgesetzlich. Dies scheint mir eine Flucht aus der Verantwortung, die vielleicht verständlich, heute aber nicht mehr entschuldbar ist. Mit der Ordnung wird ja nicht nur die eigene Freiheit, sondern die der ganzen Gemeinschaft beeinflußt. Wenn die dunkelsten Kapitel der Geschichte des 20. Jahrhunderts nicht sinnlose Abstürze in totale Unmenschlichkeit bleiben sollen, dann müßten wir wenigstens eine Lehre aus ihnen ziehen: Daß die Reduktion der menschlichen Ordnung auf Naturnotwendigkeit in Form von biologischen, rassischen oder vererbungstheoretischen Gesetzen auf einen Weg des Grauens führt, den wir nicht einmal mehr in Gedanken offenhalten sollten.

Die *selbst*gegebene Ordnung, der möglichst viele Mitglieder der Gemeinschaft zustimmen können, ist spezifisch menschlich. Wer den Unterschied zwischen Mensch und Tier in dieser Hinsicht übersieht, auch wenn er von Freiheit reden mag, macht sich menschenverachtender Gedanken schuldig, selbst wenn sie sich hinter einer gewiß gut gemeinten Tierliebe verstecken.

Wir können nicht mehr ungeschehen machen, was Menschen im 20. Jahrhundert einander angetan haben. Aber wir sollten entschieden auftreten, wenn es gilt, Gedanken schon im Ansatz zu entlarven, die erneut auf eine Reduktion des menschlichen Daseins in seiner vollen Vielfältigkeit abzielen. Die Einsicht in die Notwendigkeit *aller drei* Eckpfeiler mag dabei ein wenig helfen, um uns der Forderung nach Verantwortung für unsere Ordnung stellen zu können. (Wir wissen mit Solomon Asch, daß dies im einzelnen viel Kraft und Selbständigkeit erfordern kann.)

Aber auch die Verleugnung der Naturnotwendigkeit ist eine unzulässige Reduktion. Manchmal geschieht dies, um Schuldzuweisungen vorzunehmen und damit die eigene Verantwortung zu entlasten. Naturgesetze seien bloß Konsequenzen der ökonomischen Verhaltensweisen, sie seien geschaffen, um Herrschaft und Unterdrückung aufrechtzuerhalten, kann es dann heißen. Verantwortung wird dabei nicht geleugnet, aber immer anderen zugewiesen, selbst ist man dabei immer nur Opfer. Auch dabei verlieren wir den dreifachen Widerspruch: Erstens, angesichts unabänderlicher Naturgesetze frei verantwortlich zu sein; zweitens, an einer Ordnung teilzuhaben, die man weder selbst bestimmen, noch an ihr unbeteiligt bleiben kann; und drittens, einzusehen, daß keine Ordnung aus »ehernen«, ewigen oder jenseitigen Gesetzen ableitbar ist, liebevollen Umgang der Menschen miteinander aber doch ermöglichen, zumindest nicht behindern soll.

Über die dritte Möglichkeit der Reduktion, die Selbstaufgabe der Freiheit, haben wir schon gesprochen. Daß sie versteckte Formen annehmen kann, sehen wir vielleicht deutlicher, wenn wir das Dreifeld noch einmal mit anderen Begriffen anschreiben, um es auf Einzelschicksale anzuwenden:

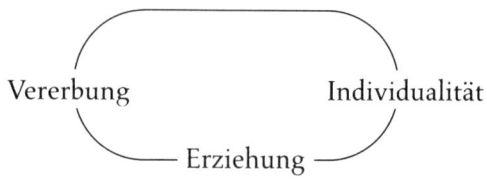

Dabei gehören zum Eckpunkt *Erziehung* alle sozialen Einflüsse der Umwelt, nicht nur der dafür verantwortlichen Personen. Ertappen wir uns angesichts dieses Dreifeldes nicht selbst dabei, oft auf die Achse *Vererbung – Erziehung* reduziert zu haben? Welche der Eigenschaften unserer Kinder, Partnerinnen und Partner oder einfach wichtiger Personen unseres Lebens erklären wir aus deren Anlagen, welche aus ihrer Umwelt und Geschichte? Und bleiben dann überhaupt noch Eigenschaften übrig, die wir der Person selbst zugestehen, ohne daß sie von irgendwoher kommen? Daran hindert uns der Denkrahmen der Naturwissenschaft, weil er gemäß dem Satz vom zureichenden Grunde immer nach äußeren Ursachen verlangt, ohne die wir uns nicht mehr sicher fühlen. Spontaneität, Kreativität, die Freude am nicht erklärbaren Augenblick gehen dabei verloren.

Nun könnten wir wohl die Sache mit einem Augenzwinkern beiseite lassen, wenn sie nicht oft als falsches Kampfmittel aufträte und lebendige Entwicklung behinderte. Wir wissen ja schon, daß in diesem Dreifeld Verantwortung und Sorgfaltspflicht mit unterschiedlichen Gewichten zu verteilen sind. Wer scheinbar objektiv für oder gegen einen der Eckpfeiler auftritt, meint damit immer auch Verantwortung, ohne es aussprechen zu müssen. So wird zum Beispiel unter dem Deckmantel wertfreien Erkenntnisinteresses darüber gestritten, ob gewisse Anlagen zu Schwerstverbrechen (Mord, Vergewaltigung, Raub) wohl angeboren seien oder ob sie aus dem sozialen Umfeld stammen. (Auch dabei wird die dritte Möglichkeit des eigenen freien Entschlusses meist nicht gebührend berücksichtigt.)

Wer für die These angeborener Eigenschaften streitet, wird den Vorwurf entrüstet zurückweisen, damit zugleich Freiheitsentzug vor Resozialisierung zu befürworten.

Wer für die These der Umwelteinflüsse streitet, wird den Vorwurf entrüstet zurückweisen, sich damit der Frage von Schuld und Strafe nicht stellen zu wollen.

Ich glaube daher, daß derartige wertfreie Untersuchungen gar nicht gemacht werden sollen, weil sie wertfrei nicht möglich sind. Das Dreifeld bleibt in vollem Umfange wirksam, auch wenn wir eine Reduktion mit allen Mitteln versuchen. Erst wenn Einigkeit darüber besteht, daß die eigentliche Frage von uns allen verantwortlich zu entscheiden ist, können wir uns auch das Wissen holen, um unser Gewissen zu unterstützen. Vorher bleibt es beim Stellvertreterkampf, und die Wissenschaft wird zu falschen Diensten mißbraucht.

Zeit und Sinn

Als Sinn der Materie haben wir erkannt, daß sie Freiheit ermöglicht, weil sie Entscheidungen erlaubt, die festgeschrieben sind und nicht mehr rückgängig zu machende Folgen haben. Erst dadurch kann sich Freiheit von bloßer Willkür unterscheiden. Damit erhält aber die Zeit eine ganz neue Dimension, denn die Dreiteilung in Gegenwart, Zukunft und Vergangenheit können wir auch auffassen als Akt des Entscheidens. Das, was noch offen, was noch nicht durch Entscheidungen festgelegt ist, ist die Zukunft. Vergangenheit ist alles bereits Festgelegte, alles Entschiedene, und die Gegenwart ist der Akt des Festlegens, das Auseinanderteilen in Wirkliches und nicht mehr Mögliches durch die Entscheidung.

»Handeln bedeutet also, daß ich in der Welt im Zeitdasein

aus der Vielheit des Möglichen das Bestimmte herausgreifen muß, wenn ich verwirklichen will. Nur im Betrachten habe ich das Unendliche vor Augen als Fülle dessen, was sein könnte. Im Handeln muß ich mich zum Endlichen entschließen: eine Entscheidung hat zu geschehen (...). Weil die Entscheidung ausschließt, um etwas Bestimmtes zu verwirklichen, verletzt sie ein anderes (...). Entscheidung bedeutet daher in irgendeinem Sinn auch Unwahrheit«, sagt Karl Jaspers, fügt aber sogleich hinzu, daß Unentschiedenheit ebenfalls Unwahrheit ist, denn in der Wirklichkeit entsteht dann nichts Rechtes, sondern Verwirrung.

Weil die Zeit »real vergeht«, ohne daß wir sie aufhalten könnten, wird *immer* entschieden. Auch nicht zu entscheiden ist eine Entscheidung – das haben wir schon mehrmals festgehalten.

Festgelegt wird nicht im Denken, sondern in der Materie. In diesem Sinn ist Materie auch Voraussetzung für Zeit. (Daß die beiden zusammen mit dem Raum eine untrennbare Einheit bilden, hat auch die moderne Physik als gesichert erkannt.) Nun zeigt sich aber die Zeit von zwei einander entgegengesetzten Seiten, die etwa den Bereichen der Heteronomie und Autonomie entsprechen: Bezüglich des materiellen Geschehens bei einer Handlung gilt nämlich, daß das, was erst sein wird, noch nicht festgelegt ist, daß das, was schon war, festliegt und daß gegenwärtig festgelegt wird. Bezüglich des Sinnes derselben Handlung gilt dies aber nicht.

Wir können jeder unserer Handlungen immer noch neuen Sinn geben, so lange wir leben. Und eine Entscheidung in der Gegenwart kann eine lange Vergangenheit in ihrem Sinn ganz neu bestimmen. Wenn wir etwa in einer Partnerschaft an eine Krise geraten, so kann die Entscheidung, die Bindung zu lösen oder aus der Krise neu zu gestalten, dem bisherigen Leben ganz neue Bedeutung geben.

Was materiell Vergangenheit bleiben muß, kann also im Bereich der Freiheit Zukunft sein.

Je älter ein Mensch wird, um so mehr materielle Vergangenheit hat er, um ihren Sinn bestimmen zu können, also hat er auch um so mehr Zukunft, wenn er sich zur Sinngebung entschließt. Erst im Augenblick des Todes ist das Leben vollendet, materielle und sinnhafte Zeiten klaffen nicht mehr auseinander, sie sind eins geworden und treten aus der Abfolge Zukunft – Gegenwart – Vergangenheit heraus, vielleicht in die Ewigkeit?

Große Dichter haben davon immer wieder erzählt. In Hofmannsthals *Jedermann* gibt es eine schöne Parabel dazu, und Kahlil Gibran läßt seinen Weisen im *Prophet* mahnen:

»Eure Kinder sind nicht Eure Kinder, sie sind die Söhne und Töchter von des Lebens Verlangen nach sich selbst (...). Ihr dürft ihren Leib behausen, doch nicht ihre Seele, denn die Seele wohnt im Hause von morgen, das ihr nicht zu betreten vermöget, selbst nicht in Euren Träumen. Ihr dürft Euch bestreben, ihnen gleich zu werden, doch suchet nicht, sie Euch gleich zu machen, denn das Leben läuft nicht rückwärts, noch verweilet es beim Gestern.«

Und Meister Eckhart sieht sogar in der Sünde die notwendige Voraussetzung dafür, dem eigenen Leben immer von neuem Sinn geben zu können:

»Der gute Mensch soll seinen Willen so dem göttlichen Willen angleichen, daß er selber alles will, was Gott will: Weil nun Gott in gewisser Weise will, daß ich gesündigt habe, so wollte ich nicht, daß ich keine Sünden begangen hätte, und das ist wahre Buße.«

Wir können Geschehenes nicht mehr ungeschehen machen, und alles Jammern oder Wehklagen über falsche Entscheidungen hat keinen Sinn. Worauf es ankommt, ist die Einsicht, daß Vergangenheit zur Zukunft werden kann, wenn wir ihren Sinn neu verstehen und einsehen. Darum sagt Meister Eckhart noch deutlicher:

»Wenn ein Mensch tausend Todsünden begangen hätte, und es wäre ein solcher Mensch in rechter Verfassung, so dürfte er nicht wünschen, er hätte sie nicht begangen.«

Verständlich, daß diese beiden starken Aussagen Meister Eckharts (zusammen mit anderen) von Papst Johannes XXII. im März 1329 verdammt wurden. Aber wer nach Wahrheit strebt, darf den Zweifel nicht sogleich ausschließen und muß sich auf Widersprüche vorbereiten.

Solange eine Entscheidung nur im Denken getroffen wird, ist sie noch nicht festgelegt. Erst die Ausführung, die Handlung schafft Wirklichkeit. Und eine wahre Entscheidung ist überhaupt nur dort gefragt, wo nicht alle Widersprüche eliminiert werden können, denn nur dort sind wir frei. Im Bereich der Logik sollten wir nicht frei entscheiden, sondern sorgfältig nach der richtigen Antwort suchen. Die Form des Denkens, die darauf abzielt, Widersprüche zu eliminieren und zu einem Netzwerk formal richtiger Aussagen zu kommen, möchte ich vielleicht »Konstruieren« nennen, weil sie sich von der Realität entfernt, um Modelle und Bilder zu schaffen.

Wir können das erste Dreifeld des vierten Kapitels noch einmal darstellen und zwischen die Eckpfeiler *denken, konstruieren* und *handeln* einfügen:

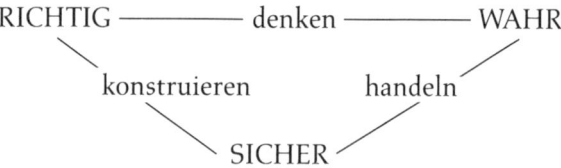

Formal richtige Sätze ergeben sich in dieser Sichtweise am Schnittpunkt von Denken und Konstruieren unter Ausschluß des Handelns. (Dies trifft für die Mathematik gewiß zu.)

Wahrheit streben wir an, wenn wir Denken und Handeln eins werden lassen und Konstruktionen vermeiden.

Die sicheren Gesetze der Naturwissenschaft ergeben sich aus dem Zusammenspiel von Konstruieren und Handeln (Wechselspiel von Theorie und Experiment), wobei das Denken, das sich an Widersprüchen orientiert und sie als wesentliche Elemente anerkennt, ausgeschlossen bleiben muß (wir haben schon im ersten Kapitel gesehen, daß Ausnahmen wie etwa die Quantenmechanik dabei nur die Regel bestätigen).

Martin Heidegger hat ganz deutlich gesagt (und wurde trotzdem manchmal mißverstanden), »daß die Wissenschaft nicht denkt. Sie denkt nicht, weil sie nach der Art ihres Vorgehens und ihrer Hilfsmittel niemals denken kann – denken nämlich nach der Weise der Denker. Daß die Wissenschaft nicht *denken* kann, ist kein Mangel, sondern ein Vorzug. Er allein sichert ihr die Möglichkeit, sich nach Art der Forschung auf ein jeweiliges Gegenstandsgebiet einzulassen und sich darin anzusiedeln.«

6. Logik, Polarität, Dialektik

Ganzheitliches Denken

Am Ende des dritten Kapitels haben wir den Denkrahmen der Naturwissenschaft charakterisiert und dabei unter anderem die Forderung »Analyse geht vor Zusammenschau« gefunden. Tatsächlich läßt sich ja die Widerspruchsfreiheit in kleineren Systemen leichter durchsetzen, und zur Sicherung der Eindeutigkeit von Begriffen sowie zur Elimination von neu auftretenden Widersprüchen genügt oft die weitere Unterteilung in noch kleinere Einheiten. Das führt in den Wissenschaften zur immer weiter fortschreitenden Spezialisierung und im täglichen Leben zur Notwendigkeit, eine immer größere Zahl von Experten zur Verfügung zu haben, wenn Rat gebraucht wird. Ob es sich um Fachärzte handelt oder um Handwerker, um Fahrzeugtechniker oder um die Reparatur elektronischer Geräte macht dabei wenig Unterschied – wichtig ist, den Menschen zu finden, der sich gerade auf dem gewünschten Kleinstgebiet am besten zurechtfindet.

Die Zusammenschau, das Ganze, geht dabei freilich verloren. Es ist daher verständlich, daß sich eine stärker werdende Gegenbewegung bemerkbar macht, die nach einem anderen Denkrahmen ruft. Ganzheitliches Denken, Einheit, System, Vernetzung, ja Harmonie und Holistik sind dann Schlagworte, die den Weg bereiten sollen. Aber angesichts der großartigen Erfolge, die mit dem Denkrahmen der Naturwissenschaft ohne Zweifel errungen werden konnten, bleiben es zunächst eben bloße Schlagworte.

So einfach ist die Sache leider nicht!

Denn es hat ja einen guten Grund, warum im Denkrahmen der Naturwissenschaft Analyse gefordert wird; niemand wird mutwillig das Ganze zerstören, wenn es nicht notwendig und zielführend ist. Das Aufgeben der ganzheitlichen Sicht ist der Preis für Eindeutigkeit und Widerspruchsfreiheit des betrachteten Systems. Wollen wir dem erfolgreichen Denkrahmen der Naturwissenschaft etwas entgegensetzen, was nicht sogleich als bloßer Schaum entlarvt werden kann, dann dürfen wir nicht bloß nach Ganzheitlichkeit rufen – wir müssen sehen, wie wir mit dem Widerspruch umgehen können, der bisher größtes Hindernis eines umfassenden, einschließenden Denkens war.

Wenn wir wollen, können wir einen Hinweis aus der modernen Physik entnehmen: Im ersten Kapitel haben wir gehört, daß Wolfgang Pauli in der Atomphysik von einer »neuen Eigenschaft der Ganzheit« sprach, weil sich die Phänomene nicht in Teile zerlegen ließen, ohne das Ganze dabei wesentlich zu ändern. Aber diese neue Eigenschaft der Ganzheit konnte erst erreicht werden, nachdem in der Quantenmechanik der Widerspruch zwischen diskreten und kontinuierlichen Eigenschaften (zwischen »Teilchen und Welle«) als wesentliches Element des Mikrokosmos ernstgenommen worden war. Wird entweder die eine oder die andere Seite – Teilchen oder Welle – unterdrückt, dann geht auch die Ganzheitlichkeit der Beschreibung verloren.

Wenn ich jemanden von Ganzheit, System, Vernetzung und dergleichen sprechen höre, dann frage ich daher sofort: »Wie hältst du es mit dem Widerspruch?« Eine neue Art des Denkens darf sich nämlich nicht mit Wünschen oder Sehnsüchten begnügen, sie muß auch zeigen, auf welchem Wege sie ihr Ziel zu erreichen sucht.

Der Ausgangspunkt aller Denkrahmen wird – zumindest

im Abendland – meist übereinstimmend gesehen: Beim Auftreten eines Widerspruches muß etwas geschehen, in Bewegung geraten, sich entwickeln, denn die Einheit ist gestört. Wir haben ja bei unserem Gang durch die Geschichte und bei unserer Zusammenschau verschiedenster Gebiete in diesem Buch schon oft Widersprüche bearbeiten müssen, und zwar auf verschiedenste Weise. Jetzt wollen wir uns daran erinnern und versuchen, typische Muster zu finden und zu beschreiben.

Vielleicht sehen wir eine Analogie im Auftreten eines Widerspruches zum Auftauchen des Nichts in unserem Leben. (Im zweiten Kapitel haben wir ja solche Analogien angedeutet.) Wahrscheinlich reagiert jeder Mensch auf einmalige, nicht zu wiederholende Weise beim Gedanken an das Nichts. Aber vielleicht können wir drei typische Möglichkeiten unterscheiden, ohne sie sogleich trennen oder gar bewerten zu wollen:

Wir können das Nichts verdrängen und verleugnen.

Wir können das Nichts als notwendiges Gegenstück zum Sein ansehen, und:

Wir können im Nichts den Grund für das Sein sehen, und die beiden im absoluten Nichts vermählen, wie wir das schon im zweiten Kapitel angedeutet haben.

Diesen drei emotionalen Reaktionen auf das Nichts entsprechen drei mögliche Einstellungen zum Widerspruch und drei mögliche Denkrahmen, die wir nun genauer betrachten wollen:

Wir können *erstens* alle Widersprüche als Fehler betrachten, die zu eliminieren sind. Dies entspricht den Axiomen der Aristotelischen Logik und führt zum Denkrahmen der Logik und der Naturwissenschaft.

Wir können *zweitens* Widersprüche als notwendige Gegensätze entschärfen, beide Seiten als gleich wichtig und einander ergänzend annehmen. Der so entstehende Denkrahmen wird häufig als polares Denken bezeichnet.

Wir können *drittens* Widersprüche als Quelle der Entwicklung begrüßen und in jeder Situation nach den wesentlichen Aporien fragen, um daraus in einem Prozeß der Veränderung Neues entstehen zu lassen. Es ist die Haltung des Sokrates, die wir mit Plato als dialektisches Denken bezeichnen wollen.

Freilich wäre es nun völlig falsch, mit dieser Einstellung jede Form des Denkens erfassen zu wollen. Es ist nicht einmal sinnvoll zu versuchen, allgemeine Regeln über Vor- und Nachteile zu erstellen. Die drei Denkrahmen bilden wiederum die Eckpfeiler eines Dreifeldes, bei dem keine Grenzen zu finden sind, weil die Übergänge fließen. Hat nicht sogar die Physik trotz ihres logischen Denkrahmens in der Quantenmechanik einen Widerspruch als wesentlich zugelassen?

Sehen wir uns das Dreifeld einmal so an wie die bisher gefundenen Spannungsfelder:

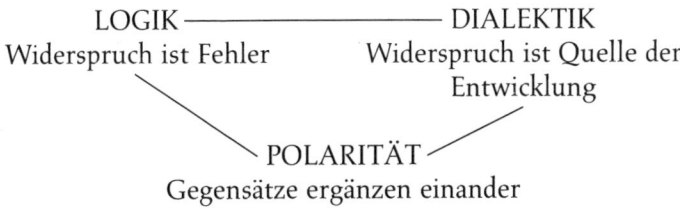

Ich möchte hier nicht versuchen, die drei Eckbegriffe etwa im Sinne der Logik eindeutig und allgemein verbindlich zu definieren – dies wäre angesichts des Dreifeldes wohl völlig unsinnig. Es kommt mir aber auf die Unterscheidung an, ohne die eine echte Verständigung nicht möglich scheint. Hegel nennt seine Dialektik *Logik*, und das philosophische Wörterbuch des Leipziger Bibliographischen Institutes (aus dem Jahre 1975) schreibt unter dem Stichwort *Polarität*: »Verhältnis paarweiser dialektischer Gegensätze zueinander«. Ich werde im folgenden die drei Eckbegriffe immer so verstehen, wie sie im Dreifeld angegeben sind. Ganzheitliches Denken paßt dann nur zum Begriff der Polarität. Was die Dialektik anstrebt, wäre die Synthese des Widerspruches; die Zusammenschau der Logik ist die Hierarchie.

Logik   (Widerspruch wird eliminiert) ⟶ Hierarchie
Polarität (Widerspruch wird zum Gegensatz) ⟶ Ganzheit
Dialektik (Widerspruch wird aufgehoben) ⟶ Synthese

Wir können die Logik auch durch das »Entweder – Oder« und die Polarität durch das »Sowohl – Als Auch« charakterisieren. Der in der Synthese aufgehobene Widerspruch der Dialektik wäre dann die »Einheit einander ausschließender Teile« (wie diskret – kontinuierlich oder Teilchen – Welle), also noch immer ein Widerspruch. In der Synthese ist der Widerspruch nach Hegel aufgehoben in des Wortes dreifacher Bedeutung:

Er ist aufgehoben wie ein Andenken, also bewahrt.

Er ist aufgehoben wie ein Gesetz, also entschärft.

Er ist aufgehoben auf eine höhere Ebene, weil sich etwas Neues entwickelt hat.

Wenn wir immer wieder den Widerspruch der Materie, zugleich diskret und kontinuierlich (Teilchen und Welle) zu sein, als Beispiel für Dialektik heranziehen, dann können wir auch für Polarität ein Beispiel aus der Physik wählen, das oft verwendet wird: den Magnet.

Ein Magnet hat immer zwei Pole, einen magnetischen Nord- und einen magnetischen Südpol. In der Mitte zwischen den beiden Polen ist er unmagnetisch (was in der Schule vielleicht mit Eisenfeilspänen demonstriert worden ist). Brechen wir aber den Magneten in der Mitte auseinander, dann haben wir nicht etwa zwei einzelne Pole, die auf einer Seite unmagnetisch sind, wie dies beim ganzen Magneten noch war. Jeder Pol bildet auf seiner anderen Seite sofort den entgegengesetzten Pol, und wir haben wieder zwei vollständige Magnete, denn Nord- ohne Südpol ist ebenso unmöglich wie Süd- ohne Nordpol. (Nur der Vollständigkeit halber sei erwähnt, daß einige Physiker noch immer verzweifelt versuchen, in irgendeinem Winkel des Weltalls doch noch einen magnetischen »Monopol« zu entdecken.)

Innerhalb der Physik wird freilich weder beim Magneten von Polarität noch beim Licht (oder anderen »Bausteinen« des Mikrokosmos) von Dialektik gesprochen. Denn im Denkrahmen der Naturwissenschaft hat nur die Logik Platz. Trotzdem kann uns das Beispiel helfen, und wir können es noch ergänzen durch die elektrische Ladung, für die ein echtes Entweder-Oder gilt: Sie ist entweder positiv oder negativ. Nicht in der physikalischen Beschreibung (die einheitlich der Logik folgt), wohl aber in der Natur der Sache können wir also folgende Analogie finden:

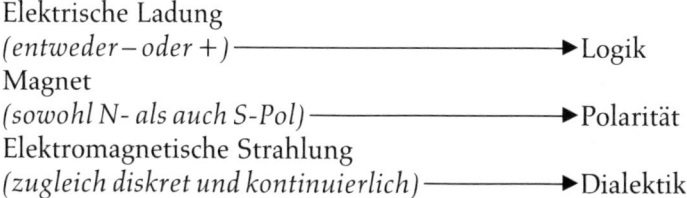

Elektrische Ladung
(entweder – oder +) ──────────────→ Logik
Magnet
(sowohl N- als auch S-Pol) ──────────→ Polarität
Elektromagnetische Strahlung
(zugleich diskret und kontinuierlich) ─────→ Dialektik

Der Grund, warum die Physik auf der logischen Beschreibung beharren muß, ist die Notwendigkeit der Quantifikation. Sie wird mittels der Mathematik ausgeführt und kann daher nur mit der Logik in einem widerspruchsfreien Denkrahmen vereint werden. Alle Versuche, polares oder dialektisches Denken auch auf die materielle Wirklichkeit anzuwenden, sind bisher an der Quantifikation gescheitert. Es bleiben interessante, aber rein verbale Beschreibungen ohne mathematische Durchführung und daher ohne kritische Konfrontation mit dem Experiment. Obwohl die doppelte Negation eigentlich nicht aus dem Denkrahmen der Logik stammt, konnte sie nur in diesem durch das Experiment erweiterten Denkrahmen wirksam werden.

Wer ist krank?

Es geht mir nicht um spitzfindige Betrachtungen oder Vergleiche verschiedener Denkrahmen. Es geht um die mögliche Bewältigung großer Aufgaben, die vor uns allen liegen; sie bedürfen einer Entwicklung, die sich nicht von Anfang an in ihrer schöpferischen Kraft einschränken darf. Daher soll nun ein Beispiel zeigen, wie sich verschiedene Denkrahmen auf unser Verhalten und unsere Entscheidungen auswirken können.

Wir wählen eine Frage, die für die Menschen aller Zeiten und Kulturen wichtig war: die Gesundheit. Wenn wir an das Dreifeld des fünften Kapitels denken, dann werden wir sogleich feststellen, daß krank oder gesund nicht leicht einem bestimmten Ort des Dreifeldes zugeordnet werden kann. Denn ohne Zweifel spielt Naturnotwendigkeit dabei eine Rolle. Wessen Verdauungschemie nicht mehr funktioniert oder wessen Mechanik der Gelenke versagt, der kann sich nicht gut als völlig gesund betrachten.

Wir wissen aber auch, daß Freiheit dabei eine wesentliche Rolle spielt. Wer von einer Idee begeistert ist, wer sich der Liebe geliebter Menschen sicher sein kann, wird sich vielleicht trotz realer Krankheit lebendiger und auch gesünder fühlen als so mancher objektiv Gesunde, der keinen Sinn in seinem Dasein findet.

Was aber ist reale Krankheit, was objektive Gesundheit? Wir werden sehen, daß dabei auch der dritte Eckpfeiler des Dreifeldes, die Ordnung, eine Rolle spielt, wobei die Wahl des Denkrahmens entscheidenden Einfluß ausübt.

Fragen wir uns doch zunächst einmal selbst, was wir tun,

wenn wir uns unserer Gesundheit nicht mehr sicher sind? Hand auf's Herz! Wer von uns Abendländern wird nicht mehr oder weniger unbewußt dem Denkrahmen der Naturwissenschaft folgen, nach einem Meßinstrument (Fieberthermometer) greifen und messen, das heißt seine Körpertemperatur reproduzierbar quantitativ feststellen? Und wenn der Meßwert über 37° Celsius liegt, wer wird dann nicht die Ursache (genauer die Wirkursache, die *causa efficiens*) der erhöhten Temperatur ergründen wollen?

Dazu kann es notwendig sein, weitere Meßdaten zu bestimmen (Blutdruck, Pulsfrequenz und dergleichen). Kommen wir selbst nicht mehr weiter, gehen wir zum Arzt, der uns vielleicht zu einem Spezialisten schickt. Und in besonders hartnäckigen Fällen werden die Meßwerte im Laboratorium bestimmt.

Wenn nun alle möglichen Meßdaten unseres Körpers innerhalb des normalen Bereiches liegen, dann sind wir objektiv gesund. Wer sich dennoch (qualitativ) krank fühlt, ist dann je nach Einstellung Hypochonder, psychisch oder psychosomatisch krank. Eine solche Krankheit stellt im Denkrahmen der Naturwissenschaft freilich ein Problem dar, weil ihre Ursache nicht mehr im Bereich der Materie gefunden werden kann.

Es geht mir nicht darum, den so beschriebenen Krankheitsbegriff des Denkrahmens der Naturwissenschaft abzuwerten oder gar lächerlich zu machen. Ich möchte nur ganz deutlich zeigen, daß die Frage der Gesundheit nicht ohne den zugrunde liegenden Denkrahmen erörtert werden kann. Denn die anerkannte Ordnung, die den Denkrahmen vorgibt, wirkt auch auf unsere Freiheit zurück. Wer von einem Experten als krank im Sinne des Abweichens von den Normwerten bezeichnet wird, kann sich nur schwer der dadurch geschaffenen Wirklichkeit entziehen und sich trotzdem gesund fühlen. Wer aber nicht rechtzeitig vor einer heranschleichenden Krankheit gewarnt wird, kann vielleicht den Augenblick versäumen, in dem die Naturnotwendigkeit unwiderruflich die Herrschaft übernimmt und die Freiheit vernichtet.

Wie wäre der Krankheitsbegriff im Denkrahmen der Polarität zu fassen? In seiner *Einführung in die Polaritätstheorie* schreibt Otto Köhne:

»Anders als der dezidierte Verfechter der Schulmedizin sollte der Begründer einer polaren Krankheitslehre der Haltung der Hingabe an das Wirkliche zugeneigt sein. Soweit eine solche Haltung in der Gesamtmedizin der Gegenwart zu wissenschaftlichem Ausdruck gelangt, findet man Niederschläge nicht in den Grundlagen der Schulmedizin, sondern in bestimmten wissenschaftlichen Grundlagen der Naturheilkunde.«

Für den polaren Denker ist Krankheit nicht Abweichung von der Norm, sondern Störung eines Gleichgewichtszustandes, wobei auch das Leib-Seele-Gleichgewicht eingeschlossen wird.

Der Medizin-Historiker Heinrich Schipperges weist darauf hin, daß um 1800 ein solcher Gesundheitsbegriff durchaus noch Anerkennung fand. Novalis errichtete ein Lehrgebäude polarer Medizin, das auch Einfluß auf die Philosophie bekam, denn seine medizinische Theorie geht vom polaren Sinnzusammenhang von Natur und Geist aus:

»Sinn und Kraft sind in einer bestimmten Sphäre polar. Was jenen erhöht, vermindert diese, und was diese vermehrt, stumpft jenen ab.«

Krankheit ist demnach nicht Abweichen von der Norm, »Krankheit ist Zwist der Organe«. Gesundheit ist Gleichgewicht der polaren Gegensätze, und alle Krankheit hat diesem Gleichgewicht, der Mitte, dem Maß zu dienen. Krankheit wird also nicht *nur* negativ gesehen, als etwas Auszurottendes; im Rahmen der Polarität hat sie als Gegenstück zur Gesundheit *auch* Sinn, der ergründet werden kann.

Gefangen durch unseren Denkrahmen fällt es uns vielleicht schwer, in der Krankheit auch Sinn zu sehen. Aber kann uns eine Krankheit nicht darauf hinweisen, daß wir uns zu viel zugemutet haben, daß wir ein selbstgestecktes Ziel zu hartnäckig, vielleicht gar stur verfolgen, daß wir dabei zuwenig auf unseren Körper geachtet haben, der uns vielleicht schon seit einiger Zeit zarte Signale übermittelt, die wir aber überhört haben? Und sollten wir uns – sollte vielleicht der Arzt uns – fragen, ob wir überhaupt gesunden wollen, ehe wir mit physikalischen oder chemischen Methoden darangehen, unseren Körper mittels der Naturnotwendigkeit wieder in die Normwerte zu zwingen?

»Nicht der normale, der naturhaft bestimmte Mensch ist demnach das Maß der Gesundheit, sondern der Mensch auf der Höhe der freien Verfügbarkeit seiner Kräfte, der Mensch in einem Zustand, den er nur durch stetige Steigerung der polaren Grundverhältnisse erreichen und halten kann«, sagt Schipperges über Novalis.

Friedrich Weinreb nennt eines seiner Bücher *Vom Sinn des Erkrankens* und schreibt darin:

»Der Mensch kann naturwissenschaftlich erklärt und bestimmt, gemessen und behandelt werden, und zugleich entzieht er sich dem Naturwissenschaftlichen in einen akausalen Bereich, wo nichts bestimmt und nichts gemessen werden kann, wo er nicht behandelt, sondern eventuell geliebt oder ihm vertraut werden kann, wo nur Sehnsucht und Hingabe zählen. Und beides ist der Mensch, nicht das eine *oder* das andere.«

Und damit sind wir an die Kernfrage gelangt: Wenn es zwei verschiedene Begriffe von Krankheit (entsprechend den verschiedenen Denkrahmen der Logik und der Polarität) gibt, die nicht widerspruchsfrei vereinbar sind, welchen sollen wir dann zur Ordnung machen, also öffentlich anerkennen? »Beides ist der Mensch, nicht das Eine *oder* das Andere«, sagt Weinreb treffend. Wir sind offenbar an einem historischen Punkt der Menschheitsentwicklung angelangt, in der wir Vielfalt zulassen müssen, wollen wir nicht verkümmern. Diese Vielfalt kann aber nicht mehr logisch geordnet werden, und das fordert Verantwortung, vermehrt aber die Freiheit auf Kosten der Sicherheit.

Niemals werden wir auf die Segnungen der naturwissenschaftlich orientierten, sogenannten Schulmedizin verzichten können. Wenn wir aber unser Gesundheitswesen darauf beschränken, vergehen wir uns an der Freiheit (und damit an der Liebe). Weil die Würde des Menschen in seiner unauswechselbaren Individualität begründet ist, verletzt eine so eingeschränkte Medizin auch die Würde des Menschen.

Was aber hindert uns daran, zwei verschiedene Krankheitsbegriffe öffentlich zuzulassen? Es ist der Widerspruch, der zwischen ihnen herrscht. Wenn der eine nach kausalen Ursachen fragt, der andere aber nach dem Sinn, dann können sie ebensowenig vereint werden wie die finale und kausale Erklärung der Planetenbahnen. Wenn es nur eine, allgemein akzeptierte und logisch begründete Ordnung gibt, wenn also der Krankheitsbegriff der Schulmedizin allein anerkannt wird, dann reduziert sich im Dreifeld des fünften Kapitels die Ordnung auf Notwendigkeit. Allerdings eine Notwendigkeit, die wir aus Freiheit als Naturnotwendigkeit ansehen, weil wir uns vor den Folgen des Widerspruchs fürchten. Trotzdem gibt es dann keine Verantwortung, so lange niemand dagegen öffentlich aufsteht! Wenn eine Krankheit nicht geheilt werden kann, wenn das Schlimmste vorschnell eintritt, dann ist nur die Frage zu stellen, ob im Sinne der Sorgfaltspflicht alles richtig behandelt worden ist. Für die Folgen sind die Beteiligten ebensowenig verantwortlich wie für die Aufschlagsgeschwindigkeit beim freien Fall.

Wohlgemerkt: Wir Menschen sind es, die die Wirklichkeit in dieser Weise gestalten, es ist *nicht* der Zwang der Realität. Eine solche Haltung ist angesichts der Schwere der Belastung, wenn es um Tod und Leben geht, verständlich.

Ab einem gewissen Zeitpunkt im Reifeprozeß der Menschheit (der mir nun eingetreten scheint) ist sie aber nicht mehr entschuldbar. Es ist an der Zeit, Verantwortung zu übernehmen und Widersprüche zwischen verschiedenen Ordnungen öffentlich zuzulassen. Freilich gibt es dann keine sicherheitspendenden allgemeinen Regeln mehr. In jedem einzelnen Fall muß der Mensch (zusammen mit dem Ratgeber Arzt oder anderen Vertrauten) entscheiden, welchem Denkrahmen er sich verpflichtet, welchen Krankheitsbegriff er hier und jetzt gelten läßt, ohne daraus einen allgemeinen Ausschluß des jeweils anderen vorzunehmen. Gleichgültig, ob er sich für die Schulmedizin oder ein Naturheilverfahren entschließt, die Entscheidung muß sich erst bewähren, denn weder im voraus noch im nachhinein kann gültig festgestellt werden, ob die andere Wahl besser gewesen wäre.

Ordnung mit Widerspruch

Nachdem die polaren Gesundheitslehren von der Schulmedizin verdrängt worden waren, ist in unseren Tagen ein Heilverfahren aus Asien übernommen worden, das ebenfalls auf dem polaren Denkrahmen beruht: die Akupunktur.

Polares Denken bildet seit der Achsenzeit einen Grundpfeiler chinesischer Welterklärung. Der Arzt Hsiao-Lin Yeh sagte in einem Vortrag an der Universität München:

»Man weiß heute noch nicht genau, wie die Akupunktur funktioniert. Die ganze Welt ist dabei, wissenschaftliche Erklärungen zu finden. Solange man die Lösung nicht kennt, muß man sich mit den bewährten alten Begriffen, wie *Yin-Yang*, Wärme-Kälte, Leere-Fülle, Meridian usw. auseinandersetzen und sie benützen.«

Grundbegriffe des polaren Denkens sind Begriffs*paare*, wobei *Yin* und *Yang* sozusagen Ursymbole für alle derartigen polaren Paare bilden. *Yin* und *Yang* werden heute meist mit der Grundpolarität weiblich-männlich identifiziert. Aber ursprünglich bedeutet das Schriftzeichen *Yin*: »Bewölkung, Schatten, Dunkelheit, Nordseite eines Berges, Südseite eines Flusses«, wie Paul Shih-Yi Hsiao ausführt. (Da die großen chinesischen Flüsse vom Westen nach Osten fließen, sind die Nordseite eines Berges und die Südseite eines Flusses beschattet.) *Yang* bedeutet ursprünglich: »Licht, Sonne, Tag, Wärme, Südseite eines Berges, Nordseite eines Flusses und dergleichen«.

Beide Schriftzeichen sind zusammengesetzt aus dem Zeichen für »steinlosen Berg«, beim *Yin* vereint mit der »Bedeckung der Sonne durch Wolken«, beim *Yang* mit »Tagesanbruch, das heißt die Sonne steht über dem Horizont«.

Nun wurde der Gesundheitsbegriff der ganz anderen, chinesischen Kultur im Abendland eingeführt. Naturwissenschaftlich ausgebildete Ärzte erlernten die chinesischen Methoden und erlebten dabei die Widersprüche verschiedener Ordnungen.

Bei der Konfrontation des chinesischen mit dem naturwissenschaftlichen Gesundheitsbegriff entstand eine ausweglose Situation, eine Aporie. Denn weder konnte man das ganz andere Heilverfahren ungeprüft übernehmen, noch konnte man es prüfen, weil es auf einem völlig verschiedenen Denkrahmen beruht. Die Ärzte Georg und Kurt König, sowohl ausgebildet in westlicher Schulmedizin als auch Kenner der chinesischen Akupunktur, beschreiben dies so:

»Unseres Erachtens liegt der entscheidende Unterschied zwischen östlicher und westlicher Lebensform nicht in rassischer Verschiedenheit, sondern in der anderen Art zu denken (...). *Westliches Denken* (...) entwickelt mehr das logische, mathematische, analytische und abstrakte Denken. *Ostasiatisches Denken* (...) gibt der Intuition, dem Ganzheitlichen und Konkreten, der Bildhaftigkeit und der Erfassung von Gestalt und Raum den Vorzug.«

Es wäre wirklich zum Schaden, wollte man beim Zusammentreffen verschiedener Standards die Vorteile des eigenen vergessen und die Nachteile des fremden in Kauf nehmen. Eine der großen Leistungen des naturwissenschaftlichen Denkrahmens ist doch die Möglichkeit, eine für alle Menschen in gleicher Weise gültige Wirklichkeit zu erstellen; der Zweifel als Methode, die kritische Einstellung gegen alles Neue hat doch den Sinn, vorschnelle Schlußfolgerungen und scheinbar allgemein gültige Ergebnisse als solche zu erkennen.

Wir sollten uns der N-Strahlengeschichte aus dem ersten Kapitel erinnern, um die Schwierigkeit dieses Unterfangens nicht zu unterschätzen. Also muß auch die Heilmethode einer anderen Kultur dieser Prüfung unterzogen werden, denn es könnte ja sein, daß sie nicht im Sinne sicherer Naturgesetze auf alle Menschen wirkt, obwohl sie im Rahmen einer bestimmten Kultur wirkliche Erfolge erzielt.

Diese Prüfung ist in vollem Umfange aber zugleich unmöglich, wenn die andere Methode nur in ihrem eigenen Denkrahmen sinnvoll verstanden werden kann, obwohl sie auf alle Menschen in gleicher Weise wirkt.

Angesichts dieses Dilemmas konnten sich gutwillige Menschen darauf besinnen, daß unser Denkrahmen zwei Wurzeln hat, die Logik der alten Griechen und das Experiment der Naturwissenschaft seit dem 17. Jahrhundert. Polarer und logischer Denkrahmen sind nicht direkt ineinander übersetzbar. Aber die Sicherung eines Phänomens mit den Forderungen des Experimentes ist immer möglich, weil sie sich auf das Handeln bezieht und nicht auf das Denken. Und Handlungen von Menschen anderer Kulturen können immer nachvollzogen werden, auch wenn sie innerhalb des anderen Denkrahmens nicht eingeordnet werden können.

So lautete also die wahre Frage nicht mehr: »Können wir die Heilung durch Akupunktur verstehen?« sondern: »Führt die Methode der Akupunktur zu Heilerfolgen auch in unserer Kultur?« Und diese Frage ist nicht mehr von Experten zu beantworten, sondern von allen Betroffenen und Beteiligten, also von allen, die offen genug sind, anderes nicht sofort auszuschließen.

Da diese Frage positiv beantwortet werden konnte, schrieben Georg und Kurt König:

»Der scheinbar unüberwindliche Gegensatz zwischen einem *mechanistisch-analytischen* Welt- und Wissenschaftsbild, das durch Zerlegen in immer kleinere Teile erst deren Funktion und Struktur zu ergründen sucht, um daraus das Ganze zu verstehen, und dem *ganzheitlichen* Prinzip, das die Reaktion des Ganzen auf Einflüsse der Umwelt und das Verhältnis der Einzelteile untereinander erfassen möchte, wird in Wahrheit immer geringer.«

In Österreich hat der Oberste Sanitätsrat in seiner 173. Vollversammlung am 11. Oktober 1986 die Nadel-Akupunktur als »eine wissenschaftlich anerkannte Heilmethode« bezeichnet, *obwohl* es in dem erläuternden Referat ausdrücklich heißt: »Die Akupunktur ist nach wie vor keine in allen zur Diskussion stehenden Indikationen wissenschaftlich abgeklärte und in ihrer Wirkung eindeutig erwiesene Heilmethode«.

Die Bedeutung dieses Schrittes geht weit über die Zulassung einer neuen Heilmethode hinaus. Denn damit ist etwas gelungen, was wir vermutlich in vielen Gebieten immer öfter tun werden müssen: Verschiedene Standards, die nicht im Sinne der Logik eindeutig, widerspruchsfrei und begründbar vereint werden können, wurden öffentlich zugelassen. Mit anderen Worten, in der Ordnung, die wir uns selbst geben, wurde ein Widerspruch aufgehoben.

Einheit trotz der Vielfalt (Ordnung trotz der Widersprüche) ist eine Synthese, die in verschiedenen Bereichen angestrebt wird. Ist nicht das Schicksal Europas, einen Zusammenschluß verschiedenster Völker erreichen zu müssen, ohne deren Individualität wie Sprache, lokale Kultur und

Tradition aufzugeben, zugleich die historische Chance, eine solche Synthese Wirklichkeit werden zu lassen? Freilich ist dann eine allgemein verbindliche, alles umfassende Ordnung unmöglich, aber sie kann daher die Lebendigkeit des Vereinten auch nicht verhindern.

Denken wir nur daran, daß gemeinsame Gesetze in verschiedenen, nicht hierarchisch geordneten, sondern ebenbürtigen Sprachen formuliert werden müssen. Bei der Unmöglichkeit, immer eindeutige Übersetzungen anzufertigen, kann dann jederzeit ein juristischer Streit entstehen, wenn sich einer auf seine, ein anderer auf eine andere Sprache beruft. Solche Fälle müssen dann jeweils im einzelnen entschieden werden, und das ist das allgemeine Charakteristikum von Ordnungen, die Widersprüche zulassen: Entscheidungen sind oft nur für konkrete Fälle zu treffen, und erst wenn sie auftreten. (Gut funktionierende mehrsprachige Organisationen wie zum Beispiel das Europäische Kernforschungszentrum *CERN* bei Genf haben dafür schon Vorarbeit geleistet und Beispiele geliefert.)

Auch die Demokratie als Organisationsform menschlichen Zusammenlebens, die größtmögliche Freiheit erlaubt, kann nicht ohne Widerspruch auskommen. Der Widerspruch heißt »Opposition« und ist in den Parlamenten institutionalisiert. Daß es sich dabei um einen wesentlichen Widerspruch handelt, sehen wir sofort aus der Degeneration des Parlamentarismus in jenen Fällen, in denen der Widerspruch eliminiert wurde, weil nur eine Partei vertreten ist oder zumindest eine überragende Mehrheit hat.

Nach der Idee der parlamentarischen Demokratie (die freilich in der politischen Wirklichkeit nicht immer ausreichend berücksichtigt wird) ist das Parlament die gesetzgebende Institution. Das heißt, daß die Ordnung nur dort formuliert werden soll, wo der Widerspruch organisiert ist. Selbst wenn schließlich durch Abstimmungsmehrheiten entschieden wird, hat die vorangehende Debatte den Widerspruch offengelegt und dargestellt. In diesem Sinne ist die Auseinandersetzung im Parlament selbst schon Zweck der Demokratie und sollte begrüßt werden, auch wenn sie manchmal in garstigen Streit ausarten kann. Freilich ist dabei vorausgesetzt, daß in der parlamentarischen Diskussion jene Widersprüche dargestellt werden, die gerade auch der Bevölkerung wesentlich erscheinen. Andernfalls kommt es leicht zu einer Verdrossenheit und der Gefahr, in unserem Dreifeld nach einem anderen Eckbegriff zu rufen: nach einer klaren hierarchischen Ordnung, nach der Elimination der Widersprüche, nach dem starken Mann.

Die Studentenrevolution des Jahres 1968 erlag dieser Gefahr nicht. Da vielen jungen Menschen dieser Zeit die öffentliche Diskussion (auch in den Parlamenten) an den wesentlichen Problemen vorbeizugehen schien, ernannten sie sich selbst zum Träger einer der Seiten ihres Widerspruches, zur außerparlamentarischen Opposition.

Nicht nur dieser damals geschaffene Begriff stellt selbst einen Widerspruch dar – auch der »Fachidiot« wies auf die beiden Seiten des Expertentums ganz deutlich hin. Zwar ist die Revolution von 1968 scheinbar rasch verpufft, weil sie sich zu sehr an die Forderung nach Reform der Universitäten klammerte, aber mir scheint das Aufblühen der Umweltbewegungen eine direkte Konsequenz des scheinbaren Versandens der Revolution zu sein. Und die neuen Umweltparteien stellten ja zunächst einen doppelten Widerspruch dar: Zwar wurden sie mancherorts ins Parlament gewählt, die anderen Parteien verweigerten aber anfangs jede Kommunikation; damit waren sie gewissermaßen »außerparlamentarische Opposition im Parlament«.

Erst als sich vereinzelt die Notwendigkeit von Koalitionen mit den neuen Parteien ergab, schien der neue Widerspruch eingeordnet und manchmal vielleicht sogar aufgehoben. Die Demokratie ist jedenfalls damit deutlich reicher geworden, denn Bürgerinitiativen, Volksbefragungen und Volksabstimmungen waren vor 1968 zumindest nicht überall im vollen Umfang geläufig.

Der aufgehobene Widerspruch

Wir haben den logischen und den polaren Gesundheitsbegriff einander gegenübergestellt und sind dabei unvermittelt in dialektische Widersprüche geraten. Dies ist eine Folge des Dreifeldes, in dem keine Grenzen zwischen den verschiedenen Denkrahmen gesetzt werden können. Wenn beide Gesundheitsbegriffe öffentlich anerkannt werden, ist dies ein dialektischer Schritt, und die Ordnung muß mit einem Widerspruch zurechtkommen.

Wir haben vom »aufgehobenen« Widerspruch gesprochen; aber so einfach, wie dies klingen mag, ist die Sache nicht. Denn der Denkrahmen der Dialektik lebt aus dem Widerspruch; wenn immer wir glauben, eine gute Beschreibung gefunden zu haben, ist sie deshalb auch irreführend, weil sie statisch bleibt, aber durch stete Veränderung überholt werden muß. Erinnern wir uns der Worte Hegels über das »Jetzt« (am Anfang des vierten Kapitels), erinnern wir uns der Worte Platos in seinem Brief über das Niederschreiben gewonnener Erkenntnis, erinnern wir uns an den oft zitierten Satz: »Das ausgesprochene Tao ist nicht das Tao.«

Darum zögere ich, das Wort »Denkrahmen« auch für die Dialektik zu benutzen, weil sie ihrer Natur nach jeden Rahmen sprengt. Aber mit den nun ausgesprochenen Vorbehalten will ich es weiter verwenden.

Während in China die Begriffe *Yin* und *Yang* auf den polaren Denkrahmen verweisen, soll *Tao* nur dort verwendet werden, wo Widersprüche als solche aufgehoben sind, wo Entweder-Oder und Sowohl-Als Auch zusammen gedacht werden.

Auch ein Widerspruch kann nur in einem Paar von Sätzen, in These und Antithese, formuliert werden, aber dieses Paar sollte nicht mit dem polaren Gegensatzpaar verwechselt werden. Im *Tao-Te-King* des Lao-tse werden die Begriffe *Yin* und *Yang* nur zur Darstellung des Weges von These und Antithese zum aufgehobenen Widerspruch (zur Synthese) gebraucht.

Günther Debon übersetzt Kapitel 42 so:

> *Der Weg schuf die Einheit.*
> *Einheit schuf Zweiheit.*
> *Zweiheit schuf Dreiheit.*
> *Dreiheit schuf die zehntausend Wesen.*
> *Die zehntausend Wesen*
> *Tragen das dunkle Yin auf dem Rücken,*
> *Das lichte Yang in den Armen.*
> *Der Atem des Leeren macht ihren Einklang.*

Während Richard Wilhelm für dieselben Verse diese Übersetzung wählt:

> *Der Sinn erzeugt die Eins.*
> *Die Eins erzeugt die Zwei.*
> *Die Zwei erzeugt die Drei.*
> *Die Drei erzeugt alle Dinge.*
> *Alle Dinge haben im Rücken das Dunkle und*
> *   streben nach dem Licht,*
> *und die strömende Kraft gibt ihnen Harmonie.*

Paul Shih-Yi Hsiao zitiert die Übersetzung von Chiang-Hsi-Ch'ang:

> *Aus dem Tao entsteht das Eins,*
> *aus dem Eins entsteht das Zwei,*
> *aus dem Zwei entsteht das Drei,*

aus dem Drei entstehen Zehntausende Wesen.
Alle Wesen tragen das Yin und umarmen das Yang.
Das strömende Fluidum bewirkt den Einklang.

Wing-tsit Chan, Professor für Philosophie und chinesische Kultur, sagt dazu, daß diese Verse zwar oft interpretiert werden: »Es ist jedoch nicht notwendig, deutlich zu sein. Der wesentliche Punkt ist die natürliche Entwicklung vom Einfachen zum Komplexen ohne jeden Akt der Schöpfung. Diese Theorie haben fast alle philosophischen Schulen Chinas gemeinsam.«

Wer sich den Denkrahmen der Dialektik zu eigen machen kann, wird nicht nach Eindeutigkeit oder nach kausalen Erklärungen suchen.

In Platos *Staat* erklärt Sokrates, daß »die Meßkunde und was mit ihr zusammenhängt« zwar vom Seienden träumt, es aber nicht wirklich zu erkennen vermag, weil sie Annahmen voraussetzt, die unbeweglich sind. Und dann sagt er: »Nun aber geht allein die dialektische Methode, auf diese Art alle Voraussetzungen aufhebend, gerade zum Anfange selbst, damit dieser fest werde, (...) wobei sie als Mitdienerinnen und Mitleiterinnen die angeführten Künste gebraucht, welche wir zwar mehrmals Wissenschaften genannt haben, der Gewohnheit gemäß, die aber eines anderen Namens bedürfen, der mehr besagt als Meinung, aber dunkler ist als Wissenschaft – wir haben sie aber schon früher irgendwo Verständnis genannt.«

Verständnis – im Unterschied zu Erklärung – erreichen wir aber nur, wenn wir selbst den dialektischen Dreischritt von These über Antithese zur Synthese vollzogen haben. Wegen des nicht zu eliminierenden Widerspruches kann dieser Weg leider nicht ohne Konflikte und Auseinandersetzungen gegangen werden. Immer wieder wird sich entweder die These oder die Antithese melden und ihr Gegenüber eliminieren wollen, ehe die Einsicht entstehen kann, daß auf keine der beiden verzichtet werden soll. Mußte nicht selbst Siddhartha Gotama nach der Zeit des Lebens aus der Fülle des Herrscherhauses mehrere Jahre extremster Askese durchleben, ehe er die Erleuchtung erlangen konnte? Diesseits- und Jenseits-Extrem hatte er selbst als nicht sinnstiftend erlebt, um die Synthese wahrhaft er-*leben* zu können.

Im dialektischen Prozeß der Entwicklung eines Widerspruchs müssen beide Seiten ausgelotet werden, ehe die Synthese in Sicht kommt. Dabei hilft uns allerdings, daß der Versuch, eine der beiden Seiten (entweder These oder Antithese) allein anzuerkennen, zum *Gegenteil* dessen führt, was sie vorgibt. Wer etwa meint, Freiheit sei ohne jede Ordnung zu verwirklichen, wird einsehen müssen, daß sie in Willkür und Chaos umschlägt. Und wer meint, Freiheit sei nur aus der Ordnung möglich, wird erleben, daß auch damit schließlich Chaos entsteht, weil Ordnung sowohl durch Mißachtung als auch durch genaue Beachtung zerstört werden kann, wie wir schon besprochen haben. Die Autonomie als selbstgewählte Ordnung, die jederzeit neu formuliert (jeder Zeit neu angepaßt) werden kann, kommt der Synthese nahe. Darum sind in der parlamentarischen Demokratie die Regeln, wie Gesetze geändert (oder abgeschafft) werden können, von grundlegender Bedeutung.

Vielleicht sollten wir versuchen, die dialektische Denkweise wieder an unserem Beispiel des Gesundheitsbegriffes zu verstehen. Im dialektischen Denkrahmen ist der Mensch nicht entweder krank oder gesund. Der lebendige Mensch auf der Höhe seiner Kräfte ist selbst ständig dabei, sich zu gesunden. Er *ist* nicht gesund, er *macht* sich gesund aus sich selbst, und nur er selbst ist dazu imstande. Der kranke Mensch leidet dann unter einem Widerspruch, den wir in zwei Sätzen darstellen wollen:

These: Der Mensch kann nur aus sich selbst gesunden.

Antithese: Der Mensch kann nicht mehr ohne Hilfe gesunden, denn er ist krank.

Ganz ähnliche Gedanken haben wir schon im Abschnitt über »das schöpferische Element« des vierten Kapitels kennengelernt. Plato hat dort eine Synthese mit der Wiedererinnerungslehre vollzogen. Vielleicht können wir nun versuchen, den Widerspruch aufzuheben, indem wir einsehen, daß zwar niemand den Kranken gesund machen kann, daß ihm aber geholfen werden muß, sich selbst zu heilen.

Ein Arzt, der von diesem Gesundheitsgedanken ausgeht, wird nicht immer anders handeln als ein Schulmediziner. Aber er wird offener sein und zum Beispiel auch Heilmittel suchen, die nicht notwendigerweise im Sinne der Kausalursache-Wirkungs-Beziehung erklärbar sind. Wer einem Kranken helfen will, sich selbst zu helfen, darf die Finalursache (die *causa finalis*) nicht außer acht lassen, denn er hat ja ein Ziel im Auge.

Eine Heilmethode, die sich am besten im dialektischen Denkrahmen verstehen läßt, ist die Homöopathie. Von den sogenannten Hochpotenzen sagt etwa Robert Seitschek richtig: »In keinem Fall kann diese rein theoretisch angenommene ›Wahrscheinlichkeit‹ der Anwesenheit eines oder einiger weniger Moleküle der ursprünglichen Arzneisubstanz als die tatsächliche Ursache der beobachteten Heilwirkung angenommen werden.«

Ich meine, daß die Vertreter der Homöopathie gut beraten wären, sich auf den anderen Denkrahmen zu berufen und die Zielursache, das Heilen, als Grund des Handelns anzuführen. Jeder Versuch, die Methode doch noch im Denkrahmen der Naturwissenschaft einzuordnen, wird in den Strudel der Widersprüche zwischen den Eckbegriffen unseres Dreifeldes gerissen. Er läuft damit Gefahr, mehr zu schaden als zu nützen; wenn er nämlich nicht zwingend anerkannt wird, wenn er gar widerlegt werden kann, gilt dies im vorherrschenden Standard nicht nur als Scheitern des Erklärungsversuches, sondern gleich als Widerlegung der ganzen Methode.

In Schopenhauers Nachlaß wurde eine Zusammenstellung von 36 *Kunstgriffen der Eristik* (der Streitkunst) gefunden. Bei Kunstgriff 35 heißt es in Klammern: »der einer der ersten sein sollte«, und dann führt Schopenhauer aus:

»Wenn der Gegner auch in der Sache Recht hat, allein glücklicherweise für selbige einen schlechten Beweis wählt; so gelingt es uns leicht, diesen Beweis zu widerlegen, und nun geben wir dies für eine Widerlegung der Sache aus (...). Fällt ihm oder den Umstehenden kein richtigerer Beweis bei, so haben wir gesiegt. (...) Dies ist der Weg, auf welchem schlechte Advokaten eine gute Sache verlieren: sie wollen sie durch ein Gesetz rechtfertigen, das darauf nicht paßt, und das passende fällt ihnen nicht ein.«

Wenn der Denkrahmen nicht paßt, kann auch die beste Sache nicht *richtig* erklärt werden; wohl aber kann sie durch verantwortliches Handeln aus Freiheit *wahr* werden und in die öffentliche Wirklichkeit eindringen. Jede Demutsgeste vor dem Denkrahmen der Naturwissenschaft bleibt wirkungslos, wenn wir den Bereich der Naturnotwendigkeit verlassen haben; sie kann mehr schaden als nützen und Mauern errichten, wo Türen aufgestoßen werden sollten.

Das ausgewogene Dreifeld

Wenn wir uns des zweiten Kapitels erinnern, könnten wir versucht sein, verschiedenen Kulturen jeweils einen Denkrahmen zuzuordnen. Die Einstellung angesichts des Nichts hat doch im Abendland zur Logik des Aristoteles geführt, während im fernen Osten *Yin* und *Yang* die Polarität verkörpern. Aber eine solche Auffassung ist selbst nur innerhalb des logischen Denkrahmens konsistent. Viel näher der Wahrheit kommt wohl die Ansicht, daß in jeder Kultur der Schwerpunkt des Denkens an anderer Stelle des Dreifeldes

Logik – Polarität – Dialektik liegt, daß alle Denkformen überall gefunden werden können, allerdings mit unterschiedlicher Gewichtung.

Heraklit hat neben Parmenides Polaritäten verteidigt, und Plato hat vor Aristoteles die Dialektik entfaltet. Und selbst die Naturwissenschaft – scheinbar der Logik verpflichtet – hat mit der Methode der doppelten Negation ein dialektisches Moment aufgegriffen. Wir haben schon gesehen, daß das *Tao* der Dialektik näher steht als der Polarität des *Yin* und *Yang*. Und auch in China gab es in der Achsenzeit Ansätze zu einer Logik im Sinne Athens. Allerdings erlangte sie nie Bedeutung oder gar Einfluß; Widersprüche faszinierten die Autoren offenbar so sehr, daß ihnen deren Elimination schwer fiel.

Wir sagten doch, die Hierarchie sei die Form der Logik, große Einheiten widerspruchsfrei zu machen. Wenn wir etwa Sessel und Tisch als Möbel bezeichnen, dann wird durch den allgemeineren Begriff der Widerspruch eliminiert und zum bloßen Unterschied, den wir durch Beifügen von »zum Sitzen« und »zum Ablegen« bestimmen. (Das scheint uns Abendländern so trivial, daß ich mich beim Niederschreiben dieser Sätze ihrer fast zu schämen meinte.) Deutlicher wird die Sache sofort, wenn wir von Begriffen zu Menschen wechseln.

Nehmen wir an, in einer hierarchischen Organisation seien zwei Abteilungen gleicher Ebene miteinander in Konflikt (Widerspruch). Der Konflikt braucht nicht wirklich bewältigt zu werden, wenn getreu der logischen Ordnung die beiden Abteilungen nur ihrem gemeinsamen Vorstand auf der nächsthöheren Ebene berichten und untereinander nicht offiziell kommunizieren. Der Vorstand, der den Konflikt selbst nicht hat, gibt eindeutige und widerspruchsfreie Anweisungen nach unten, und die »Sache funktioniert«, so lange Emotionen im Zaum gehalten werden können (so lange wir der Verlockung des Erlkönigs nicht erliegen).

Die Logiker Chinas sind bei diesem Schritt hängengeblieben, weil sie der Widerspruch nicht losließ. Kung-sun Lung tzu entzündete sich an der Frage: »Ist es richtig zu sagen, ein weißes Pferd sei kein Pferd?« Denn wenn ein weißes Pferd ein Pferd ist, dann ist auch ein gelbes Pferd ein Pferd, und dann ist ein weißes Pferd ein gelbes Pferd?

Ich möchte nicht ausführlicher über die Diskussionen der Logiker Chinas berichten, weil sie uns, die wir den Denkrahmen der Logik mit der Muttermilch zu uns nahmen, schnell ganz unsinnig erscheinen könnten. Nur eines sei noch erwähnt, daß der Logiker Hui Shih sich mit denselben Aporien befaßte wie Zeno aus Elea, als er sagte: »Nimm einen Stab von einem Fuß Länge und schneide ihn täglich in die Hälfte, und du wirst ihn niemals erschöpfen, selbst nach zehntausend Generationen.«

Wichtig erscheint mir die Einsicht, daß ein Ausspielen eines Denkrahmens gegen die anderen zu einer Verengung des Lebens führt, die wir überwinden sollten. Wenn eine Kultur von ihrem eigenen Schwerpunkt der Denkform ausgegangen ist, so kann jede Bereicherung zu neuen Möglichkeiten und Fähigkeiten führen; allerdings gilt es, die Angst vor der Verantwortung angesichts der Vielfalt widersprüchlicher Wirklichkeiten zu überwinden.

Es ist immer möglich, einen bestimmten Denkrahmen ausschließlich und überall durchzusetzen. Wir gewinnen dadurch die Sicherheit der Fremdbestimmung, aber um den Preis der Vielfalt, des Bunten, des Lebens, der Freiheit, der Selbständigkeit und damit der Liebe. Selbst wenn diese Verengung schmerzlich geworden ist, sollten wir nicht nach einem *Wechsel* des Denkrahmens rufen; erstrebenswert ist vielmehr die *Öffnung* für eine bunte Vielfalt, denn nur sie bringt wahre Bereicherung.

Wenn alle Extrempunkte unseres Dreifeldes in ausgewogener Weise öffentlich anerkannt sind, wenn die verschiedenen Denkrahmen miteinander konkurrieren dürfen, ohne von Anfang an beurteilt zu sein, dann haben wir einen »Netzwerk-Schichtenbau« von Wirklichkeiten geschaffen, der für jede neue Aufgabe, für jedes neue Problem das geeignetste Werkzeug zur Bewältigung enthält. Dabei sollte auch die Beschränkung auf ein Dreifeld nur vorläufig und beispielhaft bleiben. Wer seinen eigenen Denkrahmen nicht darin einordnen kann, darf trotzdem nicht ausgeschlossen werden.

Hermann Levin Goldschmidt spricht von »Dialogik«, die zwar auch den Widerspruch als wesentlich ansieht, aber nicht mit Dialektik verwechselt werden soll:

»Spricht die Dialogik von Offenheit, ist sie auch imstande, offen zu sein. Sich widersprechende Thesen und Antithesen sind ihr kein Ärgernis, eine diese aufhebende Synthese ihr kein Bedürfnis.«

Statt Widersprüche aufzuheben, will sie Dialogik »aufräumen«:

»Wer mit etwas aufräumt, wird dadurch, daß er aufgeräumt hat, selber ebenfalls ›aufgeräumt‹: zufrieden, ausgeglichen, heiter, froh. (...) Ordnung schaffend, wird er einer, der ›in Ordnung‹ ist«, sagt Goldschmidt.

Diese Ordnung nach dem Aufräumen der Widersprüche scheint mir sehr verwandt unserer »Ordnung mit Widerspruch« zu sein, obwohl Goldschmidt in der Dialektik etwas anderes sieht:

»Dem Dialektiker bricht das Ganze seiner Welt auseinander, wenn seine abschließende Synthese sich als nicht so grundsätzlich wahr erweist, wie er es von ihr annimmt, während es dem Dialogiker seine Welt bestätigt, daß zwei Wahrheiten, die einander widersprechen, nur grenzsätzlich wahr sind, erst zusammen das Ganze der Wahrheit.« (Goldschmidt prägt das Wort »grenzsätzlich«, um anzudeuten, daß jede der beiden Wahrheiten selbst erst durch die andere, widersprechende, wahr wird.)

Nichts läge mir ferner, als die Unterscheidung von Dialogik und Dialektik oder gar die Dialogik als Ganzes kritisieren zu wollen, bloß weil sie in unserem Dreifeld nicht aufscheint. Was kann es Schöneres geben, als nach einem scheinbar umfassenden Rundgang zu entdecken, daß es noch immer Neues, Unerwartetes, Überraschendes gibt? Daß Abgeschlossenes sich in eine bisher nicht bedachte Richtung erneut öffnen läßt und daß also der schöpferischen Phantasie keine Grenzen gesetzt sind und daher auch die Wirklichkeit immer wieder neue Widersprüche erlebt, die sie erweitern, ist eine positive Erkenntnis.

Wir haben schon im vierten Kapitel Goethes Farbenlehre herangezogen, um über die Sicherheit der Naturgesetze vernünftig sprechen zu können. Goethe wollte mit diesem Werk den Denkrahmen der Polarität dem naturwissenschaftlichen entgegensetzen, und zwar auf deren ureigenstem Gebiet. Zu einer Zeit, da die Früchte des neuen Denkrahmens noch nicht geerntet waren, mußte der Versuch der Öffnung auf Abwehr stoßen, und so gilt Goethes Farbenlehre – historisch gesehen – als Irrtum. Carl Friedrich von Weizsäcker hat dafür eine interessante Erklärung:

»Wie konnte ein so großer, so umfassender Geist so irren? Ich weiß nur eine Antwort: er irrte, weil er irren wollte. Er wollte irren, weil er eine entscheidende Wahrheit nur durch den Zorn zu verteidigen vermochte, dessen Ausdruck dieser Irrtum war.«

Goethe polemisiert gegen Newton, weil für ihn das Ganze, das weiße Licht, grundlegender ist als die Teile, die Spektralfarben. Mit Newton betrachtet die Physik die Zerlegung in einfache Bestandteile als den richtigen Weg zu den Elementen. Die Farben des Regenbogens (die Spektralfarben), rot-orange-gelb-grün-blau-ultramarin-violett, sind dabei gewissermaßen die »Atome«, und das weiße Licht ist aus ihnen zusammengesetzt; weiß ist die Mischung aller Spektralfarben, die untereinander »gleichberechtigt« sind und sich nur durch ihre Wellenlänge unterscheiden.

Goethe sieht im Weiß das Eigentliche des Lichtes und erkennt Paare von Komplementärfarben, die polare Gegensätze bilden, weil sie einander zum Weiß ergänzen (rot-grün, blau-gelb, usw.).

»Die Erfolglosigkeit der Polemik Goethes zeigt, daß seine Hoffnung, die Naturwissenschaft zu einem besseren Verständnis ihres eigenen Wesens zu bekehren, auf einer Illusion beruhte (...). Wir heutigen Physiker sind in unserem Fach Schüler Newtons und nicht Goethes. Aber wir wissen, daß diese Wissenschaft nicht absolute Wahrheit, sondern ein bestimmtes methodisches Verfahren ist«, schreibt Weizsäcker.

Jetzt, nachdem nicht nur die Scheune voll der Ernte dieses Verfahrens ist, nachdem wir uns an den Früchten zu überessen beginnen und doch den Boden auslaugen, um noch mehr ernten zu können, nachdem wir mit dem Nutzen den Segen zu vertreiben beginnen, sollten wir die Mauern um den Denkrahmen der Naturwissenschaft nicht länger mit allen Mitteln verteidigen.

Als Goethe seine Farbenlehre an Hegel übersandte, schrieb er dazu: »Es ist hier die Rede nicht von einer durchzusetzenden Meinung, sondern von einer mitzuteilenden Methode, deren sich ein jeder als eines Werkzeuges nach seiner Art bedienen möge.« Und diese Worte könnten wir doch ganz symmetrisch für alle drei Eckpfeiler des Dreifeldes Logik – Polarität – Dialektik gelten lassen.

Das Subjekt und sein Objekt

Der methodische Zweifel hat Descartes zu der einzigen, unumstößlichen Gewißheit des *Cogito, ergo sum,* des »Ich bin, weil ich denke« geführt. Nishitani, der schon zitierte japanische Philosoph, sagt dazu:

»Wenn wir sagen können, Descartes' Philosophie habe die Weise, in der der moderne Mensch existiert, am besten zum Ausdruck gebracht, so kann man auch sagen, sie verdecke die Problematik, welche der Existenzweise des neuzeitlichen Ich zugrundeliegt.«

Denn dieses Ich des Descartes findet sich einsam und verlassen, umgeben von einer Welt, an der es zweifelt, weil es nach Wahrheit sucht. Es bildet sich seine eigene Wirklichkeit und sehnt sich doch nach einer Realität. Es zweifelt an der Realität anderer Ichs und sehnt sich doch nach dem Du.

In der Erkenntnistheorie wird nicht bestritten, daß der sogenannte Solipsismus nicht widerlegt werden kann, obwohl er offensichtlich unsinnig ist. Der Solipsismus geht aus von der einzigen Gewißheit des Ich und erklärt *alles* andere (auch alle anderen Menschen) als Produkte dieses Ich. Es gibt nur mich und meine Wirklichkeit.

Wiederum könnten wir solche Spitzfindigkeiten mit einem Augenzwinkern abtun, wenn sich dahinter nicht ganz existentielle Fragen des Menschseins versteckten. Denn der Solipsismus ist die gelebte Philosophie der Egoisten. Im Denken wird er ausgeschlossen, damit er im Handeln nicht so leicht entdeckt werden kann. Das Problem der Unwiderlegbarkeit des Solipsismus entsteht durch die Trennung von Erkenntnistheorie und Ethik. Ich *kann* das Du, den anderen Menschen, wie ein Objekt, als Produkt meines Bewußtseins behandeln, aber ich *darf* es nicht, weil ich damit in der Liebe versage. (Wiederum wird die Trennung von Athen und Jerusalem zum Schicksal des Abendlandes.)

Das Elend der Erkenntnistheorie ist ihre Trennung von der Ethik.

Was müssen wir doch alles voraussetzen, ehe wir ein *Cogito, ergo sum* in den Raum stellen können! Daß dieses nun zweifelnde Subjekt aus einer Mutter geboren, von Menschen liebevoll gepflegt und großgezogen wurde, daß seine Fähigkeiten sich entfalten konnten und – vor allem – daß seine Überlegungen und Gedanken nicht ungehört blieben, sondern sich an der Widerrede anderer Menschen schärfen und entwickeln konnten.

Und damit sind wir bei der eigentlichen Frage. Es genügt nämlich nicht, darüber zu grübeln, wie ein Subjekt zu Aussagen über die Realität kommen kann, wir dürfen nie vergessen, daß eine sinnvolle Aussage eines Subjektes über ein Objekt immer für mindestens ein anderes Subjekt getroffen wird. Daß eine Aussage also nur dann beachtenswert ist, wenn das angesprochene Du als Gesprächspartner ernstgenommen wird. Ich verständige mich mit dir über ein Objekt.

Wir haben also wieder ein Dreifeld gefunden, das wir zunächst darstellen wollen:

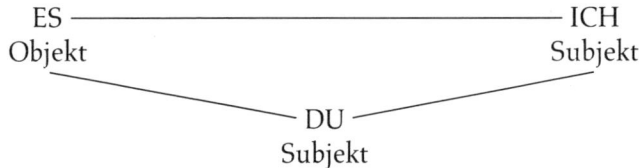

ES ——————————————————— ICH
Objekt   Subjekt
                  —— DU ——
                    Subjekt

Der einzige, mir bekannte Versuch eines erweiterten Denkens (abgesehen von formalen Spielereien) geht von diesem Dreifeld aus. Gotthard Günther schreibt:

»Die klassische Logik des Aristoteles ist zweiwertig, weil sie sich mit dem einfachen Unterschied von Ich und Nicht-Ich begnügt. Sie ignoriert die nicht abzuleugnende Tatsache, daß der Begriff des Nicht-Ich zweideutig ist. Nicht-Ich ist erstens: das Du und zweitens: das Ding.«

Er zitiert Nietzsches Forderung: »Es muß besser gezweifelt werden als Descartes« und knüpft daran die Frage, woran Descartes noch hätte zweifeln können, sofern man den sinnlosen Zweifel ausschließt. Die einzige mögliche Antwort findet er im Zweifel an der Aristotelischen Logik, die auch Descartes bei seiner Methode voraussetzt: »Man kann also wohl sagen, daß auf der Reflexionsstufe, die von Descartes im *Cogito, ergo sum* eingenommen wird, ein Zweifel an der Logik selbst noch nicht möglich war.«

Heute aber ist ein solcher Zweifel nicht nur möglich, er drängt sich überall dort auf, wo wir Menschen als Du und nicht als Objekt sehen wollen, wo wir sie mit Kant »zugleich als Zweck, niemals bloß als Mittel brauchen«. Am Beispiel des Gesundheitsbegriffes haben wir das verdeutlicht.

Eine Partnerschaft zweier Menschen können wir auch in dem Spannungsfeld Logik – Polarität – Dialektik sehen. Logisch wäre demnach eine Beziehung, bei der klargestellt ist, wer bei auftretenden Konflikten (und Widersprüchen) recht behält; das muß nicht in allen Bereichen derselbe sein. Als Beispiel für eine Ergänzung polarer Gegensätze werden oft Philemon und Baucis gewählt, von denen der Wanderer in Goethes *Faust II* sagt:

> *Meine Wirte möcht' ich segnen,*
> *Hilfsbereit, ein wackres Paar,*
> *Das, um heut mir zu begegnen,*
> *Alt schon jener Tage war.*

Eine dialektische Partnerschaft lebt aus den auftretenden Konflikten, an deren Bewältigung sie sich entfalten und reifen kann. Dies zeigt, daß nicht eine der Formen gegen die anderen ausgespielt werden darf. Ausgewogenheit im Dreifeld wäre die glückliche Einheit von Liebe, Verliebtheit und Anerkennung der Autorität, die wahrscheinlich angestrebt, aber nur in Sternstunden wirklich werden kann.

Das Dreifeld Ich – Du – Es hat aber auch Bedeutung für die Entwicklung der menschlichen Gemeinschaft. Wird es auf die einfache Subjekt-Objekt Beziehung reduziert, dann kann leicht das Ringen um absolute (widerspruchsfreie) Wahrheit daraus entstehen. Dem hält der Wissenschaftstheoretiker Friedrich Wallner schlicht entgegen:

»In den verschiedensten Disziplinen wurde offenbar, daß unser Wissen nicht das sein kann, wofür wir es gewöhnlich halten: nämlich eine beschreibende Wiedergabe der Realität.«

Wird das Dreifeld auf die Ich-Du-Achse reduziert, dann entsteht daraus leicht eine Beliebigkeit, die sich bloß am Nutzen orientiert und die Gefahr von Widersprüchen zur Realität übersieht (erinnern wir uns an die *Challenger*-Katastrophe im ersten Kapitel).

Eine Wissenschaft, die sich aller drei Säulen des Verständigungsprozesses bewußt ist, kann daher weder nach Wahrheit suchen noch sie bloßer Brauchbarkeit opfern. Sie muß danach streben, eine Wirklichkeit zu erstellen, die einerseits Widersprüche zur Realität nach Möglichkeit vermeidet, andererseits aber von möglichst vielen Menschen mitgetragen wird. Sie muß sich also nach zwei Seiten ausrichten: Nach ihrem Gegenstand (Realität) *und* nach der Vermittlung ihrer Ergebnisse (Gemeinschaft). Mitteilung an *alle* Interessierten ist dabei nicht Folge, sondern wesentliches Element des Erarbeitens von neuen Erkenntnissen.

Ein solcher Wissenschaftsbegriff, der sich gleichermaßen am Objekt und an den Menschen orientiert, könnte der Universitätsidee neues Leben geben, denn er überwindet die Philippus-Frage und gibt der Einheitsidee von Forschung und Lehre neuen Sinn als Einheit von Erkenntnis und Kommunikation (Schaffen *und* Mit-Teilen von Wissen). Widersprüche zur Realität sind dabei zu eliminieren, wenn sie auftreten, Widersprüche in der Gemeinschaft sind zu suchen, wenn sie sich nicht erheben, denn durch sie entsteht und entfaltet sich die gemeinsame Wirklichkeit.

Interkulturelle Verständigung

Im China der Achsenzeit dachte der Logiker Hui Shih über die Natur der Dinge nach und postulierte: »Das Kleinste hat nichts in sich; es wird die Kleine Einheit genannt.«

Der moderne Kommentator Wing-tsit Chan fragt dazu: »Dachte Hui Shih an das Atom?«

Wir wissen es nicht; aber wir wissen, daß der Schule der Logiker in China eine untergeordnete Rolle beschieden war. Analytisches Denken, das zur Idee des Atomes führt, ist für das Abendland kennzeichnend geworden.

Was für die Dinge das Atom ist für die menschliche Gemeinschaft das Individuum, das Ich. Es ist für uns fast unglaublich und nur schwer nachvollziehbar, daß das Individuum eine Folge unseres Denkrahmens, also gewissermaßen eine Erfindung des Abendlandes darstellt, die es in anderen Kulturen in dieser Form nicht geben muß.

Vielleicht fällt es ein wenig leichter, wenn wir an das Dreifeld Ich – Du – Es denken und uns vergegenwärtigen, daß jede Mitteilung, jede Kommunikation immer aller drei Eckbegriffe bedarf. Ein Ich, das für sich selbst von einem Ding spricht, das auch nur für dieses Ich da ist, stellt eine gewaltige Abstraktion dar.

Ostasiaten haben die Entwicklung des Individuums anders vollzogen als wir. Der Mensch muß ja nicht an einer Ecke des Dreifeldes zu finden sein. Schon aus den Schriftzeichen geht hervor, daß nach ostasiatischem Verständnis die ganze Achse Ich-Du von dem Menschen eingenommen wird. Er ist also sowohl Ich als auch »zwischen Ich und Du«. Das wird sogar sprachlich zum Ausdruck gebracht, weil man gewöhnlich zum Schriftzeichen *Nin* für Mensch noch das Zeichen *Gen* für Zwischen, Zwischenraum hinzufügt und den Menschen *Nin-gen* nennt.

»Der Japaner sieht also den Ort, wo das Wesen des Menschen sich zeigt, nicht als den Ich-Punkt, den Körper-Ort, sondern als das Dasein in der Gestalt von Zwischenraum zwischen den Menschen«, sagt Ryogi Okochi und fragt dann: »Ist aber eine zwischenmenschliche Beziehung ohne Ich überhaupt möglich? Die buddhistische Antwort heißt: Ja. Und zwar nicht nur möglich, sondern eine solche Beziehung ist überhaupt die höchste zu erreichende Vollkommenheit des Menschseins.«

Ich glaube nicht, daß wir diese Denkweise vollkommen verstehen können. Aber wir können am Beispiel des ganz anderen uns selbst besser kennenlernen – was wir für unverrückbar und selbstverständlich halten, als eine Möglichkeit unter mehreren erkennen.

Toschio Ozawa hat japanische Märchen ins Deutsche übersetzt. In seinem Vorwort versucht er, japanisches Denken zu erläutern:

»Beim Gespräch spielt ein ausgeprägtes Gefühl für die Atmosphäre und Verhältnisse der jeweiligen Situation eine bedeutende Rolle. Das zeigt sich zum Beispiel darin, daß im Japanischen oft das Subjekt fehlt. ›Fehlt‹ ist vielleicht nicht ganz richtig gesagt. Es gibt das Subjekt, aber man spricht es nicht immer aus, denn das würde unnatürlich klingen; aus dem Verständnis der Situation heraus muß der Zuhörer es selbst ergänzen.«

Der Unterschied zwischen Ich und Selbst wird bei uns selten gesehen, ist aber für Japaner sehr wichtig. Der Philosoph aus der Kyoto-Schule, Shizuteru Ueda, sagt:

»Das wahre Selbst wurde oben als die Bewegung aus sich heraus zu sich zurück dargestellt. Eine Fehlentwicklung dieses ›Aus-sich-zu-sich‹ kann aber auch dazu führen, daß diese beiden ›sich‹ aneinander haften. Die Identität mit sich selbst verharrt dann bei sich, so daß ein in sich geschlossenes Ich entsteht.«

Aus dieser Sicht ist das Ich also eine Fehlentwicklung. Was aber ist dann die wahre Entwicklung des Selbst? Shizuteru Ueda erläutert sie anhand der drei letzten von zehn

Bildern, die im Zen-Buddhismus unter dem Namen *Der Ochs und sein Hirte* eine große Rolle spielen.

»In dem Text bilden die drei Bilder eine Einheit, die die Vollkommenheit auf dem Wege der Selbstwerdung des Menschen darstellt. Es handelt sich um ein dreifaches Selbstbildnis des wahren Selbst, wobei sich die Wahrheit des Selbst erst in dieser Triade erschließt.«

Das erste der drei Bilder ist eigentlich kein Bild, sondern ein leerer Kreis. Das zweite Bild stellt einen blühenden Baum am Fluß dar. Das dritte Bild zeigt, wie sich ein Greis und ein Junge auf der Straße begegnen.

Ueda meint, »das selbst-lose Selbst ist seinerseits nur insofern voll real, als es sich in dreifacher Verwandlung jeweils vollkommen anders realisieren kann. Es handelt sich um eine Bewegung, die mit der Existenz einen unsichtbaren Kreis von Nichts – Natur – Kommunikation zeichnet.«

Ist damit nicht genau das angesprochen, was wir als Dreifeld bezeichnet haben?

Die wahre Entwicklung des Selbst zielt dann auf Ausgewogenheit dieses Dreifeldes. Damit sollte auch deutlich werden, daß Meditationsübungen allein für die Entwicklung nicht ausreichen, wie dies von Abendländern oft vermutet wird; denn sie zielen nur auf eine Säule des Dreifeldes, auf das Nichts, die aber mit den beiden anderen ausgewogen sein sollte. Der Weg des Zen muß dreifach geübt werden:

Za-Zen: die Übung im Stillsitzen (Meditation);
San-Zen: die Übung in der Begegnung mit anderen;
Samu und *Angya:* die Übung in der Natur.

Wenn verschiedene Kulturen im Dreifeld der Denkrahmen andere Schwerpunkte setzen, wenn die Ausgewogenheit im Dreifeld Ziel sein soll, muß dann nicht ein gegenseitiges Kennenlernen und Durchdringen bereichernd sein? Wohl nur, wenn es gelingt, die dabei auftretenden Widersprüche zu bewältigen (angesichts der Fremdartigkeit des selbst-losen Selbst wage ich nicht, zu fordern, sie in einer Synthese aufzuheben). Es handelt sich dabei ja um Widersprüche *zwischen* den Denkrahmen (wie wir sie etwa bei den drei Gesundheitsbegriffen vorgefunden haben), nicht um solche innerhalb eines Denkrahmens. Sie fordern eine Öffnung, ein Zulassen-Können, in dem wir uns erst üben müssen.

Andere Kulturen sind uns dabei schon einen Schritt voraus, denn sie haben den Denkrahmen der Naturwissenschaft weitgehend integriert.

Als die Japaner im Jahre 1864 verhindern wollten, daß westliche Schiffe die Meeresstraße von Shimonoseki durchfuhren und die Schiffe angriffen, da reagierten die vereinten Flotten der Amerikaner, Briten, Franzosen und Holländer mit einem Bombardement von Shimonoseki. Die Parole »Ehret den Kaiser, vertreibt die Barbaren« konnte nicht verwirklicht werden, weil die »Barbaren« offensichtlich im Besitz einer Fähigkeit waren, die die Japaner nicht kannten: der naturwissenschaftlich begründeten Technik.

Mit dem Regierungsantritt des neuen Kaisers im Jahre 1868 begann die Meiji-Periode und zugleich die Restauration Japans, die der junge Kaiser proklamierte, um nachzuholen, was offenbar versäumt worden war.

In einem Artikel des Magazins *Japan Echo (Philosophical Reflections on Japan's Cultural Context)* schreibt Ryosuke Ohashi:

»In Japan traten Naturwissenschaft und Technik nicht als Produkt des einheimischen intellektuellen Umfeldes auf, sondern als Import, und ihre Entwicklung gefährdete die Identität des Volkes. Diese Gefahr gründet in der engen Beziehung von Naturwissenschaft und Technik mit dem europäischen Rationalismus. Freilich sind sie mehr als eine Ausgeburt europäischen Geistes; sie haben eine Universalität, die sie überall anwendbar macht, unabhängig von Rasse, Ideologie und Temperament. Darum konnten sie sich in kurzer Zeit über die Welt ausbreiten.«

Ohashi gibt zu, daß die Meiji Restauration unvermeidlich war, sollte Japan nicht in einer Welt der Technologie untergehen. Drei Phasen waren dafür vorgesehen. Die erste – eine Vorbereitungsphase – diente zum Kennenlernen des neuen Denkrahmens; sie war im wesentlichen um die Jahrhundertwende abgeschlossen. Die zweite Phase, in der Japan die Kenntnisse und Fähigkeiten des Abendlandes erwerben sollte, dauerte bis in die Mitte des 20. Jahrhunderts. In der dritten Phase sollte Japan den Denkrahmen der Naturwissenschaft übernehmen, zur eigenen Anwendung gebrauchen und sogar bei seiner Weiterentwicklung durch Forschung und Lehre mithelfen.

Ohashi schreibt darüber: »Japan nähert sich dem Ende seines langen Ringens, den Westen einzuholen. Der Traum der Meiji-Führer wird Realität. Das Problem mit dieser ›Utopie‹ ist jedoch, daß sie nicht die friedlichen Träume eines Schläfers in seinem eigenen sicheren Bett darstellt, sondern die verwirrenden Visionen eines Fremden in einem Bett fern der Heimat.«

In dieser Situation sieht Ohashi eine Wegscheide, die bewältigt werden muß. Zwei Lager drängen je auf eine der beiden Straßen. Die einen sprechen vom Zeitalter Japans, das nun anbrechen wird, die anderen von der geistigen Anarchie, weil die Erfolge Japans auf einem fremden Denkrahmen beruhen. Ryosuke Ohashi macht dazu einen Vorschlag, der mir unserer »Ordnung mit Widerspruch« nicht unähnlich scheint. Er spricht von der »flexiblen Universalität«, die sowohl die flexible, japanische Tradition, als auch die Universalität abendländischen Denkens umfassen soll.

»Westliche Logik kann mit aller Wahrscheinlichkeit die

Idee der flexiblen Universalität nicht einordnen«, sagt Ohashi, meint aber, daß der andere Umgang mit dem Nichts, das japanische Konzept des *Mu*, den Japanern helfen könnte.

Wenn also in Japan bereits offen um ein Gleichgewicht verschiedener Denkrahmen gerungen wird, sollten wir, die Erfinder des universellen Denkrahmens der Naturwissenschaft, uns davor hüten, notwendige Ergänzungen als störende Eingriffe oder gar Angriffe abzuwehren und damit fruchtbare Entwicklungen zu versäumen.

Hans Waldenfels zitiert Nishitani: »Das gleiche Europa, das durch die Dynamik seiner Zivilisation andere Länder dahin geführt hat, sich bewußt zu werden, Teil einer größeren Welt zu sein, war das Europa, dessen Standpunkt auf sich selbst beschränkt blieb«, und sagt dazu: »Die Welt als ganze kann nur dann eine menschlichere und friedvollere Welt werden, wenn alle Teile zusammenwirken, sich zu verstehen suchen und in eine sinnvolle Konkurrenz miteinander eintreten, die die Welt dem gemeinsamen Ziel einer neuen Welt, einer neuen Gesellschaft und eines neuen Menschen näherbringt.«

Sagte Ueda nicht, das wahre Selbst erreichen wir durch die Bewegung aus sich heraus, zu sich zurück? In diesem Sinne möchte ich auch die Auseinandersetzung mit anderen Kulturen sehen: Es geht weder darum, das andere zu übernehmen, noch es abzulehnen. Vielmehr sollten wir das andere kennenlernen, um unsere eigene Kultur besser zu verstehen und damit auch besser entfalten zu können.

Ein Blick auf China soll uns dabei helfen. Die experimentelle Bestätigung der allgemeinen Relativitätstheorie Einsteins durch Eddingtons Messungen der Lichtablenkung an der Sonne (während einer totalen Sonnenfinsternis) spielte eine wichtige Rolle im Kampf um die Anerkennung des westlichen Denkrahmens.

Der Sinologe Wollein hat in China die wichtigsten Schriften studiert und ihre Übersetzung in seiner Dissertation an der Universität Wien vorgelegt. Der Wissenschaftler Wen Yuanmo schreibt in einem Artikel *Über die neue Kosmologie des modernen wissenschaftlichen Revolutionärs Einstein* im Jahre 1920:

»Zum Schluß möchte ich noch einige Bemerkungen zur Auffassung der Orientalen von der Wissenschaft machen. Ich höre ständig viele Leute sagen, die westliche Kultur ist nur materiell, ohne Geistiges. Die Naturwissenschaft erforscht nur speziell die Materie und hat zur geistigen Kultur keine Beziehung. Das ist wirklich laienhafter, unsachlicher Quatsch, nicht wert, daß man ihn kennt und darüber lacht. Man muß wissen, daß die Naturwissenschaft, obwohl sie nur die Materie zu ihrem Objekt macht, ihr Ziel jedoch in der Erklärung der Natur hat und nicht in der Erfüllung von Habgier (...). Wir Chinesen hatten seit jeher keine Wissenschaft, deshalb hatten wir auch keinen sich dem natürlichen Ablauf widersetzenden Geist, keinen diese Zusammenhänge analysierenden Verstand, kein prinzipiengeprägtes Leben und keine systematischen Ideen.«

Die abschließenden Bemerkungen Yuanmos weisen uns wiederum auf die Unterschiede der Denkrahmen hin. Was für uns ganz selbstverständlich erscheint, mag aus fremder Sicht unerwartet, ja unverständlich sein. Verstand und Gefühl können wir säuberlich auseinanderhalten, wenn es um naturwissenschaftliche Fragen geht.

Für Yuanmo ist dies Neuland, das es erst zu erobern gilt:
»Seht bloß die Engländer an, die nehmen die Sonnenfinsternis in Südamerika und Afrika gleich wichtig wie den großen europäischen Krieg. Sie geizten nicht mit Geld und scheuten keine Mühe, die Theorie eines Gelehrten aus dem Feindesland zu prüfen (...). Vor einigen Jahren gab es außerdem noch den in England sehr berühmten Captain Scott, der mit vielen vornehmen Gelehrten das zufriedene und glückliche Leben aufgab, um in einer Welt aus Schnee und

Eis die Geographie des Südpols zu erforschen. Letztlich fror und hungerte er sich zu Tode, ohne die Heimat wieder erreicht zu haben. Ist solches Verhalten mit den Augen von uns Chinesen betrachtet nicht verrückt? (...) Ich weiß wirklich nicht, was diese nicht beziehungsreich aussehenden Dinge für das menschliche Leben bewirken, aber bestimmt nicht wenig (...). Wenn man aber hofft, in der Zukunft nicht hinter den anderen zurückzubleiben, dann muß man heute noch die Anstrengungen verdoppeln.«

Sollten wir vielleicht alle gemeinsam heute noch die Anstrengungen verdoppeln, nicht *hinter uns selbst* zurückzubleiben? Nicht anderen nachlaufen, sondern dem »Vater in uns«, der uns den wahren Menschen, also auch die Schöpfung und das Du in uns zeigt?

7. Glaube, Hoffnung, Liebe

Noch ist mein Erkennen Stückwerk.
Dann aber werde ich so erkennen,
Wie ich selbst erkannt bin.
Für jetzt bleiben Glaube, Hoffnung und Liebe,
Diese Drei.
Am höchsten aber steht die Liebe.
Trachtet nach der Liebe!
(1. Kor. 13,12 f)

Der Aufzug

In meinem Institut befindet sich – wie in vielen anderen öffentlichen Gebäuden auch – ein ganz gewöhnlicher Aufzug. In jedem Stockwerk sind neben der Aufzugstüre zwei Druckknöpfe angebracht. Früher trugen sie die Bezeichnung »Auf« und »Ab«. Das sollte eigentlich ganz eindeutig sein, denn im Keller gab es nur einen Knopf mit der Bezeichnung »Auf«, und im obersten Stockwerk nur den mit dem Wort »Ab«.

Trotzdem zögerten viele Benutzer, ehe sie einen der Knöpfe betätigten. Manche vergewisserten sich zuerst, ob die Kabine gerade höher oder tiefer war, um sie dann mit »Ab« oder »Auf« herbeizurufen; andere drückten zur Sicherheit beide Knöpfe.

Die Verwirrung war so offensichtlich, daß bei einer Generalüberholung des Aufzuges die Aufschriften ersetzt wurden durch die deutlicheren Bezeichnungen »Ich will auf« und »Ich will ab«. Aber auch das ist noch nicht klar genug. Einige Benützer zögern noch immer, weil sie nicht wissen, mit wem sie das »Ich« nun identifizieren sollen: Mit sich selbst oder mit der Liftkabine?

Wenn ich diese Unsicherheit beobachte, werde ich immer nachdenklich. Offenbar sagt uns der Standard unserer Kultur, daß wir bei jeder Begegnung immer dem anderen vorschreiben sollen, was er zu tun hat, was das Richtige ist. Wir haben Hemmungen, einfach offenzulegen, was wir wollen, was unsere Wünsche, was unsere Bedürfnisse sind und den anderen darauf reagieren zu lassen. Sogar, wenn der andere ein Aufzug ist.

Wenn ich das, was ich will, einfach darlege, können andere darauf offen und weich antworten. Wenn ich ihnen sage, was sie tun sollen, bleibt meist nur entweder Zustimmung oder Ablehnung. Aber meinen wir nicht alle, viel besser zu wissen, was für andere das Richtige ist, als sie selbst? Und wissen wir daher nicht scheinbar ganz genau, was andere falsch machen, ohne uns je zu fragen, ob wir nicht vielleicht genauso handeln?

Der Denkrahmen der Logik schließt die Selbstanwendung aus, weil sonst Widersprüche auftreten könnten. Wenn wir zum Beispiel zulassen, daß ein Satz eine Aussage über sich selbst macht, dann können wir absurde Alternativen nicht vermeiden: Es gibt dann Sätze, die entweder richtig und sinnlos oder sinnvoll und falsch sind. Ein Beispiel dafür ist etwa der Satz: »Dieser Satz hat Bier sechs Wörter.«
Mit dem Wort »Bier« ist er sinnlos, aber formal richtig. Lassen wir den Begriff weg, wird er zwar sinnvoll, aber falsch.

Wiederum können wir das nicht als Spitzfindigkeit abtun, weil der Ausschluß der Selbstanwendung Teil unseres Standards wurde. »Wenn zwei streiten, sind immer beide schuld, nur wenn ich mit jemandem streite, hat er allein schuld!« So könnte etwa ein Motto dieses Standards lauten.

Samuel T. Cohen, der an der Entwicklung der Neutronenbombe mitgearbeitet hat, gab dem Magazin *Der Spiegel* vom 14. September 1981 ein Interview. Auf die Frage des Reporters, ob der Tod durch die Neutronenbombe nicht ein schrecklicher Tod sei, antwortete er: »Sterben ist immer schrecklich, wenn es soweit ist. Wenn man die physiologischen Auswirkungen der Neutronenbombe mit denen der konventionellen Waffen vergleicht, dann kommen Sie wahrscheinlich zu dem Ergebnis, daß, wenn Sie zwischen den beiden wählen müßten, Sie sich für die Neutronenbombe entscheiden würden.«

Als er aber etwas später im Interview gefragt wurde: »Ihr Sohn ist bei der Marine. Wie fänden Sie es, wenn er Opfer Ihrer Bombe würde?«, da zeigte er erstmals Emotionen und antwortete: »Oh, nein, nein, nein, die Bombe wird auf dem Land eingesetzt. Wenn mein Sohn jemals in eine Kriegszone kommt, gehört die Neutronenbombe nicht zu den Gefahren, die ihn bedrohen. Wohl Torpedos und ferngesteuerte Raketen.«

Und auf die Zusatzfrage: »Sehen Sie ihn lieber von Torpedos oder von einer Neutronenbombe bedroht?« antwortete er klar: »Eigentlich lieber von einem Torpedo.«

Damit habe ich auch mein Dilemma offengelegt. Denn ich möchte am Schluß dieses Buches nicht am Anspruch vorbeigehen, auch ganz konkrete Vorschläge für mögliche Verbesserungen zu entfalten. Der erste und wichtigste dieser Vorschläge lautet, immer zuerst bei sich selbst anzufangen. Aber schon beim Beispiel der Selbstanwendung habe ich den Fehler eines anderen dargestellt. Ich werde auch im folgenden nicht darauf verzichten können, Ihnen, liebe Leserin, lieber Leser, Vorschläge zu unterbreiten, die ich eigentlich ganz alleine an mich selbst richten sollte. Nehmen Sie bitte alles Weitere nicht im Sinne einer Aufforderung eines Besser-Wissenden, sondern als Angebote eines Selbst-Suchenden, der bei seiner Suche nicht ganz allein bleiben möchte. (Etwa im Sinne der Begleitworte Goethes zu seiner Farbenlehre.)

Unsere Suche kann aber nicht nur dem Wald hinter den Bäumen gelten, wir müssen sicheres Gelände verlassen und uns auf den schmalen Grat eines steilen Berges begeben; denn es gilt doch, den naturwissenschaftlichen Denkrahmen auszuloten und dabei weder auf der einen, noch auf der anderen Seite abzustürzen. Weder dürfen wir auf den Nutzen verzichten, dort wo er zum Segen werden kann – noch dürfen wir auf den Segen verzichten, selbst wenn dies dem Nutzen widerspricht.

Friede den Menschen auf Erden

Von den Milliarden Menschen, die unsere Erde bevölkern, sehnen sich – mit wahrscheinlich wenigen Ausnahmen – die meisten nach einem Leben in Frieden. Das Wort Gottes: *Du sollst nicht töten* scheint also auf fruchtbarem Boden gesät zu sein.

Aber die Widersprüche des Selbstbezuges hindern uns auch da an einer problemlosen Anwendung des Gebots. Denn wenn nur ein einziger Mensch dem Wort nicht folgt und mich oder gar eine meiner Lieben am Leben bedroht, dann kann ich nicht mehr anders als auf Grund meiner Freiheit verantwortlich entscheiden. *Jedes* sorgfältige Folgen führt zur Übertretung: Töte ich den Feind, habe ich ebenso gegen das »Wort Gottes« gehandelt, wie wenn ich ihn schone und damit zulasse, daß er mich oder gar meine Lieben tötet.

Im Denkrahmen der Logik wurde zur Elimination dieses

Widerspruches ein eigener Begriff eingeführt: die Notwehr. Damit verlagert sich das Problem auf die Frage der Notwehrüberschreitung, die meist in jedem einzelnen Fall neu bestimmt und oft im nachhinein festgelegt werden muß.

Wenn auch individuell jeder Mensch seine Antwort in solchen Fällen finden kann, so wird das Problem für größere Gemeinschaften doch unlösbar, denn es führt zum größten Widerspruch des Gemeinwesens, zum Krieg. Aus Notwehr wird dann Verteidigung, und die Notwehrüberschreitung ist der Angriff zum Schutz des eigenen Volkes oder der Grenzen. Selbst die höchsten Vertreter von Religionsgemeinschaften haben diesen dialektischen Widerspruch immer wieder logisch zu sehen versucht und Vernichtungswaffen mit ihrem Segen versehen. Niemand kann sich dem Widerspruch ganz entziehen. Auch Albert Einstein schrieb: »Töten im Krieg ist nach meiner Auffassung um nichts besser als gewöhnlicher Mord« und setzte sich doch für die Entwicklung der Atombombe ein, damit sie nicht die anderen früher besäßen.

Angesichts der Trostlosigkeit menschlicher Geschichte in dieser Hinsicht könnte man geneigt sein, in eines von zwei Extremen zu fallen: Entweder Resignation, die über Abstumpfen gegen Gewalt leicht in Bejahung oder gar Verherrlichung des Krieges umschlägt, oder Zorn, der das Feindbild von den Gegnern auf die Militaristen verschiebt und am liebsten mit den gleichen Mitteln gegen sie vorgehen möchte.

Wenn ich mich persönlich als Pazifist bekenne, kann ich das daher nicht tun, ohne gleich anzufügen: Aber nicht jener Pazifismus, der die Militaristen bekämpfen will!

Zwischen Gleichgültigkeit und Kriegserklärung gegen das Militär führt jener schmale Grat, den der wahre Pazifist finden muß. Oft wird er mit dem Einwand konfrontiert, daß der Krieg ja zum Menschen gehöre wie der Tod; es sei daher utopisch, an eine Zukunft ohne Kriege zu glauben, denn es hat immer welche gegeben. Die einfachste Widerlegung wäre wohl der Hinweis, daß sich die Menschheit entwickelt; nicht alles, was es früher gab, muß es auch zukünftig geben; schließlich haben wir ja auch Kannibalismus, Sklaverei und sogar die Todesstrafe überwunden.

Mir ist diese Schlußweise zu sehr dem Denkrahmen der Logik verhaftet, obwohl ich ihr gerne zustimme. Meine persönliche Entgegnung lautet anders: Kriege hat es sehr wohl immer gegeben, und vielleicht wird es auch immer welche geben, ich wage keine Prophezeiung. Aber seit es Kriege gibt, stehen die Menschen aus ihrer ganz persönlichen Freiheit vor der Entscheidung, sich dafür oder dagegen zu bekennen, und ich möchte zu jenen gehören, die den Krieg nicht willkommen heißen.

Was nutzt aber ein solches Bekenntnis, wenn sich dadurch nichts ändert? Ich behaupte, daß sich dadurch mehr ändert als durch einen Streit über die Möglichkeit, den Krieg abzuschaffen. Denn wir stehen in dieser Frage – wie in jeder anderen wesentlichen Frage auch – unter dem Widerspruch von Individuum und Gemeinschaft. Jedes individuelle Mitglied der Gemeinschaft kann sich selbst verändern, ohne daß große Gemeinschaften darauf reagieren. Und doch entwickelt sich die Gemeinschaft niemals anders als durch Veränderung ihrer Mitglieder. Die beiden logischen Extreme dieses Widerspruches sind einerseits die sogenannten Aussteiger, die nur selbst anders leben wollen, ohne die Gemeinschaft mitzunehmen, und andererseits Saboteure bis hin zu Terroristen, die mit allen Mitteln (notfalls mit Gewalt) die Gemeinschaft zur Änderung in ihrem Sinne zwingen wollen. Wir streben einer Synthese zu, wenn wir uns selbst verändern um der Gemeinschaft willen; wenn wir auf die Gemeinschaft wirken, indem wir uns selbst verändern. Eine solche Selbst-Veränderung soll niemandem aufgedrängt, aber möglichst allen mitgeteilt und damit angeboten werden.

Auf dem Weg zu der Synthese gibt es einige Stolpersteine oder Versuchungen zu vermeiden. Eine davon ist die Schuldzuweisung. Wenn wir irgend jemanden finden (zum Beispiel die Generäle, das Militär oder die Waffenindustrie), dem wir die Schuld an der zu überwindenden mißlichen Lage geben können, dann ist er es, der etwas zur Entwicklung beitragen muß und nicht wir.

Eine andere Versuchung ist die vorschnelle Beurteilung durch das polare Paar gut–schlecht (oder gar gut–böse). Ich versuche seit längerem ganz ohne diese Polarität auszukommen, und es gelingt immer besser. Wir können ja andere Paare heranziehen wie etwa lebensfördernd – entwicklungshemmend oder frohstimmend – traurigmachend. Mit dem gut–schlecht geht allzuoft eine Endgültigkeit einher, die Grenzen errichtet und zur Erstarrung führen kann.

Beim mühsamen Ringen mit dem Verhältnis von Individuum und Gemeinschaft kann uns aber ein anderer Widerspruch hilfreich beistehen: die Dialektik von Ziel und erstem Schritt.

»Auch die längste Reise beginnt mit dem ersten Schritt« sagt eine alte Weisheit. Wer aber nur das Ziel im Auge hat, kann schon beim ersten Schritt stolpern, und wer nur auf den ersten Schritt achtet, geht leicht in die falsche Richtung. Wenn wir das Ziel *nur* um der Richtung willen brauchen, dann aber unsere ganze Kraft und Aufmerksamkeit auf den ersten Schritt richten, ja das Ziel sogar vergessen, sind wir einer Synthese nahe.

Was heißt das für den friedensuchenden Menschen? Abschaffen des Militärs und damit der Kriege ist Ziel, das wir vergessen sollten, sobald wir der Richtung sicher sind. Ein erster Schritt – wenn auch ein ganz kleiner – wurde schon getan, als sich die Kriegsministerien in Wehr-, Heeres- oder Verteidigungsministerien verwandelten. Der nächste Schritt sollte vielleicht heißen, den Vorrang der Politik vor kriegerischen Mitteln zu demonstrieren und diese Bereiche dem Außenminister zu unterstellen. (Nach österreichischem Sprachgebrauch wäre dann der politisch Verantwortliche für die Verteidigung nicht mehr eigener Minister sondern Staatssekretär im Außenministerium.) Auf der obersten Ebene der Regierungshierarchie gäbe es dann keinen Vertreter des Militärs mehr, wohl aber den Außenminister als Vertreter der Diplomatie.

Andere Zeichen des Friedens könnten einen solchen Schritt begleiten. Ein Land, das ihn unternimmt, könnte vor der Welt erklären, in Zukunft auf sogenannte militärische Ehren beim Empfang fremder Staatsoberhäupter zu verzichten. Müßte nicht auch ein Staatsgast die Begrüßung durch landesübliches Brauchtum (etwa Volkstänze, Musikkapellen, Trachtengruppen) und damit durch beide Geschlechter dem langweiligen Abschreiten jeder Individualität beraubter Männerreihen in Uniform vorziehen? Und warum lassen wir noch immer Gala-Uniformen neben Frack oder Festtracht bei Feierlichkeiten zu, sofern sie kriegerische Berufe symbolisieren? Die sicherlich nicht weniger attraktive Uniform eines zivilen Flugkapitäns würde ja bei solchen Gelegenheiten als unpassend angesehen werden!

Kann sich ein wahrhaft friedliebender Mensch mit dem eingeschränkten Ziel der Abschaffung des Militärs begnügen? Geht es nicht vielmehr darum, das Freund-Feind-Denken zu überwinden und Feindbilder erst gar nicht aufkommen zu lassen? Wir haben doch schon im zweiten Kapitel von der Feindesliebe gesprochen und vom Vater, »der seine Sonne aufgehen läßt über Böse und Gute und regnen läßt über Gerechte und Ungerechte«.

Dabei ist es ganz wichtig, nicht zu überhören, daß es auch für den Vater Gerechte und Ungerechte gibt. Es heißt nicht, für ihn seien alle gut oder alle gerecht, aber er überläßt seine Sonne und seinen Regen trotzdem jedem. Wir können nicht mit allen Menschen übereinstimmen, es wird sogar immer jemanden geben, der uns in allen wesentlichen Fragen widerspricht. Harmonie herzustellen hieße dann, den Widerspruch zu verleugnen. Das kann nicht das Ziel sein! Aber wir können versuchen zu verstehen, daß wir überhaupt nur deshalb unser bestimmtes Selbst in Freiheit entfalten können, weil es andere gibt, die es anders machen. Weil sie uns Grenzen zeigen, weil sie uns anderes entgegenhalten, ja weil sie uns widersprechen, sind wir erst frei, wir selbst zu sein.

Könnte ich Mann sein, wenn es keine Frauen gäbe? Könnte ich Wiener sein, wenn es nicht auch noch Berliner, Pariser, Römer, Prager und Budapester gäbe? Könnte ich Abendländer sein, wenn es nicht auch Morgenländer, Afrikaner, Ostasiaten, Indianer und alle die anderen gäbe? Ja, könnte ich Christ sein, wenn es nicht auch Buddhisten, Taoisten, Juden – nicht nur die anderen Religionen, ja sogar Atheisten, Nihilisten und Materialisten gäbe?

Ich bin auf *alle* anderen angewiesen, um das zu sein, was ich bin!

Ich könnte auch nicht für eine Öffnung der Denkrahmen eintreten, wenn niemand die traditionelle Logik verteidigte.

Das andere, das mir entgegentritt, reizt mich zur Selbstdarstellung. Weil ich erst durch das andere zu mir selbst finde, bedarf es der Auseinandersetzung, der Aus-Einander-Setzung! Wer sie immer vermeidet, eliminiert damit einen wesentlichen Widerspruch. Wer sie immer sucht, riskiert damit einen Umschlag in zerstörenden Streit.

Obwohl vielen eine Welt ohne Streit und Gewalt erstrebenswert scheint, ist sie nicht erreichbar, ohne daß damit auch die notwendige Auseinandersetzung und vielleicht aggressive Selbstdarstellung verschwinden. Ziel des friedliebenden Menschen kann eine solche Welt daher nicht sein – wohl aber eine Welt, in der der Umschlag von fruchtbarer Auseinandersetzung in destruktiven Streit, von aggressiver Selbstdarstellung in gewalttätige Eingriffe gegen andere rechtzeitig erkannt werden, ehe nicht wiedergutzumachende Schäden entstehen. Das Üben im Erkennen dieser subtilen Grenze bei sich und bei anderen sollte also Aufgabe des wahren Pazifisten sein. Fehler sind dabei leider unvermeidbar, denn nur aus ihnen können wir wirklich lernen.

Niemals bloß als Mittel

Wir haben im fünften Kapitel den praktischen Imperativ Kants kennengelernt; er fordert für alle Handlungen, die Menschheit in der Person jedes anderen niemals bloß als Mittel zu brauchen.

Wer einen anderen Menschen zu einer Dienstleistung verpflichtet und dafür bezahlt, braucht ihn als Mittel. Der praktische Imperativ Kants verwehrt das nicht. Aber er fordert, den anderen nicht *nur* als Mittel anzusehen, in ihm auch zugleich das Du, den liebenswerten Mitmenschen zu suchen. »Liebet vielmehr eure Feinde, tut Gutes und leiht, ohne etwas zurückzuerwarten«, diese Worte Jesu von Nazareth haben wir schon im zweiten Kapitel gehört.

Wer einem anderen Menschen etwas leiht, weil er sich eine Gegenleistung erwartet, hat das Wort Jesu ebenso mißverstanden wie der, der es *nur* dem anderen zuliebe tut. Erst die Einsicht, daß jedes Werk für andere auch ein Werk für uns selbst ist, erfüllt den Sinn des Wortes. Wenn ich etwas gebe, dann gewinne ich dadurch, weil ich nicht an diesseitigen Dingen klebe; was ich an Materiellem zu teilen imstande bin, gewinne ich an Freiheit für mich zurück.

Wiederum können solche Forderungen von jedem einzelnen angestrebt und verwirklicht werden, sind aber bisher noch wenig in der Organisation menschlicher Gemeinschaften spürbar. Liebe kann nicht gesetzlich verordnet werden. Sie steht in unserem ersten Dreifeld richtig – wahr – sicher am Ort der Wahrheit, die menschliche Ordnung aber bei der formalen Richtigkeit.

Schon im China der Achsenzeit war dies Gegenstand heftiger Auseinandersetzungen. Wer heute von alten chinesischen Weisen spricht, meint meistens Konfuzius oder Laotse. Aber zur Zeit des Konfuzius gab es einen bedeutenderen Gegner: Mo-tse. Taoismus (und noch später der Buddhismus) erlangten erst nach der Achsenzeit die Bedeutung, die ihnen heute zuerkannt wird. Der schon öfters zitierte Wingtsit Chan beschreibt dies wie folgt:

»Im alten China bis zur Han-Dynastie waren Konfuzianismus und Moismus die bedeutendsten Schulen. Sie dominierten die intellektuelle Landschaft vom fünften bis mindestens zum dritten Jahrhundert vor Christus. Und sie attackierten einander vehement.«

Die Ethik des Konfuzius fußt auf dem Prinzip der Humanität. Die Moisten predigen die universelle Liebe; Gerechtigkeit sei der himmlische Wille. Den »Weg der universellen Liebe« erklärt Mo-tse so:

»Anderer Leute Land wie das eigene zu betrachten. Anderer Leute Familie wie die eigene zu betrachten. Andere Personen wie sich selbst zu sehen. Wenn Feudalherren einander lieben, werden sie nicht am Schlachtfeld kämpfen. Wenn Familienoberhäupter einander lieben, werden sie einander nicht unterwerfen. Wenn Individuen einander lieben, werden sie einander nicht verletzen.«

Erinnert das nicht schon an unser *liebe deinen Nächsten wie dich selbst?* Aber Mo-tse begründete das Prinzip der Liebe mit seiner Nützlichkeit, den gegenseitigen Vorteilen, die damit einhergehen. Und er befürwortete Askese als hilfreiche Methode. In beiden Punkten widersprach Konfuzius, der Gerechtigkeit um ihrer selbst willen forderte. Vorteile lehnte er nicht ab, aber sie sollten Ergebnis, nicht Grund der Gerechtigkeit sein.

Eine Synthese wurde nicht erreicht; der Moismus blieb auf die Achsenzeit beschränkt und verlor bald darauf an Bedeutung. Dürfen wir vermuten, daß die Liebe als Prinzip menschlichen Zusammenlebens im Abendland deshalb nicht in Vergessenheit geriet, weil sie häufig nur im Denken und Reden, nicht aber in Tat und Handlung wirklich war? Weil sich die kirchliche Ordnung im Zweifelsfall mehr an Athen orientierte als an Jerusalem?

Wenn das stimmt, dann haben wir das Ziel noch immer vor uns, den Weg noch nicht verloren. Die andauernde Spannung zwischen der Widerspruchsfreiheit Athens und dem Grundwiderspruch des Glaubens (aus Jerusalem) hat schließlich die zweite Achsenzeit und mit ihr den Denkrahmen der Naturwissenschaft gezeugt. Können wir es noch einmal wagen, uns an ihr zu orientieren, um auch mit der Forderung nach Liebe neu umgehen zu lernen? Freilich weder an ihren Inhalten, noch an ihren Axiomen! Aber die Schlüsselrolle spielte doch die doppelte Negation, und mit ihr wollen wir es erneut versuchen.

Wie die Wahrheit nicht erreicht und festgehalten werden kann, so kann auch Liebe nicht direkt verordnet werden. Aber wie falsche Hypothesen ausgeschlossen werden, so können wir versuchen, aus unserer Ordnung alles zu entfernen, was liebevollen Umgang der Menschen miteinander behindert. Die Bedeutung der doppelten Negation für alles Leben sehen wir auch ständig an uns selbst. Wenn wir uns verletzen, etwa durch eine Abschürfung oder einen Schnitt, so können wir gar nichts dazu tun, daß die Wunde heilt. Wir brauchen es aber auch nicht, denn so lange wir leben, heilt sie von selbst. Sehr wohl aber müssen wir aufpassen, daß der Heilungsprozeß nicht durch Schmutz oder Infektion behindert wird. Nach diesem Bild gilt es also zu erkennen, ob Teile unserer Ordnung »Infektionsherde« oder gar »Fremdkörper« sind, die liebevolles Leben gefährden. Das ist nicht einfach, denn es kann dafür keine Experten geben, weil wir alle betroffen sind und nur gemeinsam entscheiden können. Aber jeder ist aufgerufen, sich an einer Auseinandersetzung darüber zu beteiligen.

Als hilfreiches Mittel, das freilich in jedem einzelnen Fall neu geprüft sein will, verwende ich dabei folgenden Ansatz: Wo wir den für die Erkenntnis der Materie geschaffenen Denkrahmen der Naturwissenschaft im Bereich der Freiheit anwenden, könnte ein solcher »Infektionsherd« zu finden sein.

Ein Beispiel kann die Anwendung der Statistik auf den Menschen sein. Wenn eine Patientin oder ein Patient vor einer schweren Operation den Chirurgen ängstlich fragt, wie denn die Chancen für ihr Überleben wären, dann zielt diese Frage nicht auf eine formal richtige Antwort. Wenn der Chirurg trotzdem sagt, die Chancen wären 95 (oder was immer) Prozent, dann kommt ganz folgerichtig die weitere Frage: »Herr Doktor, gehöre ich zu den fünf Prozent?«

Mit einem Hinweis auf die Statistik teilt der Chirurg nämlich (wahrscheinlich unbewußt) mit, daß seine Patienten für ihn *Mittel* sind und keine unersetzbaren Individuen. Eine liebevolle Berührung des Kranken mit dem (formal unzureichenden) Satz: »Ich werde mich um Sie ganz besonders bemühen« oder etwas Ähnliches wäre bestimmt in dieser Notsituation hilfreicher.

Am gefährlichsten sind solche »Infektionsherde« beim Umgang mit der nachkommenden Generation, denn sie verhindern eine natürliche Entwicklung der Ordnung mit dem Generationswechsel. Daher verdient unser Bildungswesen ganz besondere Aufmerksamkeit. Eigentlich ist schon das Wort eine Selbsttäuschung, denn in der Wirklichkeit junger Menschen wird viel häufiger Wissen vermittelt als Bildung angestrebt.

Wissen im allgemeinen genügt aber nicht, es muß ein wohl definiertes, vorgegebenes Wissen sein. Wer etwa japanische oder chinesische Philosophie wirklich versteht, dafür aber von Aristoteles oder Kant wenig kennt, gehört nicht zu den »Gebildeten«. Ähnliches gilt für jedes andere Fach auch. So wie wir Materie nicht selbst als Zweck der Schöpfung, sondern als Voraussetzung für Freiheit erkannt haben, so sollten wir Wissen nicht als Selbstzweck, sondern als Voraussetzung für wahre Bildung sehen.

Wissen ist der Stoff für Bildung. Der gebildete Mensch bedient sich seines Wissens, um zu sich selbst zu finden, nicht um sein Ich über andere zu stellen.

In dieser Sichtweise wird sofort deutlich, daß der Denkrahmen der Naturwissenschaft für ein wahres Bildungswesen nicht ausreichen kann. Denn es geht ja auch um die freie Entfaltung junger Persönlichkeiten, nicht nur um die notwendige Weitergabe unserer Wirklichkeit an die nächste Generation.

Wie jedes Wachsen bedarf auch die Entwicklung der Persönlichkeit eines günstigen Nährbodens. Heiterkeit und Frohsinn, Humor und Freude an der Arbeit sind dabei wichtiger als die Bewältigung einer genau vorgeschriebenen Quantität an Lerninhalten. Wir wissen doch alle nur zu gut, daß bloß angelerntes Wissen nach einer bestandenen Prüfung bald wieder dem Vergessen anheimfällt. Trotzdem werden Lehrpläne nach dem Prinzip erstellt, was ein reifer Mensch wissen sollte. Der wahre Pädagoge greift auch hier zur doppelten Negation: Er fragt sich, wie er sich denn verhalten müsse, damit zumindest die wichtigsten Lehrinhalte nicht wieder vergessen werden.

Wenn wir uns die Wiedererinnerungslehre Platos ins Gedächtnis rufen und damit der Aporien des Lernens gedenken, dann werden wir zugeben müssen, daß unser Bildungswesen allzusehr dem Denkrahmen der Naturwissenschaft verhaftet ist, wie wir ihn am Ende des dritten Kapitels entworfen haben. Ich möchte daher versuchen, in freier Phantasie eine Alternative darzustellen – nicht, weil ich glaube, sie könnte in dieser Form Wirklichkeit werden, sondern um fruchtbaren Auseinandersetzungen Nahrung zu liefern.

Warum müssen alle unsere Kinder dasselbe lernen?

Könnte nicht jede (höhere) Schule neben gewissen Hauptfächern frei sein, ihr Angebot selbst zusammenzustellen? Und warum müssen alle jungen Menschen in allen Fächern gleich weit kommen, so daß vernünftige Lehrer einem musisch besonders Begabten eine Mathematiknote oder einem mathematisch besonders Begabten eine Zeichen- oder Musiknote schenken?

Ich könnte mir vorstellen, daß in den verschiedenen Fächern gewisse Einheiten (nach Zeit und Lehrziel) bestimmt werden. Wer in einem Fach ein Lehrziel erreicht hat (am einfachsten wohl am Ende eines Jahres, Semesters oder Trimesters) steigt zur nächsten Einheit auf. Wer das Ziel in der vorgegebenen Zeit nicht bewältigt, kann diese Einheit wiederholen. Der Abschluß ist erreicht, wenn in einer vorbestimmten Zahl von Fächern das Endziel bewältigt wurde. Das Reifezeugnis besteht nicht aus Noten, sondern aus einem »Persönlichkeitsprofil«; es gibt an, wieviele der vorgegebenen Einheiten von einem Schüler in jedem Fach bewältigt wurden. Ich weiß schon, daß viele Einwände möglich sind und einige sind auch wirklich stichhaltig: Die Klassenkameradschaft ginge verloren, weil bei jedem Fach andere Schüler zusammenkommen (dafür aber gibt es Gruppen unterschiedlichen Alters. Koedukation von gleichaltrigen Mädchen und Buben bewirkt wegen der früheren Reife der Mädchen ohnehin oft das Gegenteil des beabsichtigten Erfolges). Einheitlichkeit und Auswechselbarkeit gingen verloren; dafür aber wären den Unterschieden und der Individualität junger Menschen Rechnung getragen. Die Schulorganisation und sogar die Schulgebäude müßten geändert werden; aber sollte uns das nicht zu denken geben? Die hierarchische Organisation unseres Bildungswesens findet ihren materiellen Niederschlag im Bau- und Einrichtungsplan der Schulgebäude. Wer nach einer Ordnung mit Widersprüchen ruft, muß unweigerlich auch an eine Neuordnung der öffentlichen Bauten denken.

Carl Rogers war einer der Vorkämpfer für eine Reform des Bildungswesens. In seinem Buch *Lernen in Freiheit* zitiert er Albert Einstein:

»Es ist in der Tat fast ein Wunder, daß die modernen Methoden der Ausbildung die heilige Neugier des Forschens noch nicht völlig erstickt haben; denn diese zarte, kleine Pflanze bedarf – neben dem Ansporn – hauptsächlich der Freiheit; ohne diese geht sie ohne jeden Zweifel zugrunde.«

Athen und Jerusalem

Das Schwanken zwischen Ziel und erstem Schritt wird um so gefährlicher, je gewaltiger die Probleme sind, die zur Lösung anstehen. Wenn es gilt, Nutzen und Segen der Früchte des naturwissenschaftlichen Denkrahmens zur Synthese zu führen, dann steht nicht weniger als der Fortbestand der Menschheit auf dem Spiel. Denn wenn wir weiterhin jeden Nutzen auch als Segen betrachten, beuten wir die Vorräte unseres Heimatplaneten bis zur Neige aus und berauben ihn überdies durch den entstehenden Abfall seiner Wohnlichkeit. (Wir haben die Problematik im fünften Kapitel ausführlicher erörtert.)

Also gilt es meist als unbestritten, daß wir uns alle einschränken müssen. Wenn vom Abfall (die Abwärme und die entstehenden Abgase eingeschlossen) zu viel ist, muß er weniger werden; wenn die Vorräte zu schnell erschöpft werden, muß sparsamer damit umgegangen werden.

Innerhalb des naturwissenschaftlichen Denkrahmens ist diese Argumentation streng richtig. Wenn wir aber versucht sind, sie auf eine Ordnung der Menschen zu übertragen, öffnet sich sofort die Falle des Selbstbezuges: Denn jeder findet einen anderen Menschen, der am gerade anstehenden Problem mehr Schuld trägt, und wälzt die Forderung des Sparens auf ihn. Zuerst soll der oder jener anfangen, er hat ja noch mehr als ich!

Gegen dieses verständliche Argument hilft nur die Öffnung des Denkrahmens. Nicht die Quantitäten, sondern die Unauswechselbarkeit (und damit die Würde) des Individuums sollten wir bedenken. Einschränken im Verbrauch kann dabei Ziel bleiben. Im ersten Schritt muß davon aber gar keine Rede sein. Ich wage die Behauptung, daß wir durch die Früchte der zweiten Achsenzeit so wahrlich reich geworden sind, daß niemand zum Verzicht auf das gedrängt werden muß, was er wirklich für ein erfülltes Leben braucht. Aber jeder sollte so weit reifen, daß er auf alles verzichten kann, was er nur deswegen hat, weil es der Nachbar auch besitzt.

Das aber ist kein echter Verzicht, keine wirkliche Einschränkung, sondern eine wahre Besinnung auf das eigene Selbst. Wer bin ich, und was brauche ich? Doch nicht all das, was mir eine Überflußgesellschaft anbietet oder gar aufdrängt. Doch nicht dasselbe wie mein Nachbar oder mein Nächster. Auch nicht mehr oder Besseres vom Gleichen.

Was ich mir erhoffe (und auch vorstellen kann) ist eine Welt vieler Wirklichkeiten, die gemeinsam bestehen können. Unterschiede, ja Widersprüche sollten begrüßt werden und nicht ängstigen. Für viele Frauen ist es schrecklich, bei einer festlichen Veranstaltung zu entdecken, daß eine andere Frau dasselbe Kleid trägt. Könnten wir uns daran nicht ein Beispiel nehmen, auch für andere Bereiche des Menschseins?

Dabei dürfen die Unterschiede aber nicht nur quantitativ sein. Wer sich von seinem Nachbarn nur dadurch unterscheiden will, daß sein Auto stärker, seine Wohnung größer und seine Reisen weiter sind, hat mich nicht verstanden, denn er bleibt dem Denkrahmen der Naturwissenschaft auch im Bereich der Freiheit verhaftet.

Einen Netzwerk-Schichtenbau widersprüchlicher Wirklichkeiten beginnen wir erst dann wahrhaft zu errichten, wenn wir diese Forderungen an das Individuum auch in unserer Ordnung der Gemeinschaft verankern. Will die Ordnung allgemein verbindlich sein, muß sie den Axiomen der Logik genügen. Aber sie kann sich trotzdem an der doppelten Negation orientieren.

Ich meine, daß unsere Gesetze, Regeln und Normen viel zu sehr von der Idee ausgehen, das Handeln der Menschen zu ordnen. Damit wird Freiheit eingeschränkt oder gar vernichtet. Vielleicht sollten wir viel stärker versuchen, Fehlentscheidungen und falsche Handlungen zu verhindern, als »Richtiges« vorzuschreiben. Denn viele Bereiche zwischenmenschlicher Beziehungen lassen sich nicht allgemein regeln. Ein Beispiel ist die Züchtigung in der Schule. Niemand, der Kinder liebt, wird Schläge zulassen wollen. Sollen sie aber durch ein allgemeines Gesetz verboten werden, dann führt das sehr schnell zum Verbot jeglicher körperlicher Berührung, weil der Unterschied zwischen freundschaftlichem Abklopfen und bösartigen Schlägen nicht allgemein begrifflich festgelegt werden kann.

Eine Schule, in der *jede* körperliche Berührung verboten ist, wünsche ich mir aber nicht, denn allzuleicht kann verbale Gehässigkeit und psychischer Terror die Gemeinschaft zerstören, ohne daß damit gegen ein Verbot verstoßen wird.

Wir müssen wahrscheinlich lernen, daß manches im Bereich menschlicher Freiheit nicht allgemein geregelt werden kann und doch einer ordnenden Überwachung bedarf. Ich könnte mir vorstellen, daß in einer Schulgemeinschaft Übertretungen körperlicher, verbaler und psychischer Art von den Mitgliedern der Gemeinschaft selbst verhindert werden, auch wenn es dafür keine allgemeinen Gesetzesvorschriften gibt. Dazu müßte allerdings der Gemeinschaft die Verantwortung offen übertragen werden. Und es müßte Schiedsgerichte geben, die jederzeit angerufen werden können, wenn jemand das Gefühl hat, ungerecht oder gar unwürdig behandelt worden zu sein. Solche Schiedsgerichte sollten sich *nicht* an Beispielen oder gar am allgemein Üblichen orientieren, denn es geht ja gerade um das Zulassen einer Ordnung mit Widerspruch. In der viel schwierigeren Aufgabe, jeden konkreten Fall aus seiner eigenen inneren Situation und nicht durch äußere Vergleiche zu beurteilen, müßten wir uns alle erst üben. Wäre solche Übung nicht auch vornehme Aufgabe eines wahren Bildungswesens?

Was drängt uns eigentlich dazu, den Denkrahmen der Naturwissenschaft auch im Bereich der Freiheit zu gebrauchen, obwohl er dort wahrlich fehl am Platze ist? Wir haben in diesem Buch schon einige Gründe kennengelernt, allen voran die Angst vor der eigenen Verantwortung und die Flucht in bloße Sorgfaltspflicht – erwachsen zu werden ist eben ein schmerzhafter Vorgang. Ich möchte einen weiteren Grund anführen, der tiefe Schichten unseres Bewußtseins ansprechen kann: die Möglichkeit der exakten Voraussage.

Aufgrund sicherer Naturgesetze können wir ebenso sichere Voraussagen treffen, sofern sie den Bereich der Naturnotwendigkeit nicht überschreiten. Wann eine Mond- oder Sonnenfinsternis stattfinden wird, können wir weit in die Zukunft hinein bestimmen.

Die moderne Technik erlaubt uns genaue Vorherberechnungen für alle Geräte, die Menschen erzeugt haben, sofern menschliches Versagen dabei ausgeschlossen bleibt. Ich weiß heute schon, wann in einem Jahr ein Flugzeug in irgendeine entlegene Stadt der Welt abheben wird, und kann meine Pläne und meinen Terminkalender darauf abstimmen. »Das, was festgelegt ist, nennen wir Vergangenheit«, haben wir doch am Ende des fünften Kapitels festgestellt. Voraussagen aufgrund sicherer Naturgesetze machen also Zukunft zur Vergangenheit. Wer keine Zukunft hat, kann nicht sterben, denn er ist nicht mehr im Wandel der Zeit, nicht mehr im Leben.

Damit erscheint die Reduktion auf Naturnotwendigkeit

in einem neuen Licht: als subtile Methode der Verdrängung des Todes.

Dort, wo Voraussagen wirklich möglich sind, machen sie uns frei (etwa unsere Zukunft verantwortlich zu planen). Wenn Voraussagen in den Bereich der Freiheit dringen, werden sie zur Prophezeiung, die nur so tut, als wäre sie verläßlich; damit geben wir aber unsere Freiheit auf.

Wie lächerlich Prophezeiungen sein können, wird sofort deutlich, wenn wir sie etwas später hervorholen. Selbst im Bereich technischer Entwicklung, der scheinbar leicht geplant werden kann, spielt die Freiheit eine tragende Rolle. Am Höhepunkt des naturwissenschaftlichen Zeitalters, ehe andere Denkrahmen wieder in Sicht kamen, konnte man im Bordbuch einer großen europäischen Luftlinie lesen:

»Zu ihrem ersten ›Raumflug‹ können Sie 1970 starten. Dann lassen wir unsere drei Großraumjets (...) fliegen. Sie stellen eine neue Flugzeuggeneration dar, technisch vollkommen (...). Noch zeitsparender werden Sie ab Mitte der siebziger Jahre reisen können, wenn Sie mit einem Überschalljet (...) Ihrem Flugziel entgegendonnern (...). Wie wird es ›weitergehen‹? 1980 zeichnet sich am Horizont das Hyperschallflugzeug ab. Es wird sich zwischen 5 und 8 Mach bewegen, in Höhen bis zu 100 km. Die Flugzeit von Europa nach Nordamerika wird sich auf eine Stunde reduzieren. Und schon schweben in der Vorstellung der Konstrukteure Hyper-Hyper-Schallflugzeuge. Gleich Raumtransportern werden sie mit 27 000 km/h im Jahre 2000 den Fluggast in 25 Minuten von Europas kühlen Breiten an die tropischen Gestade Mexikos bringen. Warum nicht?«

Wenn uns solch blinder Glaube an den technischen Fortschritt heute schon seltsam erscheint, so haben wir damit vielleicht einen Schritt auf dem Weg zur Synthese von Athen und Jerusalem getan. Denn es gilt ja nicht, dem reinen Diesseits-Glauben einen Jenseits-Glauben entgegenzusetzen. Es gilt vielmehr, ihn als einseitig zu erkennen, damit wir uns nach einer Ergänzung umsehen, nicht nach dem Gegenteil. Das, was über unser Diesseits hinausweist, ist der Sinn. Haben wir den Sinn der Materie in der Voraussetzung unserer Freiheit, den Sinn der Zeit in der Möglichkeit von Ent-scheidungen gefunden, so gilt es noch ein letztes Mal nach einem Sinn zu fragen: Nach dem Sinn der Endlichkeit unseres Daseins, nach dem Tod.

Und sah, daß es gut war

Was geschieht mit mir im Augenblick meines Todes? Voraussagen sind unmöglich. Vor Prophezeiungen sollten wir uns hüten, denn sie gaukeln uns Gewißheit vor, wo die radikale Einsicht in totale Unverfügbarkeit gefordert ist.

Es gehört zum wahren Menschsein untrennbar dazu, gewisse Fragen grundsätzlich nicht beantworten zu können. Wir werden nie wissen, wie unser Kosmos geschaffen wurde, und wir sollen nicht wissen, was unser persönliches Ende bringt. »Seid achtsam, wachet: denn ihr wißt nicht, wann die Zeit da ist« *(Mk 13,33).*

Der Denkrahmen der Naturwissenschaft ist ja deswegen so verlockend, weil in seinem Bereich Voraussagen möglich sind. Wir erliegen allzuleicht der Versuchung, mit ähnlichen Methoden Kenntnisse über den Vorgang des Todes erlangen zu wollen, und übersehen, daß es sich dabei immer nur um Sterben, niemals um den Tod handelt.

Der Tod bringt uns an jenes Nichts, das wir Abendländer doch als »nicht seiend« ausschließen wollen; all unser Denken haben wir auf dieses Ziel abgestimmt. Dabei verlieren wir einen der drei Grundpfeiler des Dreifeldes Glaube – Liebe – Hoffnung. Wir vergessen die Hoffnung.

So wie wir in unserem Denkrahmen unter Segen oft den Nutzen verstehen, so meinen wir mit Hoffnung oft eine andere Art des Glaubens. Wir hoffen auf etwas Bestimmtes, auf etwas Vorstellbares und glauben, daß es schon eintreten werde.

Hoffnung als Drittes neben Glauben und Liebe kann sich doch nur auf jene Fragen beziehen, deren Unverfügbarkeit wesentlich zum Menschsein gehört. Ich weiß nicht, was im Augenblick meines Todes mit mir geschehen wird, aber – was immer es sein wird – es ist mir recht. Hoffnung ist Grundvertrauen in den Sinn der Schöpfung, *vor* jeder inhaltlichen Frage oder Erklärung. Nicht *wie* es sein wird, brauche ich zu wissen, weil mir die Hoffnung Gewißheit verleiht, daß es recht sein wird. Nicht *mir* recht sein wird, ich weiß ja noch gar nicht, ob es mich oder meine Zustimmung dann geben wird. Es wird *recht* sein in einem umfassenderen Sinn, als ich es mir vorstellen kann.

> *Ihr glücklichen Augen,*
> *Was je ihr gesehn,*
> *Es sei wie es wolle,*
> *Es war doch so schön!*

Diese Verse läßt Goethe im *Faust II* den Türmer Lynceus ausrufen, wobei mir die dritte Zeile am wesentlichsten erscheint. Allzuleicht kann eine solche Haltung nämlich mit Fatalismus verwechselt werden: Es soll halt so kommen, wie es kommt, denn ich kann ohnehin nichts bewirken. Ganz deutlich möchte ich ausrufen, daß mir eine solche Einstellung fremd ist.

Meine Hoffnung gründet im Sinne des dialektischen Denkens auf der Einsicht, selbst für alles Entscheidbare verantwortlich zu sein.

Nur wenn ich in *allen* mir übertragenen Belangen meiner Freiheit bewußt bin und entsprechend handle, darf ich in den mir nicht verfügbaren Bereichen meines Lebens hoffen.

Wer nicht entscheidet, sondern hofft, daß das Richtige

schon eintreten wird, verstößt ebenso gegen Freiheit *und* Hoffnung wie der, der glaubt, über seinen Tod verfügen oder auch nur aussagen zu können. Wer in seinem Leben zu sich selbst gefunden hat durch andere, den wird seine heitere Gelassenheit auch angesichts des Todes nicht verlassen.

Nach seiner Verurteilung zum Tode fand Sokrates die tröstlichen Worte:

»Noch auch bin ich gegen meine Verurteiler und gegen meine Ankläger irgend aufgebracht. Obgleich nicht in dieser Absicht sie mich verurteilt und angeklagt haben, sondern in der Meinung, mir Übles zuzufügen. Das verdient an ihnen getadelt zu werden (...). Jedoch, es ist nun Zeit, daß wir gehen, ich um zu sterben, und ihr, um zu leben. Wer aber von uns beiden zu dem besseren Geschäft hingehe, das ist allen verborgen außer nur Gott.«

Wir halten den Gedanken an den Tod ebenso schwer aus wie die Idee des Nichts. Darum verdrängen wir ihn in unserer Gesellschaft und meist auch persönlich. Weil wir aber wissen, daß der Tod nicht verhindert werden kann, teilen wir ihn getreu der Forderung nach Analyse in Teil-Tode, die wir einzeln bekämpfen können.

Kampf dem Herz-Tod!

Kampf dem Hirn-Tod!

Kampf dem Krebs-Tod!

So können dann die Parolen lauten. Wer gesteht sich dabei schon ein, daß der Kampf gegen den Herz-Tod bedeutet, daß die Menschen dann eines anderen Todes sterben? So lange wir gegen irgendeine Art Tod kämpfen, ist er unser erklärter Feind, und das scheint uns zu genügen.

Könnte er – als das schlechthin andere – nicht auch unser notwendiges Gegenstück sein, wenn wir im polaren Denkrahmen suchen? Könnte er – dialektisch betrachtet – nicht auch unser Grundwiderspruch sein, aus dem heraus erst Leben möglich ist?

Sehen wir doch zu, ob ein Leben ohne Tod noch Sinn

hätte. Entscheidungen fallen in der Zeit, Materie legt sie fest und gibt damit der Freiheit Sinn. Aber mit der Zeit ist auch alle materielle Form vergänglich, der ursprüngliche Zustand wird irgendwann wieder annähernd erreicht. Wenn wir lange genug warten, können wir also jede Entscheidung von neuem treffen. Keine »Sternstunde der Menschheit«, keine Gunst des Augenblicks, kein Höhepunkt der Zeit kann versäumt werden, denn irgendwann kommt eine neue Gelegenheit.

Freiheit statt Willkür, Sinn in der Zeit und damit ein erfülltes Leben setzen also die Endlichkeit des Daseins voraus. Nur weil ich weiß, daß ich sterben muß, sehne ich mich *jetzt* nach Liebe, nach Wahrheit, nach einem Weg, denn ich habe nicht beliebig viel Zeit.

Nur wer den Tod nicht verdrängt, kann auch das Leben ernst nehmen. Dabei ist Angst nicht immer zu vermeiden – ihre Überwindung geschieht durch die Hoffnung.

Wer meint, daß wir nun bei ganz persönlichen Problemen des Individuums angelangt sind, übersieht die Bedeutung für die Entwicklung der Gemeinschaft: Hoffnung, die den Gedanken an den Tod erträglich macht, gibt auch dem Leben den nötigen Ernst und zugleich heitere Gelassenheit – und beides ist wichtig für den Weg der Menschheit in eine ungewisse Zukunft.

Mehr denn je ist uns bewußt, daß *wir* die Wirklichkeit bestimmen, daß unsere Freiheit den nächsten Schritt festlegt. Und weil wir dabei große Ziele anstreben, müssen wir oft verzagen.

Was kann *ich* denn schon tun in einer Welt von Milliarden, in der unbekannte Mächte am Werk sind und mich einschränken?

Ich denke dann an alle jene Menschen, die den Frieden wollten, aber vor dem Ende des Zweiten Weltkrieges sterben mußten.

Ich denke dann an alle jene Menschen, die sich nach

Freiheit sehnten, aber vor der Öffnung der Grenzen in einer Diktatur schmachteten. Sie haben ihre Wünsche nie verwirklicht gesehen, und doch war ihre Sehnsucht, ihr Denken und Handeln ein wesentlicher Baustein für den Durchbruch, der erst nach ihrem Tod zustande kam.

Habe ich also ein Recht darauf, meine Wünsche und Sehnsüchte noch während meiner Lebenszeit Wirklichkeit werden zu sehen? Der Verzicht auf diesen verständlichen Anspruch, ohne dadurch in Tatenlosigkeit zu fallen, ist Hoffnung. Wenn ich nur das tue, was meine Wahrheit von mir verlangt, auch wenn es schwierig und manchmal schmerzhaft sein mag, dann sagt mir die Hoffnung, daß es so recht ist; Beweise durch die Wirklichkeit darf ich dabei nicht erwarten.

Hoffnung gründet im Glauben und in der Liebe.
Glaube kann dem Zweifel verfallen.
Liebe habe ich gelebt, ihrer bin ich gewiß.
Weil mir die Sprache fehlt, um auch über Liebe zu schreiben, möchte ich noch einmal den Dichter zu Wort kommen lassen. In *Die Liebe der Magdalena* schreibt Rainer Maria Rilke:

»Keine Angst, Magdalena, der, so im Hohenlied bekennt, daß er sein Herz mag binden lassen mit einem einzigen Haar seiner Geliebten, wie soll er seine Füße herausfinden aus dem Netz aller deiner Haare? Aber vielleicht entkommt er doch, vielleicht kann er mit Leichtigkeit diese Fesseln zerreißen? Nein, nein, such nicht nach andern. Du mußt wissen, daß darin das Geniale der Liebe liegt: sie weigert sich nicht, gefangen zu sein, nur will sie zu gleicher Zeit auch ihre Freiheit haben. Das heißt, sie will gefangen sein nur durch ihren eigenen Willen. Sie will Fesseln, die stark sind, die sich sanft anfühlen und zärtlich sind. Fesseln, die stark sind, nur weil man nicht daran denkt, sie zu brechen. Deine Haare reichen also aus, um ihn zu nehmen und festzuhalten, du könntest keine besseren Bande finden.«

Liebe Leserin, lieber Leser! Wenn Sie meinen, ich hätte in diesem Buch mehr Fragen aufgeworfen, als Antworten versucht, haben Sie mich recht verstanden. Ich wollte Möglichkeiten aufzeigen, die bisher vielleicht zu wenig beachtet worden sind. Denn kein einzelner darf sich anmaßen, das »Richtige« für alle zu wissen. Gemeinsam müssen wir den Weg suchen, aber jeder soll dazu nach seinen Fähigkeiten beitragen.

Die Wirklichkeit ist immer schon da. Wir sehen sie nur oft nicht, weil wir dahinter nach einer Realität suchen, die uns nicht verfügbar ist. Wir gestalten sie durch unser ganz persönliches Leben mit, ob uns das bewußt sein mag oder nicht. Je deutlicher wir es erleben, um so größer wird unsere Freude an der schöpferischen Mitgestaltung sein; und Frohsinn brauchen wir so notwendig, um an den großen Problemen, die vor uns liegen, nicht zu verzagen.

Ich möchte zum Schluß meines Buches ein (oft mißverstandenes) Wort Wittgensteins abwandeln: »Worüber ich nicht länger schweigen konnte, davon mußte ich erzählen, auch wenn man darüber eigentlich nicht sprechen kann.«

Quellen

Die Quellen sind in der Reihenfolge angeführt, in der sie in einem Kapitel erstmalig zitiert werden. Werden einzelne Quellen in mehreren Kapiteln benützt, so wird durch das Zeichen »loc. cit.« auf die erste Angabe verwiesen. Quellen, die aus dem Text eindeutig identifiziert werden können, sind hier nicht mehr angeführt.

1. Realität oder Wirklichkeit

Barrett, S. M. (Hrsg.): *Geronimo, His Own Story*, New York 1971.
Asch, S. E.: »Opinions and Social Pressure«, in: *Scientific American* 193/5 (11/1955) S. 31.
Asch, S. E.: *Social Psychology*, 1952.
Klotz, I. M.: »The N-Ray Affair«, in: *Scientific American*, (1980), S. 122.
Langmuir, I.: »Pathological Science«, in: *General Electric Report*, No. 68-C-035 (4/1968), 1968.
Nishitani, K.: *Was ist Religion?*, Frankfurt/M. 1986.
Pietschmann, H.: *Das Ende des naturwissenschaftlichen Zeitalters*, Wien 1980.
Pauli, W.: *Physik und Erkenntnistheorie*, Braunschweig 1984.
Schrödinger, E.; Planck, M.; Einstein, A.; Lorentz, H. A.: *Briefe zur Wellenmechanik*, Wien 1976.

Watzlawick, P.: *Wie wirklich ist die Wirklichkeit?*, München 1976.
Schrödinger, E.: *Geist und Materie*, Braunschweig 1959.
Dürr, H. P. (Hrsg.): *Physik und Transzendenz*, Bern 1986.
Hesse, H.: *Siddhartha*, Frankfurt/M. 1975.
Schwarz, G.: *Die »heilige Ordnung« der Männer*, Opladen 1985.
Toffler, A.: *Future Shock*, New York 1970.

2. *Achsenzeit*

Jaspers, K.: *Einführung in die Philosophie*, München 1953.
Hornung, E.: *Der Eine und die Vielen. Ägyptische Gottesvorstellungen*, Darmstadt 1983.
Le Page Renouf, P.: *Vorlesungen über Ursprung und Entwicklung der Religion der alten Ägypter*, Leipzig 1882.
Kunze, G.: *Ihr baut die Windmühlen – Den Wind rufen wir. Alternative Technik und indianische Stammestraditionen*, München 1982.
Fromm, E.; Suzuki, D. T.; de Martino, R.: *Zen-Buddhismus und Psychoanalyse*, Frankfurt/M. 1980.
Plato: *Sämtliche Werke*, Hamburg 1957.
Cooper, J. C.: *Der Weg des Tao*, Bern 1977.
Dschuang Dsi: *Das wahre Buch vom südlichen Blütenland*, Düsseldorf 1977.
Die Reden Gotama Buddhas, Zürich/Wien 1956.
Bukkyo Dendo Kyokai: *Die Lehre Buddhas*, Tokyo 1984.
Fazzidi, E.: *Gemalte Wörter*, Bergisch Gladbach 1987.
Liä Dsi: *Das wahre Buch vom quellenden Urgrund*, Düsseldorf 1974.
Lao-tse: *Tao-Te-King*, Düsseldorf 1978, Stuttgart 1976.
Hayao Kawai in: Ritsema, R. (Hrsg.) *Eranos Jahrbuch*, Frankfurt 1986.

Goldschmidt, H. L.: *Weg und Weisung des Alten Lehrers*, Zürich 1985.
Weinreb, F.: *Der göttliche Bauplan der Welt*, Bern 1978.
Die *Bibel* in heutigem Deutsch, Stuttgart 1982.
Aristoteles: *Physika*, 1961.
Schwarz, G.: *Raum und Zeit als naturphilosophisches Problem*, Wien 1972.
Schulte, R.: »Zeit und Ewigkeit«, in: *Christlicher Glaube in moderner Gesellschaft*, Bd. 22, Freiburg 1982.
Meister Eckhart: *Deutsche Predigten und Traktate*, München 1963.
Waldenfels, H.: *Absolutes Nichts*, Freiburg 1976.
Heinrich, K.: *Tertium datur. Eine religionsphilosophische Einführung in die Logik*, Basel/Frankfurt/M. 1987.
Scholem, G.: *Über einige Grundbegriffe des Judentums*, Frankfurt/M. 1970.

3. Naturwissenschaft

Neuner, J.; Roos, H.: *Der Glaube der Kirche in den Urkunden der Lehrverkündigung*, Regensburg 1971.
Meister, Eckhart: *loc. cit.*
Klinkenberg, H. M.: »Der Irrtum der ›zwei Kulturen‹«, in: *Mitteilungen der Humboldt-Ges.*, Folge 23 (9/1987), S. 627.
Lerner, L. S.; Gosselin, E. A.: »Galileo and the Specter of Bruno«, in: *Scientific American*, (11/1986), S. 116.
Schmidt, J.: *Johann Kepler: Sein Leben in Bildern und eigenen Berichten*, Linz 1970.
Haase, R.: *Keplers Weltharmonik heute*, Ahlerstedt 1989.
Gingerich, O.: »The Galileo Affair«, in: *Scientific American*, (8/1982), S. 119; deutsche Übersetzung: *Spektrum der Wissenschaft* (10/1982) S. 108.

Galilei, G.: *Dialog über die beiden hauptsächlichsten Weltsysteme, das ptolemäische und das kopernikanische*, Stuttgart 1982.
Kayser, H. (Hrsg.): *Jakob Böhmes Schriften*, Leipzig 1920.
Pauli, W.: *loc. cit.*
Fierz, M.: *Vorlesungen zur Entwicklungsgeschichte der Mechanik*, Berlin/Heidelberg/New York 1972.
Schopenhauer, A.: *Über die vierfache Wurzel des Satzes vom zureichenden Grunde*, Hamburg 1957.
von Weizsäcker, C. F.: *Die Tragweite der Wissenschaft*, Stuttgart 1976.
Schramm, M.: *Natur ohne Sinn? Das Ende des teleologischen Weltbildes*, Graz 1985.

4. Naturgesetze

Hegel, G. W. F.: *Phänomenologie des Geistes*, Frankfurt/M. 1970.
von Weizsäcker, C. F.: *loc. cit.*
Jacobs, K.: *Selecta Mathematica I*, S. 103: Der Heiratssatz, Heidelberg 1969.
Blair, D. H.; Pollak, R. A.: »Rational Collectiv Choice«, in: *Scientific American*, (8/1983), S. 76.
Pietschmann, H.: »Die Sicherheit der Naturgesetze: Polarität von Mensch und Kosmos«, in: *Eranos Jahrbuch, 1986*, S. 89 f.; Frankfurt/M. 1988.
Nishitani, K.: *loc. cit.*
Popper, K. R.: *Logik der Forschung*, Tübingen 1971.
Eckermann, J. P.: *Gespräche mit Goethe*, München 1949.
Barlay, S.: *Aircrash Detective – The search for air safety*, London 1984.
Kuhn, Th. S.: *Die Struktur wissenschaftlicher Revolutionen*, Frankfurt/M. 1973.

Feyerabend, P.: *Wider den Methodenzwang. Skizze einer anarchistischen Erkenntnistheorie*, Frankfurt/M. 1976.
Feynman, R.; Gell-Mann, M.: »Theory of the Fermi Interaction«, in: *Physical Review*, 109 (1958), S. 193.
Einstein, A.: *Mein Weltbild*, Amsterdam 1934.
Feynman, R.: *Surely you'r joking, Mr. Feynman*, New York 1985.
Ohashi, R.: »Zur Philosophie der Kyoto-Schule«, in: *Zeitschrift für phil. Forschung*, 40 (1986), S. 121.
Goethe, J. W.: *Zur Farbenlehre*, Didaktischer Theil, Einleitung.
Deussen, P.: *Sechzig Upanishad's des Veda*, Leipzig 1905.
Giegerich, W.: *Die Atombombe als seelische Wirklichkeit*, 1988.

5. Naturnotwendigkeit, Ordnung und Freiheit

Wilsen, S. S.: »Sadi Carnot: Technik und Theorie der Dampfmaschine«, in: *Spektrum der Wissenschaft*, (10/1981), S. 99.
Haas, A. E.: »Die historische Analyse des Energieprinzips«, in: *Ostwalds Annalen der Naturphilosophie*, Bd. VII, 1908.
Pais, A.: »Radioactivity's two early puzzles«, in: *Reviews of Modern Physics*, Vol. 49 (1977), S. 925.
Dschuang-Dsi: *loc. cit.*
Hegel, G. W. F.: *Wissenschaft der Logik I*, Frankfurt/M. 1969.
Giegerich, W.: *loc. cit.*
Planck, M.: *Das Prinzip der Erhaltung der Energie*, Leipzig 1908, 2. Aufl.
Giegerich, W.: *Drachenkampf oder Initiation ins Nuklearzeitalter*, 1989.

Schulte, R.: »Schöpfungsglaube und naturwissenschaftliches Weltbild«, in: Pöltner, G.; Vetter, H. (Hrsg.): *Naturwissenschaft und Glaube,* Wien 1984.
Kant, I.: *Grundlegung zur Metaphysik der Sitten,* Hamburg 1965.
Meister Eckhart: *loc. cit.*
Heintel, E.: *Was kann ich wissen? Was soll ich tun? Was darf ich hoffen?,* Wien 1986.
Kirchhoff, A. (Hrsg.): »M. Planck«, in: *Die akademische Frau,* Berlin 1897.
Jaspers, K.: *Von der Wahrheit,* München 1960.
Gibran, K.: *Der Prophet,* Olten 1983.
Heidegger, M.: »Was heißt denken«, in: *Vorträge und Aufsätze,* Pfullingen 1954.

6. Logik, Polarität, Dialektik

Tarouca, A. S.: *Philosophie der Polarität,* Graz 1955.
Köhne, O.: *Polarität,* Mannheim 1981.
Schipperges, H.: »Grundzüge einer polarischen Medizin bei Novalis«, in: Eliade, M.; Jünger, E. (Hrsg.): *Antaios,* Stuttgart 1966.
Weinreb, F.: *Vom Sinn des Erkrankens,* Bern 1979.
Hsiao-Lin Yeh: »Akupunktur im China von Heute«, in: Sonnabend, M. (Hrsg.): *Allgemeine und spezielle Akupunktur,* München 1983.
Shih-Yi Hsiao, P.: »Bipolarität als Ganzheit im chinesischen Denken und Leben«, in: *Zeitschrift für Ganzheitsforschung,* 27 (1983), S. 147.
König, G. u. K.: *Ist Akupunktur Naturwissenschaft?,* Wien 1982.
Lao-tse: *loc. cit.*
Plato: *loc. cit.*

Wing-tsit Chan: *A source book in Chinese Philosophy*, Princeton 1963.
Seitschek, H. L.: *Homöopathie im Spannungsfeld der modernen Medizin*, Wien 1987.
Goldschmidt, H. L.: *Freiheit für den Widerspruch*, Schaffhausen 1976.
von Weizsäcker, C. F.: *loc. cit.*
Nishitani, K.: *loc. cit.*
Günther, G.: *Idee und Grundriß einer nicht-aristotelischen Logik*, Hamburg 1978.
Wallner, F.: »Maturanas (möglicher) Beitrag zur Epistemologie«, in: *Wissenschaftliche Nachrichten*, 79 (1/1989), S. 2.
Okochi, R.: »Der Mensch als Bodhisattva – Zur interkulturellen Verständigung«, in: *Denken und Umdenken*, München 1977.
Ozawa, T.: *Japanische Märchen*, Frankfurt/M. 1974.
Ueda, Sh.: »Die Bewegung nach oben und die Bewegung nach unten: Zen-Buddhismus im Vergleich mit Meister Eckhart«, in: Ritsema, R. (Hrsg.): *Eranos Jahrbuch*, (1981) S. 223, Frankfurt/M. 1982.
Waldenfels, H.: *loc. cit.*

7. Glaube, Hoffnung, Liebe

Wing-tsit Chan: *loc. cit.*
Rogers, C. R.: *Lernen in Freiheit*, München 1974.
Pietschmann, H.: *Die Welt, die wir uns schaffen. Eine Vision*, Wien 1984.
Plato: *loc. cit.* (Apologie).
Rilke, R. M.: *Die drei Liebenden*, Frankfurt/M. 1979.

Register

A

Abendland 26, 50
Achsenzeit 50, 54 ff., 61–66, 68, 73 ff., 79, 85 f., 98, 108, 112 f., 123, 126 f., 128, 130, 158, 164, 168, 170, 172, 174, 178, 183 f., 187 f., 200, 228, 230, 266 f., 272
Akupunktur 227, 230
Analogie-Schluß 80
Analyse 118
Anderson 161
Angst 33, 38, 55, 75, 77, 80, 119, 124, 174 f., 185, 201
Aporie 28, 69, 115 ff., 128, 138 f., 154, 164, 168, 170, 186, 202, 219, 228, 240, 269
Aristoteles 69 f., 78, 81, 88, 96, 107, 112, 119 f., 123, 125, 238 f., 268
Aristotelische Logik 137, 218, 245
Arius 90
Arrow, Kenneth J. 141
Asch, Solomon 14 ff., 24, 107, 209
Askese 58 f., 61, 236, 266
Atom 29, 41, 243, 248
Atombombe 260
Augustinus 69, 172
Autonomie 197 f., 212, 236
Autorität 13
Axiom 75, 137
Axiome der Logik 76, 78, 123, 142, 154
Axiome des Experiments 118, 122

B

Baronius, Caesar 105
Bawink 121
Becquerel, Henri Antoine 19, 189
Beethoven, Ludwig van 95, 165, 171
Bellarmino, Roberto Cardinal 110
Beobachter 38
Bernoulli, Jacob 129

Bernoulli, Johann 129
Beweis 137, 139, 142, 145, 153 f., 159, 162, 189 f., 280
Bewußtsein 34, 36
Bildung 268
Blondlot 19–22
Böhme, Jakob 107
Bohr, Niels 32 f., 35, 38
Boltzmann, Ludwig 36, 163
Born, Max 32, 35
Bruno, Giordano 98 ff., 103 f.
Buddha 57

C

Caetani, Bonifacio 104
Carnot, Sadi 178–180, 182, 184
Castelli, Benedetto 109
Chan, Wing-tsit 235, 248, 266
Chaos 205
Charpentier, Augustin 20
Chiang-Hsi-Ch'ang 234
Chinesische Schriftzeichen 59, 81
Cohen, Samuel T. 258

D

Dalton, John 29
Damasus I. 90
Debon, Günther 61, 234

Deduktion 78, 107 f., 110, 120, 160 f., 165, 170
Demokratie 231, 233
Demokrit 27, 29, 58
Denken 26, 37, 51, 60, 75
Denkrahmen 49, 53, 74, 77 ff., 81, 88, 94, 107, 110, 113, 118, 120, 123 f., 130, 136, 150, 154, 164, 178, 180, 185–188, 191 f., 195, 199, 205, 210, 216, 218, 222 f., 229, 233, 235, 238, 240, 243, 251 f., 259, 264, 274, 276
Descartes, René 25 ff., 36, 127, 138 f., 144, 146, 194 f., 243, 245
Determinismus 130
Dialektik 199, 219, 221, 233, 235, 239, 262
Dialektischer Prozeß 236
Dialektisches Denken 219
Dialogik 241
Diesseits 55 f., 61, 66 f., 71, 82, 84, 86, 88, 98, 124, 146, 167, 195
Differentialrechnung 128
Dionysius 89
Dirac, Paul Adrien Maurice 35, 160
Doppelte Negation 118, 148, 150, 152 f., 162, 170, 192, 204, 221, 239, 267, 269, 273

Dreifaltigkeit 89, 91 f.
Dreifeld 207, 209 ff., 214, 219, 222, 232 f., 237, 239 f., 245, 247 f., 265
Dschuang-dsi 56, 60–64, 67, 73 f., 131, 183 ff.
Dualismus 31, 83

E
Eckermann 167
Eddington 37, 194, 253
Einheit von Vater und Sohn 85, 89
Einstein, Albert 30–35, 38, 106, 121, 133, 139, 161, 165, 173, 190, 193, 253, 260, 271
Elementarteilchen 29 f., 39, 158
Energie 181 f., 190
Energieprinzip 191
Energiesatz 188, 190
Entropiesatz 182
Epikur 58
Erhaltungsgröße 182
Erinnerungslehre 168
Eristik 238
Erleuchtung 57, 59, 64
Erotik 201
Erziehung 210
Ewigkeit 71 f., 84, 86, 88, 124, 146, 167, 184, 213
Experiment 14, 112–116, 131, 138, 159, 174, 229

F
Farbenlehre 171, 242
Feyerabend 157
Feynman, Richard Phillips 10, 17, 23, 159, 165
Fierz, Markus 119 f., 126
Formal Richtiges 148
Formale Richtigkeit 135, 138 ff., 146, 154
Formursache 119
Fortschritt 23, 186, 275
Freiheit 132, 134, 193, 195–202, 204, 207, 211, 222, 231, 236, 238, 259, 261, 264 f., 268, 271, 273 f., 277, 279
Fremdbestimmung 203
Fromm, Erich 54

G
Galilei, Galileo 25, 104–113, 117, 123, 125, 127 f., 130, 134 f., 138 f., 178
Ganzheit 38, 217, 220
Geist 26, 33, 36 f., 147, 167, 194 ff.
Gell-Mann 159
Gesetz von Murphy 151 f.
Gesundheit 222, 224
Gibran, Kahlil 213
Giegerich, Wolfgang 174, 185, 192
Gingerich, Owen 105, 108 f., 118

Glaube 83, 85, 88
Goethe, Johann Wolfgang von 145, 167, 171, 175, 242 f., 246, 277
Goldschmidt, Hermann Levin 61, 241
Gott 33, 51, 65, 67, 83 ff., 90 f., 96 f., 101, 106, 121, 134, 171, 196, 202, 213, 278
Gottesbeweis 97, 148
Gruppendruck 14 ff., 24
Günther, Gotthard 245

H

Haas, Adolf E. 181
Haase, Rudolf 102
Halluzination 33
Harmonie 55, 76, 84
Hegel, Georg Wilhelm Friedrich 79, 132, 136 ff., 146, 170, 184 f., 193, 202, 219 f., 233, 243
Heidegger, Martin 75, 124, 215
Heiliger Geist 94, 105 f., 147
Heinrich, Klaus 75 ff., 124
Heintel, Erich 203
Heiratssatz 140 ff.
Heisenberg, Werner 35, 193
Helmholtz 181
Henotheismus 52
Heraklit 75 ff., 239

Hermes Trismegistos 99
Hesse, Hermann 40
Heteronomie 198, 212
Hexenprozeß 101, 130
Hierarchie 220
Hochkulturen 74, 77
Hochreligion 55, 63, 82, 85
Hoffnung 72, 276 f., 279 f.
Hofmannsthal, Hugo von 213
Homöopathie 237
Hornung, Erik 51 f.
Hypothese 33, 100, 104 f., 109 f., 112 ff., 116, 118, 122, 125, 138, 150, 155, 190, 267

I

Ich 40, 244, 248, 249, 257
Individualität 226
Individuum 204, 248, 261, 273
Induktion 108, 160
Induktionslogik 154, 158
Induktions-Schluß 80
Inquisition 104, 110 f., 130, 189

J

Jaspers, Karl 50, 158, 212
Jeans, James 37, 194
Jenseits 55 f., 61, 66 f., 71,

82, 84, 86, 88, 98, 124,
146, 167, 195
Jesus von Nazareth 57, 85,
88 f., 94, 147, 265
Johannes XXII. 93, 214
Joule 181

K
Kant, Immanuel 78, 197,
199, 203, 246, 265, 268
Kategorischer Imperativ
203
Kausalität 123, 131, 163,
194
Kepler, Johannes 100,
102 ff., 117, 121, 126
Kernwaffen 191
Klinkenberg 96
Köhne, Otto 224
König, Georg 228, 230
König, Kurt 228, 230
Komplementarität 31
Konfuzius 62, 266
Kopernikanisches Weltbild
99
Kopernikus 104, 108, 115
Kosmische Strahlung 133
Kreativität 168–171, 210
Krieg 260 f.
Kuhn, Thomas 155, 157
Kultur 26, 46, 81, 238
Kulturschock 46
Kunze, Gerhard 52 f.
Kyoto-Schule 26, 249

L
Langmuir, J. 22
Lao-tse 56, 60, 234, 266
Laplace, Pierre Simon
Marquis de 33, 102
Laplacescher Dämon 130
Lavoisier 180
Le Page Renouf, Peter 51
Leben 26, 73, 81, 131, 202
Leibniz, Gottfried Wilhelm
123, 128, 194
Liä-dsi 60, 73
Lichtgeschwindigkeit 133,
157
Lichtquanten 30
Liebe 55, 64, 66, 75, 86,
132, 146, 177, 195 f.,
200 ff., 226, 240, 244,
246, 265 ff., 279 f.
Logik 49, 75, 77 f., 81, 88,
93, 118, 120, 131, 205 f.,
214, 219, 221, 229, 252
Lung-tzu, Kung-sun 240
Lust 61
Lustprinzip 58, 88
Luther, Martin 98

M
Magnet 220
Marshak 159
Materialismus 33
Materialursache 119
Materie 26 f., 29 f., 32 f.,
39–43, 70, 134, 190,

194 ff., 201, 211, 223, 254
Mathematik 28, 44
Maupertuis 130
Mayer, Robert 181
Meiji-Periode 251
Meister Eckart 72, 92 f., 96, 107, 120, 122, 173, 202, 213
Menon 168 f.
Meßdaten 223
Meßfehler 116
Modell 32, 39, 109, 117 f., 155, 163, 214
Moral 62 f.
Moralgesetz 203
Moralvorschrift 86
Mo-tse 266
Mozart, Wolfgang Amadeus 166 f., 171
Mu 253
Mythisches Zeitalter 51 f., 54 f., 164

N
Nächstenliebe 87
Napoleon 33, 179
Natur 11, 23, 26, 54, 100, 104, 130, 175
Naturgesetz 18, 115, 148, 152, 154, 156, 167, 173, 190
Naturheilverfahren 227
Naturnotwendigkeit 193, 196, 198 f., 204, 206 f., 222, 274
Naturwissenschaft 12, 18, 26 f., 47, 105, 109, 117, 120, 130, 139, 170, 173, 183, 216, 254, 276
Newton, Isaac 97, 126, 128, 130, 163, 242
Nichts 74 f., 77, 80, 82 f., 95, 107, 119, 123 f., 126, 170, 172, 218, 238, 250, 276, 278
Nichtsein 76
Nietzsche, Friedrich 245
Nirwana 74
Nishitani, Keiji 26 f., 147, 243, 253
Nobel, Alfred 18
Nobelpreis 10
Novalis 224 f.
Null 126 f.
Nuova Scienza 108

O
Öffnung des Denkrahmens 272
Offenbarung 173, 197, 201
Ohashi, Ryosuke 170, 251
Okochi, Ryogi 170, 249
Ordnung 204 f., 207, 222, 231, 236, 271, 273
Ozawa Toschio 249

P
Paradigma 155 f.
Parmenides 75 f., 88, 95, 239
Pauli, Wolfgang 33 f., 38, 115, 217
Paulus 88, 201
Pazifismus 260
Perpetuum Mobile 182, 188, 192
Pfad der Mitte 57 f.
Philippus-Frage 95, 97 f., 119, 124, 130, 133, 148, 247
Planck, Max 30 f., 33 f., 173, 191, 208
Planetenbewegung 101
Plato 56, 77, 81, 96, 168, 219, 233, 235, 237, 239, 269
Polare Gegensätze 224
Polares Denken 218, 227
Polarität 219, 221, 224, 239, 262
Popper, Karl 148, 157
Prophezeiung 275 f.

Q
Quantenmechanik 30, 34 f., 37 ff., 41, 131, 134, 156 f., 161, 193, 215, 217, 219
Quantifikation 118, 127, 180, 221

Quantifizierung 116, 178

R
Radioaktivität 189
Rationalisierung 176
Realität 9, 11–18, 21, 23 ff., 27, 30–39, 43–47, 51, 53, 68, 72, 75, 80, 96, 100, 107, 117 f., 120, 133, 140, 145, 156, 164, 170 f., 194, 205 f., 214, 226, 244 f., 247, 281
Reduktion 209, 211
Relativitätstheorie 31, 133, 157, 160, 190 f., 193, 253
Religion 54, 147, 179
Reproduzierbarkeit 115 f., 118
Restauration Japans 251
Rilke, Rainer Maria 48, 280
Rogers, Carl 271
Röntgen, Wilhelm Conrad 19 f.
Ruba'i 132
Rutherford, Ernest 19

S
Sabellius 89 f.
Satz von Arrow 142
Schams Ed-Din Hafis 132
Schelling 52
Schiller, Friedrich 68, 95
Schipperges, Heinrich 224 f.

Schlösser, Louis 165
Schlußformen 80
Schöpfung 37, 83, 97, 255
Scholem, G. 83
Schopenhauer, Arthur 123, 238
Schrödinger, Erwin 35, 37 f., 194
Schulte, Raphael 72, 196
Schwarz, Gerhard 45, 82
Seele 70, 169, 213
Segen 185 f., 243, 259, 271
Sein 75, 82
Seitschek, Robert 237
Selbstanwendung 257 f.
Selbstbestimmung 63 f., 66, 68, 72, 87, 103, 194 ff., 198
Shakespeare 75
Shih, Hui 240, 248
Shih-Yi Hsiao, Paul 228, 234
Sicherheit 25, 165
Sicherheit der Naturgesetze 154, 158, 165, 175, 197, 200
Siddhartha Gotama 57 f., 64, 236
Sinn 55
Sinn des Lebens 66
Sokrates 56, 77 f., 81, 168 f., 219, 235, 278
Solipsismus 244
Sorgfaltspflicht 153, 198, 200, 205, 210, 226, 274

Sozialer Druck 14 f.
Spaltung 25
Spannungsdreieck 153
Spannungsfeld 144, 146, 148, 170
Sphärenklang 102
Standard 45, 47 f., 51 ff., 59 f., 71, 77, 84, 205, 229, 237, 257
Stoffwechsel 41, 43
Strahlung 30
Studentenrevolution 232
Sünde 86
Sündenfall 54 f.
Sudarshan 159
Synthese 59, 61, 65, 108, 184, 187, 220, 230 f., 235, 241, 261

T
Tao 59 f., 62, 65, 72, 144, 184, 233
Taoismus 60
Tao-Te-King 60, 67, 131
Technologie 11, 252
Thomas von Aquin 95
Thomson, J. J. 29
Tod 55, 61, 71, 73, 82, 88, 147, 213, 276 ff.
Todesverdrängung 275
Toffler, Alvin 46
Tora 65
Traum 33
Tycho Brahe 101, 103

U

Ueda, Shizuteru 249, 253
Universitätsidee 247
Universum 163
Unmöglichkeitssätze 143
Unschärferelation 193
Urknall 164

V

Vakuum 42, 82, 125
Variationsrechnung 129
Venusphase 109, 115
Verantwortung 198, 200, 205, 208, 210, 226, 273 f.
Verbesserung 186
Vererbung 210
Vollständige Induktion 159
Voltaire 130
Voraussage 110, 274, 276

W

Waerden, van der 140
Wahrheit 8, 17, 23, 25, 36, 58, 86, 93, 97 f., 100, 103–107, 109 f., 112 ff., 118, 124 f., 127, 130, 134, 138 ff., 144, 146 f., 154, 173, 178, 183, 189, 197, 199, 203, 214, 242, 244, 246, 250, 266, 267, 279 f.
Waldenfels, Hans 124, 126, 253
Wallner, Friedrich 246
Watzlawick, Paul 36
Wechselspiel von Theorie und Experiment 162, 164, 170, 215
Weinreb, Friedrich 65 f., 68, 83 f., 225
Weizsäcker, Carl Friedrich von 127, 242
Weltraum 172
Weyl, Hermann 140
Widerspruch 11 ff., 15, 17, 24, 27 ff., 31, 33, 36 f., 39, 44, 52, 54, 59, 62, 75 ff., 86, 88 f., 92 f., 100, 107, 109, 116, 121, 132, 137, 154, 156, 169, 184 f., 187, 195, 199 f., 204, 206, 218, 226, 230 ff., 237, 264
Widerspruchsfreiheit 30, 80, 93, 95, 131, 136, 200, 216
Wilhelm, Richard 60, 234
Willkür 195, 201, 211
Wirklichkeit 9, 11–18, 22–25, 27, 32–35, 37–40, 44–48, 51, 53, 56, 66, 68, 170, 205 f., 80, 89, 100, 107, 112, 115, 117, 133, 138 ff., 142, 156, 159, 164, 171, 175, 191, 212, 214, 223, 226, 229, 238, 242, 244, 247, 269, 279, 281

Wirkursache 119, 121, 123, 194, 223
Wittgenstein, Ludwig 281
Wollein 253
Wood, R. W. 21 f.
Würde 226, 272

Y
Yang 227 f., 233, 239
Yeh, Hsiao-Lin 227
Yin 227 f., 233, 239
Yuanmo, Wen 254
Yukawa, Hideki 160

Z
Zehn Gebote 65
Zeichen des Friedens 263
Zeit 68, 70, 72, 74, 81, 84, 211, 279
Zelter 167
Zen 147
Zen-Buddhismus 250
Zeno 69, 115, 128, 240
Zenon von Elea 28
Zielursache 119 ff., 194, 237
Zweifel 24 f., 27, 63, 118, 142, 144, 146, 214, 229

NATUR KENNT KEINE GRENZEN

Claus-Peter Hutter
Gerhard Thielcke
Natur ohne Grenzen
gebunden mit Schutzumschlag, durchgehend vierfarbig
248 Seiten, Format: 21,5 x 29,6 cm
ISBN 3 522 70660 9

Natur ohne Grenzen ist ein prachtvoller Bildband mit faszinierenden Abbildungen aus der Tier- und Pflanzenwelt sowie aus den Natur- und Kulturlandschaften Europas und Nordafrikas. Das Buch dokumentiert voller Engagement die Vernetzung von Natur und Kultur in Europa.